WRTO 世界研学旅游组织重点课题"基于研学旅行专业人才培养目标的课程体系建设与教材开发"研究成果

高等教育"十四五"规划研学旅行管理与服务专业精品教材

U0641638

研学基地营地运营与管理

主　编：谢祥项　郭晓强　陈加明

副主编：杨　娇　许昌斌　张　琳　张云萍
　　　　林贤东　刘雁琪

参　编：刘宏申　孟玲玉　姜　雪　陈创光
　　　　郭立颖　张　伟　吴　倩　张　超
　　　　黄　超　杨子墨

华中科技大学出版社
http://press.hust.edu.cn
中国·武汉

内 容 提 要

本书系统阐述了研学旅行和研学基地营地的概念、分类及发展历程,详细介绍了研学基地营地的日常管理、教学管理、活动管理、核心服务管理、配套服务管理、市场营销管理、质量管理、财务管理、安全管理、危机管理,以及创新与可持续发展等方面的内容。本书通过实际案例导入,以理论与实践相结合、思考与行动相衔接的方式组织教学内容,旨在帮助读者清晰地了解研学旅行及基地营地的基本概念,为读者构建全面的研学基地营地运营管理的知识体系,让读者掌握研学基地营地运营与管理的基本技能和方法策略。本书适合研学专业在校学生、研学行业从业人员、研学基地营地管理者及基础教育工作者等群体使用。

图书在版编目(CIP)数据

研学基地营地运营与管理 / 谢祥项,郭晓强,陈加明主编. -- 武汉:华中科技大学出版社,2025.5. -- ISBN 978-7-5772-1771-0

Ⅰ. F590.75

中国国家版本馆 CIP 数据核字第 2025K8H574 号

研学基地营地运营与管理
Yanxue Jidi Yingdi Yunying yu Guanli

谢祥项　郭晓强　陈加明　主编

总 策 划:李　欢
策划编辑:李　欢　王雅琪
责任编辑:王梦嫣
封面设计:廖亚萍
责任校对:刘　竣
责任监印:周治超

出版发行:华中科技大学出版社(中国·武汉)　　　电话:(027)81321913
　　　　　武汉市东湖新技术开发区华工科技园　　　邮编:430223

录　　排:孙雅丽
印　　刷:武汉科源印刷设计有限公司
开　　本:787mm×1092mm　1/16
印　　张:15.5
字　　数:334千字
版　　次:2025年5月第1版第1次印刷
定　　价:49.80元

序一

Foreword 1

读万卷书，行万里路。游学，自古以来便是我国学子增长见识、提高学问的方式。自 2016 年《教育部等 11 部门关于推进中小学生研学旅行的意见》印发以来，研学旅行在我国迅速发展并呈现出强劲的增长势头。2019 年，教育部在普通高等学校高等职业教育专科层次增补研学旅行管理与服务专业。2021 年，文化和旅游部印发《"十四五"文化产业发展规划》，提出开发集文化体验、科技创新、知识普及、娱乐休闲、亲子互动于一体的新型研学旅游产品。

研学旅行这一新业态的迅速发展，迫切需要大量的专业人才，因此，编写出版一套高水平、高质量、适应产业发展要求的教材十分必要。

教育部直属全国"双一流"大学华中科技大学出版社联合世界研学旅游组织，立项重点课题"基于研学旅行专业人才培养目标的课程体系建设与教材开发"，旨在编写一套既具有国际视野，又具有中国特色；既有科学理论，又有实操指导；既适用于高等院校，又适用于行业从业者的高水平教材。2020 年世界研学旅游大会正式发布了本课题及组稿邀请函，得到全国 40 余所知名院校的教授、专家、学科带头人，以及近百所研学旅行基地（营地）、研学旅行服务机构专家，以及中小学骨干教师的积极响应和参与。课题成果最终凝结为本系列教材。

本系列教材首批规划 9 本，包含《研学旅行概论》《研学旅行资源导论》《研学旅行课程开发与管理》《研学导师实务》《研学基地营地运营与管理》《研学旅行产品设计》《研学旅行项目开发与运营》《研学旅行市场营销》《研学旅行安全管理》，基本涵盖了当下研学旅行业态的各重要环节。本系列教材具有如下特点。

一、国际视野，中国特色

本系列教材的作者来自全国各地，他们不仅有国际化视野与丰富的海外学习或教学经验，同时还是高等院校或研学旅行基地（营地）的负责人，在撰写书稿时，既参考吸收了国际先进方法，又融入了中国特色、家国情怀与实操经验。

二、名师团队，先进引领

本系列教材由中组部国家高层次人才特殊支持计划领军人才、教育部旅游管理类专业教学指导委员会副主任马勇教授和世界研学旅游组织主席杨振之教授担任总主编，各分册主编由来自四川大学、湖北大学、福建师范大学、湖北师范大学、山西师范大学、华侨大学、澳门城市大学等知名院校的院长、教授、学科带头人以及研学旅行基地（营地）、研学旅行服务机构的负责人担任，他们有着丰富的执教与从业经验，紧跟教育部、文旅部指导意见，确保了本系列教材的权威性、准确性、先进性。

三、理实结合，校企融合

本系列教材各分册均采取校企"双元"合作编写模式，除了具有完备的理论，还引入大量实务案例和经典案例，并在编写体例上注重以工作过程为导向，设置教学项目与教学任务，确保理论与实操相结合。

四、配套资源，纸数融合

华中科技大学出版社为本系列教材建设了线上资源服务平台，在横向资源配套上，提供教学计划书、教学课件、习题库、案例库、参考答案、教学视频等系列配套教学资源；在纵向资源开发上，构建了覆盖课程开发、习题管理、学生评论、班级管理等集开发、使用、管理、评价于一体的教学生态链，打造出线上线下、课堂课外的新形态立体化互动教材。

研学旅行管理与服务作为新增设专业和新兴行业，正步入发展快车道。希望这套教材能够为学子们带来真正的养分，为我国的研学旅行事业发展贡献力量。在此希望并诚挚邀请更多学者加入我们！

马勇

2022 年 5 月

序二
Foreword 2

本系列教材是世界研学旅游组织重点课题"基于研学旅行专业人才培养目标的课程体系建设与教材开发"的研究成果。

在中国,研学旅行正如火如荼地开展,各级政府部门、家长、学校、学生及社会公众对研学旅行的发展,正翘首以待。无论是中国古代的游学,还是西方的"大游学"(Grand Tour),千百年来的实践经验都无一例外地证明了回归户外、自然课堂的研学旅行是提高个人综合素质的不二之选。

在中国,现代意义上的研学旅行才刚刚兴起,借鉴西方发达国家一百多年来自然教育的先进经验,建立有中国特色的研学旅行教育体系,厘清各种误解,包括理念认知、基本概念和运作上的误解,是我们这套教材编写的出发点。

因此,本系列教材从编写之初就确立了这样一个原则:国际视野、中国特色,重实践、重运营,将理论与实践结合,做到知行合一。在编写作者的选择上,我们请一些既了解中国国情,又了解国际研学旅行情况的从业人员参与编写,并要求他们尽量研判国际自然教育的发展趋势及研学案例;将高校教师的理论研究与一线研学企业的实操经验相结合。这是本系列教材的一大特色。

本系列教材可用作高校教材,特别是高等职业学校研学旅行管理与服务专业的教材。

世界研学旅游组织重视研学旅行对人的成长和修养的价值,倡导研学旅行要从幼儿园儿童、中小学生抓起。研学旅行的目标是提高人的综合素质,真正实现知行合一。研学旅行倡导学生走出课堂,回归大自然,与大自然亲密接触,更注重学生在大自然中的体验和实践,反对走出课堂后又进入另一个教室,反对在博物馆和大自然中还是走灌输知识和说教的老路。没有实践和行动的研学,都达不到研学的目的。

希望这套教材能为中国方兴未艾的研学旅行事业添砖加瓦,能为读者,尤其是家长带来益处,也算是我们为社会做出的贡献。

是为序。

杨振之
2022年5月

前言
Preface

　　随着《教育部等11部门关于推进中小学生研学旅行的意见》的印发，研学旅行逐渐成为一种重要的教学方式，它不仅能够拓宽学生的视野，还能培养他们的实践能力和创新精神。研学基地营地作为研学旅行的关键载体，如雨后春笋般蓬勃发展，其管理水平和服务质量直接影响研学活动的质量。因此，编写一本关于研学基地营地运营与管理的教材显得尤为重要。

　　本书共分为十二章，每章都紧密围绕研学基地营地管理的核心议题展开，从理论到实践，覆盖了基地营地管理的各个方面。总体上，全书可分为两大部分。第一部分为运营部分，分别介绍了研学基地营地的日常管理、教学管理、活动管理、核心服务管理和配套服务管理等内容，为读者提供了相关的理论基础知识和实践运营指导。第二部分为管理部分，进一步探讨了研学基地营地的市场营销管理、质量管理、财务管理、安全管理、危机管理，以及创新与可持续发展等议题，旨在帮助读者更深入地了解和掌握研学基地营地运营与管理的精髓。

　　本书注重理论与实践相结合，力求使教材内容既具有学术性又富有实用性。为了便于理解和学习，每章设置了"学习目标""知识框架""教学重点""教学难点"，并且通过"学前导入"中的实际案例激发读者的学习兴趣和实践热情。同时，本书在每章最后设置了"本章小结"，有助于读者更好地回顾本章的学习内容，并将所学知识应用于实际工作中。

　　在本书的编写过程中，谢祥项负责教材的总体设计、大纲编制与完善、样章编写，并对书稿进行全面梳理、补充和最后统稿。郭晓强负责前期设计、协调联络工作，陈加明负责部分案例的收集工作，各章的参编者提供了大部分案例材料。具体编写分工如下。

　　第一章：谢祥项、许昌斌。

　　第二章：杨娇、黄超。

第三章:郭晓强、孟玲玉。

第四章:姜雪、杨子墨。

第五章:陈创光、林贤东。

第六章:林贤东、陈创光。

第七章:郭立颖、谢祥项。

第八章:刘宏申、张琳。

第九章:张伟。

第十章:刘雁琪。

第十一章:吴倩、张云萍、张超。

第十二章:陈加明、张伟、谢祥项。

本书在调研过程中得到了海南省旅游协会、海南省研学旅游协会、海南省旅游景区协会、三亚红色娘子军演艺公园、三亚天涯海角游览区、临高"耕读山房"研学基地、海南槟榔谷黎苗文化旅游区、文昌航天超算中心的大力支持,并得到了海南省研学旅游协会专家委员会联合主任、华南师范大学旅游管理学院、华南师范大学研学旅行与休闲教育研究中心刘俊教授和湖北四季学知国际旅行社有限责任公司祝胜华董事长的指导,在此表示衷心的感谢!同时,由衷感谢符永岑会长、麦伟文总裁、王军总经理对本书提出的宝贵建议。本书还借鉴和引用了大量的国内外专家和学者的相关研究成果,在此表示感谢。还要特别感谢华中科技大学出版社王雅琪编辑的悉心帮助,使本书得以顺利出版。

本书可以让读者深入了解研学基地营地运营与管理的全貌和细节,还能成为读者手中的一把钥匙,激发读者的创新思维和实践能力。同时,欢迎读者积极参与讨论和交流,共同推动研学基地营地运营与管理领域的发展和进步。在未来的日子里,让我们携手共进,共同推动研学基地营地的繁荣发展,为青少年打造一个充满智慧与乐趣的研学天地,让每一次旅行都成为他们成长道路上的宝贵财富!

本书旨在为广大研学专业在校学生、研学从业人员、基础教育工作者以及研学基地营地管理者提供不可或缺的参考资料。随着研学旅行行业的快速发展,业界和学界对研学基地营地的认知和理解会不断加深,尤其在数字化科技革命新浪潮的时代;再加上编者在教学研究和产业实践方面存在不足以及其他各种原因,书中难免有疏漏之处,敬请各位专家和读者不吝赐教。

谢祥项

2024 年于海口观澜湖

目 录
Contents

Note

Note

第一章
研学基地营地导论

学习目标

知识目标：

（1）了解研学旅行的起源和发展历程。

（2）了解研学旅行的国际概况。

（3）熟悉研学旅行的特征和构成要素。

（4）掌握研学基地营地的概念。

能力目标：

（1）能运用网络手段查询和收集研学基地营地的相关资料并分享。

（2）掌握研学基地营地的建设内容和管理内容。

素养目标：

（1）理解研学旅行的教育属性。

（2）理解"知行合一"的研学理念。

知识框架

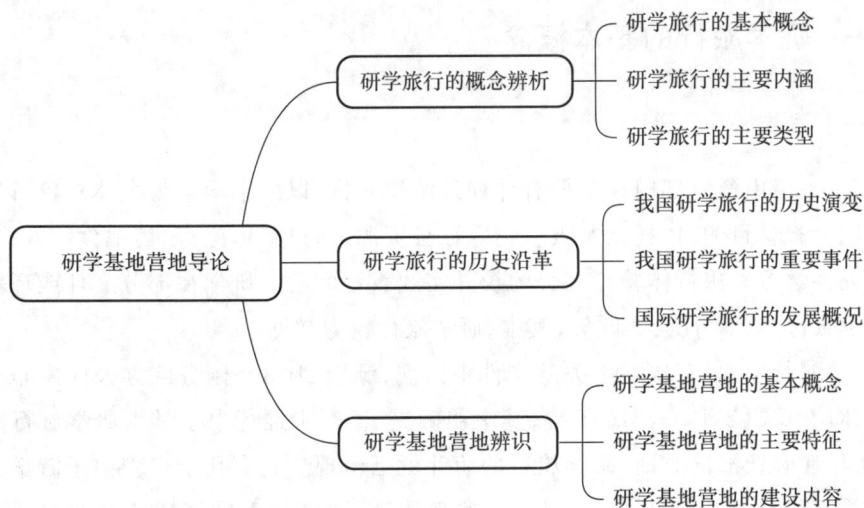

教学重点

（1）研学旅行的概念辨析和内涵特征。

（2）研学基地营地的建设与管理内容。

教学难点

（1）研学旅行的内涵特征和演变历程。

（2）研学基地营地的建设内容。

启发思考

（1）通过互联网查找不少于 5 个与"研学旅行"有关的政策法规，阅读这些政策法规并分享感想。

（2）你所在城市是否有全国中小学生研学实践教育营地？如果有，请于课堂分享；如果没有，想一想缘由。

第一节　研学旅行的概念辨析

一、研学旅行的基本概念

（一）导言

研学，是指由教育部门和学校有计划地组织安排，以中小学生为主体对象，以提升学生素质为教学目的，依托旅游吸引物等社会资源，通过集体旅行、集中食宿方式所开展的研究性学习和旅行体验相结合的校外实践教育活动。研学在部分文件或环境中，也称研学旅行、游学、社会实践等，其中，研学旅行较为常见。

"研学旅行"一词首次在国务院文件中出现，源于 2013 年国务院办公厅发布的《国民旅游休闲纲要（2013—2020 年）》，其中明确提出"逐步推行中小学生研学旅行"。不过，其实早在春秋战国时期，研学旅行的萌芽就已出现。先有孔子带着弟子游学四方，后有徐霞客游历名山大川撰写游记，这些都体现了"寓教于乐"和"读万卷书，行万里路"的思想。与此同时,其他国家也出现了类似研学旅行的现象。在16世纪的欧洲,贵族阶层热衷于以学习为目的的大旅行(The Grand Tour);19世纪,日本出现了修学旅行,美国也有类似的营地教育。在国外,现代旅游的教育意义通过教育旅游的形式被继承下来并得到发展,在我国则是以研学旅行的方式得以延续。

以立德树人、培养人才为根本目的,以预防为重、确保安全为基本前提,以深化改革、完善政策为着力点,以统筹协调、整合资源为突破口,因地制宜地开展研学旅行,可以让广大中小学生在研学旅行中感受祖国大好河山,感受中华传统美德,感受革命光荣历史,感受改革开放伟大成就,增强对"四个自信"的理解与认同;同时,学会动手动脑,学会生存生活,学会做人做事,促进身心健康、体魄强健、意志坚强,形成正确的世界观、人生观、价值观,成为德智体美劳全面发展的社会主义建设者和接班人。由此可见,研学旅行有利于学生培育和践行社会主义核心价值观,激发学生对党、对国家、对人民的热爱之情;有利于全面实施素质教育,创新人才培养模式,引导学生主动适应社会,促进书本知识和生活经验的深度融合;有利于提高人民生活质量,满足学生日益增长的旅游需求,培养文明旅游意识,养成文明旅游行为习惯。

(二)研学旅行的定义

1. 研学旅行的定义描述

研学旅行的定义目前业界尚未达成共识,其定义有广义和狭义之分。

广义上的研学旅行,是指以研究性、探究性学习为目的的专项旅行,是旅游者出于文化求知的需要而展开的旅游活动。广义的研学旅行包括了夏令营、冬令营、中小学春秋游,以及大学生专业认知实习、生产实习、暑期调研、下乡支教等校外实践教育活动,以及其他年龄阶段人群以研究、学习或实践为目的而进行的旅游活动。

狭义上的研学旅行,是指《教育部等11部门关于推进中小学生研学旅行的意见》(教基一〔2016〕8号)中的定义,即研学旅行是指"由教育部门和学校有计划地组织安排,通过集体旅行、集中食宿方式开展的研究性学习和旅行体验相结合的校外教育活动,是学校教育和校外教育衔接的创新形式,是教育教学的重要内容,是综合实践育人的有效途径"。由于参与群体主要是中小学生,很多学者认为研学旅行是一门综合实践课程。

行业标准《研学旅行服务规范》(LB/T 054—2016)指出:"研学旅行是以中小学生为主体对象,以集体旅行生活为载体,以提升学生素质为教学目的,依托旅游吸引物等社会资源,进行体验式教育和研究性学习的一种教育旅游活动。"

2014年4月19日,教育部基础教育一司[①]司长王定华在第十二届全国基础教育学校论坛上发表题为《我国基础教育新形势与蒲公英行动计划》的演讲时也提出了研学

---

① 2017年教育部撤销了分设的基础教育一司和基础教育二司,恢复了基础教育司。

旅行的定义,即"研学旅行是研究性学习和旅行体验相结合,学生集体参加的有组织、有计划、有目的的校外参观体验实践活动"。

2. 研学旅行的概念辨析

在不同场合,研学旅行的定义有所不同,研学旅行又被称为研学旅游、修学旅行、教育旅游、游学、研学等。一般认为,研学旅行涉及教育和旅游两大领域,教育部门往往使用"研学旅行"一词表示狭义上的研学旅行,旅游部门往往使用"研学旅游"一词指代广义上的研学旅行,但是实际上研学旅行与研学旅游相比范围更广,因为就"旅游"和"旅行"的概念而言,"旅行"包括了"旅游","旅行"除了"旅游"的意思,还有"步行、行进、移动"等多种含义,而旅游则是以游览为目的的旅行。

(1) 研学旅行不同于"修学旅行"或"教育旅游"。研学旅行更强调参与主体的"自主性"和"探究性",在研学旅行过程中,人们往往不是被动地接受知识,而是主动地在现实生活中去探索、研究和考证知识。

(2) 研学旅行不同于"春秋游活动"。研学旅行注重集体性,强调在集体活动中让学生获得与同伴相处的机会,过一种真实的集体生活,让眼、耳、鼻、手、脚、脑等"动"起来,从而学会生存和生活,学会做人和做事。研学旅行除注重集体性外,还特别关注学生的个人体验,能够给予学生更丰富的体验感受,这是家庭和学校课本无法给予的。在研学旅行过程中,教师应该倡导让孩子用自己的眼睛观察社会,用自己的心灵感受社会,用自己的方式探究社会。研学旅行也不同于面向少数学生的精英活动,它不是少数优质学校的特权,也不是学校课堂的"搬家"。

(3) 研学旅行不同于"留学"。留学是指长期离开自己的惯常环境,前往外国进行学习的活动。留学时间通常在一年及以上,超出了"旅行"定义中的时间范围,因此,它不属于研学旅行的范畴;而研学旅行则包含游学,因为现代意义上的游学是指短期前往国外学习的逗留访问活动,时间通常在一年以内。

(4) 研学旅行不同于"实习实践"或"社会实践"。研学旅行只包括了实习实践中以学习为目的的短期异地旅游或逗留访问活动,如大学生专业认知实习、生产实习等,不包含以就业为目的的专业实习或毕业实习。研学旅行也不同于"社会实践",开展了旅游活动的社会实践才属于研学旅行的范畴,如大学生暑期调研、下乡支教等活动。

3. 研学旅行的定义描述

综上所述,研学旅行是由教育部门和学校根据区域特色、学生年龄特点和各学科教学内容需要,有计划地组织学生通过集体旅行、集中食宿的方式走出校园,在与平常不同的生活中拓宽视野、丰富知识,加深与自然和文化的亲近感,增加对集体生活方式和社会公共道德的体验,培养学生的自理能力、创新精神和实践能力的综合实践课程。研学旅行是研究性学习和旅行体验相结合的校外教育活动,是培育和践行社会主义核心价值观的重要载体,是全面推进中小学素质教育的重要途径。

研学旅行具备以下四个基本特征:

（1）校外活动。课后的一些兴趣小组、俱乐部的活动，以及棋艺比赛、校园文化活动，不属于研学旅行的范畴。

（2）有意组织。研学旅行是有目的、有意识的，作用于学生身心变化的教育活动，如果周末三三两两出去转一圈，那不是研学旅行。

（3）集体活动。以年级为单位，以班为单位，乃至以学校为单位进行活动，学生在教师的带领下一起参与实践，共同体验，相互研讨，这才是研学旅行。如果孩子仅仅单纯跟随家长到异地逛一圈，那只能算作旅游。

（4）亲身体验。学生必须要有体验，而不仅是看一看、逛一逛，要有动手的机会、动脑的机会、表达的机会，在一定情况下，应该有对抗演练、逃生演练，应该出点力、流点汗，乃至经风雨、见世面。

二、研学旅行的主要内涵

（一）开展体验性的研究性学习

研学旅行的首要目的是依托旅行让学生进行体验性的研究性学习。这种学习直接把学生置于实际情境之中，在教师指导下进行体验性的研究性学习。环境体验是学生认知的关键，教师可以在旅行环境中引导学生识别问题情境或具体问题，通过刺激性问题激发学生探究的热情和兴趣，吸引学生的注意力，鼓励学生参与预先设计的学习活动，帮助学生建构假设、分析问题，并鼓励学生收集数据、验证假设，并进行深入的阐释。另外，教师可以帮助学生反思问题情境和思维过程。教师会引导学生回顾他们的思维过程，学生在感知问题的过程中需要有足够的自由来建构认知，同时也需要适当的指导来确保其认知的正确性。学生只有在自由探索与教师指导相结合的情境下，才能真正获得和探究相关联的新知识，提高思考和推理的能力以及对知识的鉴别能力。

（二）建立学校课程与现实世界的联系

研学旅行是学校教育和校外教育衔接的重要教育形式。与学校教育相比，其特点在于空间的变化与拓展。学生短暂地离开学校，学习的对象是大自然和社会，而不是课本上的理论知识。研学旅行能将学生带入丰富多彩的现实世界，让大自然和社会都成为课堂，将学校与自然、社会环境联系起来。

当学习不再局限于课本，转而变成对周围现实世界的探索时，学生的每一次研学旅行就如同翻开了大自然和社会生活的一页篇章。通过亲身体验去感受鲜活的事物和抽象的词汇之间的深刻联系，这是任何课本都没有办法给予的。正如陶行知所言：生活即教育，社会即教育。

广阔的生活空间充满了学习资源。将学生的学习生活融入社会大环境之中，我们会发现学校生活只是学生生活的一部分。在这个世界中，处处皆学问，时时可学习，事事都能成为学习的对象。唯有给予学生更广阔的空间,他们才能获得丰富的资料,摆脱学科的束缚,发挥自身的创造力,接触自然中的花草树木、青山绿水、日月星辰,接触社会中的士、农、工、商等各界,通过谈话、观察、阅读、实践、思考等方式进行探讨,自由地向宇宙发问、与万物为友,在接触自然和社会的过程中,融会贯通地思考和理解事物之间的关系,认识自然、社会、他人和自我。

(三)建构相互合作的学习共同体

在研学旅行中,自由、活泼的学习环境促使学生展现个性、表达自我。来自不同的文化背景的学生与教师共同构建了学习共同体。在这一共同体中,师生之间、生生之间通过合作,共同获取知识、积累经验,从中获得意义和价值,并承担责任。在学习共同体中,教师是学习环境的营造者和学习过程的引导者,学生是学习的主体,教师引导学生进行合作学习、独立学习、小组学习和社会学习。这种学习不仅以认知为目的,还十分注重学生沟通交流能力、合作对话能力、独立思考能力、批判性思考能力的培养。这种共同体中的学习要求学生对需要研究的问题进行讨论,鼓励学生分享思想和感情,彼此接纳与支持。这样的学习方式旨在培养学生的社会责任感和学生的集体意识,促使学生在与他人相处的过程中形成自律、自强的精神,养成遵循规则、守时的好习惯,在集体活动中提高安全意识和生存能力,培育良好的社会主义核心价值观,构筑丰富的内心世界。

(四)整合协同化的资源管理

研学旅行是由教育部门和学校组织的校外教育活动,其参与者来自多方,有社会旅游机构,也有学生家长、学校,还有校外专门成立的研学旅行的第三方机构。他们共同让研学旅行这项校外活动得以顺利开展,并让研学旅行呈现不同的特色。通过资本融合的方式,将学校、家庭、旅游企业等多方力量有机结合,形成第三方研学旅行专门机构,以学校或教育机构为主要组织者,并在此基础上协同整合其他机构,与博物馆、科技馆、海洋馆等建立长期联系,建设研学旅行基地,方便中小学研学旅行,提高研学旅行的质量。

(五)配套多元化的评价体系

评价学生在研学旅行活动中的表现,是一个持续的过程,贯穿整个研学旅行活动之中。研学旅行活动本身的丰富性决定了评价的多元化。

一是评价主体的多元化。评价的主体可以是教师、学生,也可以是研学活动管理中心的负责人、家长等。

二是评价内容的多元化。可以对学生在研学旅行中的服务性学习、探究性学习、体悟性学习等内容进行评价;也可以对学生在研学旅行中探究的问题进行评价,如问题是否能够激发学生更深入地思考或批判性地思考,是否能够解释和说明事实、现象和事物之间的相互关系,是否能够促使学生对事物有深刻且全面的认识,等等。

三是评价方式的多元化。可以通过档案袋评价、作品评价、口头答辩、演说和展示等多种方式对学生研学旅行的学习成果进行评价。

三、研学旅行的主要类型

研学旅行活动将校内课堂活动拓展到校外广阔的大自然和丰富的社会生活之中,将书本学习与对实际事物的研究相结合,将"静坐的课堂"与"行走的课堂"相结合,将旅行、学习与研究相结合,这不仅体现了研学旅行活动的直观体验性、综合性、整合性和多元性,还体现了其实施的复杂性、灵活性与因地制宜性,以及其分类标准的多重性。

(一)以组织主体为分类依据

按组织主体,研学旅行可分为以下类型。

1. 由学校组织的研学旅行

学校组织的研学旅行活动与学生所学课程内容紧密结合,活动在学校整体教育计划体系之下具有一定的系统化、规范化和科学化,其缺点在于容易产生"只学不游"的现象。

2. 由旅行社及研学机构组织的研学旅行

旅行社或社会文化机构组织的研学旅行活动在旅游资源、研学旅行基地建设等方面有很大的优势,但也存在师资匮乏、对学生的学习课程及基础状况不了解等弊端,导致学生参与度与互动频率不高,进而容易产生"只游不研"的现象。

3. 由政府部门组织的研学旅行

《教育部等11部门关于推进中小学生研学旅行的意见》明确提出,"各地要成立由教育部门牵头,发改、公安、财政、交通、文化、食品药品监管、旅游、保监和共青团等相关部门、组织共同参加的中小学生研学旅行工作协调小组"。多部门协调开展研学旅行活动,成立专门的管理机构规范研学旅行活动成为趋势。

(二)以活动内容为分类依据

按活动内容,研学旅行主要有六大类:历史文化类、红色革命类、科技活动类、职业体验类、军事训练类、自然考察类。

1. 历史文化类

学生主要通过了解中华历史文化涉及的遗址、人物、事件、文物、文学作品来感受几千年的历史变迁与社会变革,了解中华传统文化的博大精深,培养民族自豪感和家国情怀,从而树立文化自信。此类研学旅行如八达岭长城遗址研学活动、故宫博物院研学活动等。

2. 红色革命类

学生主要通过参观红色革命遗址和纪念园区，了解中国近现代革命的历程，增加对国家的认同感，增强"四个自信"，践行社会主义核心价值观。此类研学旅行如中共一大会址研学活动、人民英雄纪念碑研学活动等。

3. 科技活动类

学生主要通过参观科技类展馆、科学实验室、各类试验基地，感受科技发展过程，此外，还可以借助各种器材开展创客探究活动，培养动手能力和实践能力。此类研学旅行如文昌航天发射中心的火箭发射研学活动、中国科技馆研学活动等。

4. 职业体验类

学生主要通过参观一些企事业单位来了解社会机构的功能以及这个机构中工作人员的职业特性，增进对职业的认识，加深对社会的了解，满足学生对职业的好奇心，增强职业生涯发展规划的实用性和有效性。此类研学旅行如交通警察职业体验研学活动、地铁司乘人员职业体验研学活动等。

5. 军事训练类

学生主要通过军事训练、野外生存训练等活动来提高规则意识、耐力、毅力和团结协作的能力。此类研学旅行如"我是祖国卫士"研学活动、热带雨林越野研学活动等。

6. 自然考察类

学生主要通过观察周围的自然环境来增进其对生存环境的了解，尤其强调对水资源、空气资源、土壤资源、动植物资源等的认识、理解和保护，养成热爱自然、亲近自然、保护自然的良好习惯。此类研学旅行如"水的一生"研学活动、"发现家乡美"研学活动等。

总体来讲，研学旅行活动种类繁多、内容丰富，涉及自然、人文、历史、资源、环境、社会、职业等方方面面，涵盖中小学生的语文、数学、英语，以及物理学、地理学、植物学、历史、文学、美术等各科目教学内容。随着学生年级的升高，研学活动的空间会不断扩展，内容会逐渐丰富，时间也会相应延长。

（三）以活动开展范围为分类

按活动开展范围，研学旅行可分为不同类型。学校可根据教学实际情况，灵活安排研学旅行的时间，一般安排在小学四到五年级、初中一到二年级、高中一到二年级，并根据学段特点和地域特色，逐步建立小学阶段以乡土乡情为主，初中阶段以县情市情为主，高中阶段以省情国情为主的研学旅行活动课程。

1. 乡土乡情范围的研学旅行

乡土乡情范围的研学旅行主要针对小学阶段的学生，以学生所在社区、校区、乡镇为要活动范围，以生活空间、自然空间、活动空间为载体，以发现人文美、社区美、家乡美为主要目的。学生能够从中了解亲戚邻里、生活设施、自然系统、公共管理等方面的知识。一般而言,城市里以生活小区、所在社区、社区公园、服务机构等为主要研学场所和对象,开展包括认识小区植物、考察社区公园、了解社区管理、参与"大手拉小手"志愿服务、探索城市生活等类型的研学活动;乡村里以村庄、田野、集市为主要研学场所和对象,开展包括认识大自然、了解田间地头和乡镇服务功能等主题的研学活动,做到认识家乡、记住乡愁。

2. 县情市情范围的研学旅行

县情市情范围的研学旅行主要针对初中阶段的学生,以学生所在县域或市域为活动范围,通过参观所在市县的重点区域(县城、社区、乡镇等)、代表性场馆(博物馆、科技馆、文化馆等)、标志性场所(地质地貌、动植物、历史遗址、革命文物等)。学生能够从中了解和掌握所在市县的地理区位、历史进程、典型事件和人物、特色物产和优势产业等。此类研学旅行旨在加深学生对县情的认知与理解,促使学生树立服务家乡的理想目标。

3. 省情国情范围的研学旅行

省情国情范围的研学旅行主要针对高中阶段的学生,以学生所在的省域或全国为活动范围。此类研学旅行通过探访所在省份或其他省份的典型场所,重点围绕省域和国家的主要历史发展脉络、文化和自然遗产、重要革命遗迹事迹、重大科技成果等主题展开,旨在扩大学生对中国各方面知识的认知范围,提升其对中国现状与历史的认知能力,深化热爱中国的情感认知,坚定服务中国的信心和决心。

第二节　研学旅行的历史沿革

研学旅行是近年来出现的新词,从我国古代游学逐步演变发展而来。在我国历史上,学习和游历始终相辅相成,研学旅行延续和发展了我国传统游学"读万卷书,行万里路"的教育理念和人文精神,成为素质教育的新内容和新方式。2013年以来,国务院、教育部、文化和旅游部等部门陆续出台文件支持研学旅行,万千学子走出校门、走进大自然、走向生活实践。探索研学旅行的发展历程,对于我国推进教育改革、促进下一代素质提升和成长、促进教育与旅游产业跨界融合发展,都具有现实意义。

一、我国研学旅行的历史演变

(一)古代游学

"游学"是我国古代传统的学习、教育方式之一。"游学"一词较早见于《史记·春申君列传》，但学者对其尚未形成统一认识。通过查阅相关文献，我们可以将游学定义为一种文化人通过异地旅行获得知识、通过遍游各地亲自进行文化体验、远赴他乡拜师求学，以及文人之间进行交流的活动。简单说来，游学就是一种异地求知的文化活动。

　　游学起源于春秋时期。当时文化中心极其分散，诸子百家争鸣，学派林立，各学者之间相互切磋交流，共同促进了文化的繁荣。这为有知识、有才能、有抱负的学者提供了有利的途径，他们通过周游列国，游说自己的主张和观点，并通过与他人辩论来得到各国诸侯的赏识，从而实现自己的理想抱负。较为典型的代表就是孔子，他率领众弟子离开鲁国，周游列国，传道受业。弟子们跟随他遍访都邑，游历了卫、曹、宋、郑、陈、蔡、楚等国家，四处讲学，一方面频繁地向各国讲述自己的治国理念、政治主张，另一方面，率众弟子游学、读书和悟道等，体验山水，感悟人生，开阔眼界，了解民风政情。这为期十四年的列国游学生涯，史称"孔子周游列国"。到了战国时期，诸侯并起，纷纷厚招游学之士，广纳贤能之才。文士们通过游学增进学识，成为纵横家游说诸侯国，以言策建立功业，实现自己的理想抱负，造就了一大批人才。

　　汉朝沿袭了春秋战国时期的游学之风，学子们为了研习经典，远行访师问道，既为了提升自己的名声和学识，也为了谋求仕途发展。游学不仅丰富了学子、士人的知识与阅历，还成就了许多人。比如司马迁"二十而南游江、淮，上会稽，探禹穴，窥九疑，浮于沅、湘，北涉汶、泗，讲业齐、鲁之都，观孔子之遗风，乡射邹峄，厄困鄱、薛、彭城，过梁、楚以归"。(《史记·太史公自序》)游历和文化访古，对其最终完成《史记》的撰写，有很大的助益。

　　隋唐时期，游学持续发展。这一时期，中国古代社会迎来了空前繁荣，政治、经济、文化等方方面面都发生了巨大的变化，特别是物质财富的积累、精神文明的开放、民间私学的兴盛、科举制的兴起，游学也在这一变化过程中逐步发展着。唐朝兴"壮游"、旅行学习之风，众多士子走出书斋，经常郊游、远行，甚至踏上边塞之旅。此时游学主要分为三种类型：求学之游、求士之游、体验之游。他们访古问俗、优游林下、寻幽探胜、结交豪杰、相互学习，在旅行中学习知识、体悟人生、提升修养、传承文化，创作出很多传世的诗篇。开放、包容的文化，成就了当时文化的空前繁荣。

　　游学兴盛于元朝。元朝由蒙古族建立，是中国历史上首次由少数民族建立的大一统王朝。一方面，元朝统治者曾停止科举考试，断绝了儒士通过科举考试做官的路径。另一方面，由于元朝统治者想大力开拓疆域使各个民族之间相互融合，这使得许多文化相对落后的地区的人们游历四方、学习汉文化，民间开办的书院、义塾等也公开接受远道而来的人来此处学习，并且一些隐居的儒士也接纳他们作为自己的学生，传授相关知识。元朝社会的繁荣安定、开放的教育政策以及南北统一的局面等客观条件都促使了游学在元朝兴盛起来。元朝的游学主要有三种类型：儒学之游、从师之游、书院义塾之游。

　　宋朝和明清时期是游学的拓展期。这一时期游学、书院文化盛行，士人旅行制度化，社会逐步形成"读万卷书，行万里路"的主流意识。宋代理学家、思想家朱熹主张学子不应拘于一隅,而应"出四方游学一遭"(《朱子语类》)。当时名师硕儒所在的书院,常常成为一地教育、学术中心,吸引远近的学子趋而往之;士子们则利用科举和出仕机会频繁旅行,深入了解各地历史文化、名胜遗产、典制赋役、科技发明,观察社会,推动文化、社会变革。如宋代的沈括少随父官游州县,出仕后重游历研究,他"博学善文,于天文、方志、律历、音乐、医药、卜算,无所不通,皆有所论著"(《宋史·沈括传》),最后写就集科技之大成的《梦溪笔谈》。董其昌在《画禅室随笔》中写道:"读万卷书,行万里路,胸中脱去尘浊,自然丘壑内营,立成鄄鄂。"

我国历史上伟大的地理学家徐霞客从"癸丑之三月晦,自宁海出西门"开始,不畏艰险,一路科研,一路记录,最终写成了《徐霞客游记》。据统计,徐霞客考察记录了地貌类型61种,水体类型24种,动植物170多种,名山1259座,岩洞溶洞540多个。其中尚有150多处至今仍是县级以上不同级别的风景名胜地,有50多处设有旅游和文物管理机构,被誉为"千古奇书"和"影响中华民族的二十部名著"之一。可以说,徐霞客是我国乃至世界研学旅行的鼻祖,是诗与远方完美结合的典范。徐霞客与张骞、唐玄奘、耶律楚材并称"中国古代四大旅行家",而独有"中华游圣"之称。胡适曾说:"徐霞客在三百年前,为探奇而远游,为求知而远游,其精神确是中国近世史上最难得、最可佩的。"毛主席曾说:"我很想学徐霞客。"1987年,时任国家主席李先念曾为徐霞客诞辰400周年题词:"热爱祖国,献身科学,尊重实践。"徐霞客吃苦耐劳、追求真理、勇于探索、尊重实践、献身科学的精神永远令人崇敬。

(二)近代留学

游学发展到近代时,已和古代有一定区别。在鸦片战争后,我国的领土开始被列强割据,国家主权逐渐丧失。对此,清政府被迫采取对外开放政策,出台了留学政策。这一举动促使一大波爱国知识分子和开明绅士开始放眼世界,学习西方科技文化,寻求救国之道。近代的留学热潮主要经历了四个阶段:赴美留学、留学日本、庚款留学、留法勤工俭学。这一时期的留学形势形成新的多元化局面,涌现出一大批出色的科学家,他们成为中国近代科学事业的奠基人和开拓者。

20世纪30年代,著名教育家陶行知怀揣着教育救国的崇高理想,大力倡导"知行合一",认为"行是知之始,知是行之成"。在其推动下,新安小学的"新安旅行团"开展了一次为期50天的长途修学旅行。旅途中,学生通过唱歌、劳动、演讲等办法自筹经费,赏江南风光,观察、学习沿途地理、风俗、民情,了解近代工业文明。这不仅让学生们互帮互助、增进情感,还让他们学到了很多关在学校里仅凭书本难以获得的知识。此外,学生们还参观了被列强占领的上海租界以及淞沪抗日战场,了解爱国军民奋起抗战的英勇事迹,极大地增强了民族责任感,开创了我国修学旅行的先河。

(三)修学旅游

中华人民共和国成立之初,国家处于一穷二白的境地,教育发展也经历了一段停滞不前、杂乱无章的时期。然而，随着社会的不断发展，各个时期对教育提出了不同的要求。为应对这些要求，很多学校组织了各种带有研学性质的活动，如勤工俭学、爱国主义教育、红色旅游、历史文化探源、地质生物考察等。

1978年，党的十一届三中全会召开，提出对外开放的政策，这一历史性决策促使我国在政治、经济、文化、教育等方面发生了翻天覆地的变化。改革开放后，大量来自日韩、东南亚和欧美国家的修学旅游团纷纷涌入中国。当时，中国国际旅行社、中国旅行社、中国青年旅行社这三大全国性旅行社以及地方旅行社，纷纷成立修学旅游接待部门，并推出了许多具有中国文化特色的修学旅游产品，接待了数以万计的外国修学旅游者。这不仅加深了外国友人对中华文化的亲近感，还为国际友好关系的建立播下了希望的种子。同时，各地在此过程中也积累了大量修学旅游产品组合，以及组织接待和安全保障方面的宝贵经验。

外来的修学旅游理念，对国内一部分家长产生了影响。从20世纪90年代开始，随着经济的快速发展，家长、学生们对于国内修学旅游、出国游学的需求与日俱增。一些教育理念较开放的学校开始组织学生修学旅游、出国游学。为满足这一市场需求，不少旅行社推出了修学旅游或海外游学旅行团，推动这一市场向前发展。然而，遗憾的是，大多数学校更专注于高考应试，尤其担心出现安全事故，所以一直没有制度化、规模化地开展修学旅游或出国游学。同时，由于缺乏政策引导和监管机制，出国游学总体呈现出野蛮生长的态势。

（四）研学旅行

"研学旅行"这一说法出现得较晚。2013年，国务院办公厅印发《国民旅游休闲纲要（2013—2020年）》，提出要"逐步推行中小学生研学旅行"。2014年，教育部启动研学旅行试点工作，为开展中小学研学旅行做好典范。2016年，《教育部等11部门关于推进中小学生研学旅行的意见》发布，首次将研学旅行纳入国家教育政策，直接进一步推动了国内中小学研学旅行的发展。此后，随着一系列政策出台，研学旅行开始受到教育界、旅游界以及学生和家长的普遍关注。

目前我国推行的"研学旅行"，与日本的修学旅行同宗同源。日本在19世纪的明治维新时期就开始鼓励学生参加以学习为目的的集体旅行。日本的教学大纲中规定：小学生每年要在本市进行一次为期数天的社会学习，初中生每年要在全国范围内进行一次为期数天的社会学习，高中生每年则要在世界范围内进行一次为期数天的社会学习，谓之"修学旅行"（しゅうがくりょこう）。与修学旅行相同，研学旅行是一种以旅行为载体，在旅途中学习知识、增加阅历、锻炼能力的体验活动。其重要目的和效用就是让学生通过体验的方式来感受与学校、家庭完全不同的生活，见识更广阔的世界，收获更丰富的感悟。

（五）未来研学发展阶段

发展研学旅行，需要有清晰的战略目标和顶层设计，应该将研学旅行体系建设视为提升国民素质、提升国家文化软实力，以及推动国家对外教育、促进文化交流的重要战略。我们要培养的人，应该是有高尚情操且富国家认同感、社会责任感、拓宽视野和鲜明时代特征的合格公民。这就要求我们在设计研学旅行体系时，要植根国情、放眼世界，把培养具有文化底蕴、科学精神、审美情趣，以及身心健康的人当成重要的努力方向，要培养一批善于用好各种信息、富于实践创新精神、有跨文化沟通能力、能创造性地解决问题的人才。

与此相适应，研学旅行首先要使学生养成谦和、好学、文明、礼貌、包容、宽厚的习惯，使学生学会与人相处和团队合作，学会做人做事，学会与自然、社会和谐共存。一方面，研学旅行具有个体性，旨在帮助学生学习知识、学会自我认知，通过旅行增长阅历、锻炼意志、塑造人格；另一方面，研学旅行具有群体性、开放性和实践性，旨在引导学生关注自然、关注社会、关注人生，鼓励学生投身实践、融入社会，并从中体悟人生真谛，保持积极的人生态度，学会服务他人、服务社会，对国家和社会有责任和担当。

其次，研学旅行要培养学生的理性思维、探究精神、实践能力和创新精神，同时增强他们的责任感、坚持不懈的毅力和解决问题的能力。研学旅行要根据时代要求，立足国情和社会需要，注重学生、学校的主体性，强调学习性、探究性、目的性和责任感，根据条件逐步开展着眼于乡情、市情、国情、国际的研学活动，让学生更了解社会、了解国家、了解世界，增强民族认同和情感认同，引导学生将学到的知识综合应用于实践之中，使学生成为具有跨文化沟通与交流的能力、全球视野和责任感的新型人才。研学旅行要强调专业性、知识性、趣味性、科学性、教育性，成为一种发展素质教育的创造性的学习方式，让学生喜闻乐见，营造出一种学生广泛参与、健康向上的文化氛围，并借此激发学生多方面潜能，提高学生的综合素质。

最后，要实现研学、教育和旅游融合发展。《2023年全国教育事业发展统计公报》显示，全国共有普通小学14.35万所，在校生1.08亿人，比上年增加103.97万人，增长0.97%；全国共有初中5.23万所，在校生5243.69万人，比上年增加123.1万人，增长2.4%；全国共有普通高中学校1.54万所，在校生2803.63万人，比上年增加89.75万人，增长3.31%。以此推算，全国适合参加研学旅行的潜在学生人数超过1.08亿人。这一数字极为庞大，预示着研学旅行是一个极具潜力的产业。那么，我们究竟应该如何提高研学旅行的整体水准？如何推进教育与旅游的跨界融合发展呢？

二、我国研学旅行的重要事件

（一）政策法规方面

研学旅行引发关注始于2013年。2013年2月，国务院印发的《国民休闲旅游纲要

（2013—2020年）》中提出，要"逐步推行中小学生研学旅行"，以及"鼓励学校组织学生进行寓教于游的课外实践活动"。

2014年8月，《国务院关于促进旅游业改革发展的若干意见》印发，从国家层面上首次倡导具有中国特色的研学旅行，将研学旅行作为青少年爱国主义和革命传统教育、国情教育的重要载体，纳入中小学生日常德育、美育、体育教育范畴等。

2016年，武汉、西安、上海、合肥、苏州等地成为全国中小学生研学旅行实验区或研学旅行试点城市。同年12月，《教育部等11部门关于推进中小学生研学旅行的意见》印发，该意见指出，"各地要把研学旅行摆在更加重要的位置，推动研学旅行健康快速发展"，要将研学旅行"纳入中小学教育教学计划"，将研学旅行从选修课变成为必修课、从随机开展变成有计划开展、从少数参与变成广泛参与。

2017年被业界视为研学旅行发展的元年，研学旅行成为旅游界和教育界的热点话题，有人将其称之为我国素质教育发展的又一大风口。2017年9月，教育部印发的《中小学综合实践活动课程指导纲要》指出，包括研学旅行在内的综合实践活动是国家义务教育和普通高中课程方案规定的必修课程，与学科课程并列设置。

2019年12月，全国中小学生研学实践教育营地2019年座谈研讨会在上海市金山区青少年实践活动中心召开。会议强调，研学实践教育是贯彻落实党中央国务院决策部署的重要举措，是教育部等11个部门共同推动落实的中小学生校外教育活动，是教育部和财政部利用中央专项彩票公益金联合组织实施的重点项目，各级部门要切实推进研学实践教育工作科学有序开展，加强对研学实践教育活动的有效指导，规范研学实践教育活动的突出问题，推动研学实践教育活动更好发挥育人作用。

2010年至2019年，研学旅行以专业整合为特征。随着国家政策文件相继落地，优质的内容和资源逐渐聚拢，研学旅行通过资本运作实现了资源整合与产业发展。同时，年轻一代父母在教育理念、教育投入上的转变，为研学旅行发展提供更为广阔的平台。

（二）产业实践方面

中华人民共和国成立初期，我国的研学旅行一度中断，仅有少数优秀学生，由国家出资，带有奖励性质的外派留学，属于精英型研学旅行。

20世纪80年代，我国重启与研学旅行相关的活动和业务。1983年，时任中共中央总书记胡耀邦访问日本，邀请3000名日本青年1984年访问中国，此后，日本来华修学旅行的青少年团体的频次与规模不断扩大。中国方面专门成立修学旅行委员会，并通过连续举行修学旅行研讨会的方式来持续推动中日青少年之间的友好往来。

我国研学旅行从试点到推广，呈现出由选修课变为必修课、随机性变为计划性、少量参与到广泛参与的态势，成为旅游领域新的发力点。2023年3月20日，中国旅游研究院发布了《中国研学旅行发展报告2022—2023》，研学旅行产品被视作未来旅游投资的十大重要领域之一。2023年,我国研学旅游市场规模约为1473亿元,同比增长62.05%,在历经疫情期间的市场低迷后,首次实现了高速增长。随着疫情的影响逐渐消除,行业有望重回正轨,并迎来持续增长态势。

三、国际研学旅行的发展概况

（一）日本研学旅行概况

在日本,研学旅行被称为修学旅行,这项活动是日本学校较具特色的活动之一,发展至今已成为日本文化的一部分。修学旅行,在日本被定义为学习技能和专业知识或拓宽视野的一种工具,以学校和班级为组织单位,组织学生到其他地区和国家进行的集体研学活动,包括学习传统文化、参观国家公园、体验不同职业、参观先进企业、体验各种活动等。修学旅行课程涵盖政治、经济、文化等多个领域,是一门跨学科的综合性实践课程。根据学生的年龄差别,修学旅行课程各有侧重,时长一般为1—5天。例如,小学生的活动主要是泡温泉或者参观附近的名胜景点,培养学生的团队合作意识;中学生的活动倾向于异地学习与体验,活动目的是结合课本的知识进行实践;高中生的活动主要聚焦于体验自然之美、参观先进企业或了解历史,让学生们感受自然、感悟历史,提前了解与熟悉以后的工作场所。修学旅行作为日本小学、初中和高中教育的一环,通过政府立法保障和公益机构监督指导,已经被纳入国民教育体系之中。据统计,日本90%以上的小学、初中和高中每年都会组织修学旅行。

日本的修学旅行始于1882年,栃木县第一中学校(现栃木县立宇都宫高等学校)的学生由教师带领参观东京上野召开的"第二届实业博览会"。1886年,东京师范学校(现筑波大学)的"长途远足"创造长达11天的修学旅行纪录。而"修学旅行"一词则在长野县师范学校(现信州大学)举行的类似活动中被命名,并出现在1887年4月20日发行的《大日本教育会杂志》(54号)上。[①]

在日本,公立小学、初中的修学旅行费用的补助由国家和地方财政共同承担,并且数额比重逐年增长。国家财政支持减轻了参加修学旅行活动学生的家庭负担,让普通家庭能够负担得起学生的修学旅行费用,为日本的修学旅行发展提供了强大的经济推动力。同时,修学旅行活动的经济带动作用增加了政府的财政收入,使政府有能力为下一轮修学旅行活动的开展加大财政支持。

日本修学旅行是以单独的学校、班级为单位各自施行。由于日本实行地方自治,日本各都、道、府、县地方教委关于修学旅行的准则和标准并不相同。每年各地教委会出台本年度修学旅行的实施细则,具体包括实施旅行的学年、旅行天数、行程长短、所需费用及随行教师的人数等,辖区内的中小学校遵照执行。

---

① 资料来源:马学阳、张金山《日本中小学生修学旅行的概况与启示》。

　　修学旅行主要在小学、初中、高中的最终学年举行,但近年来许多学校提前举行修学旅行。日本的修学旅行的目的地和内容依据年龄不同而有不同倾向。

　　小学生的修学旅行主要在附近的观光旅游地进行。例如,关东以南地区多去日光、那须、箱根、伊豆、信州等地;关东以北地区一般会在东京和神奈川等地;关西地区则多去奈良、京都、大阪、伊势志摩等地。主要活动包括参观名胜景点、泡温泉等,主要目的是增强学生的团队精神、锻炼品质等。

　　到了初中,修学旅行则倾向于去陌生地区,例如,东北地区的去首都圈、首都圈的去关西近畿地区、关西地区的去首都圈。参观地点包括国会议事堂、东京塔、日本银行总部、东京证券交易所等。主要目的是体验和实践课本中的知识,提高能力。

　　到了高中,修学旅行则更倾向于体验自然之美或了解历史,多前往冲绳、广岛、长崎等地。日本初高中常去的地方还包括电视台、报社、政府机构等,目的是让学生了解毕业后可能去的工作场所。此外,在九州、四国等基本不下雪的地方,修学旅行还可能去体验滑雪。

　　近年来,以学习外语、培养国际化视野等为由,组织学生到海外进行修学旅行的学校不断增加。旅行目的地主要有东南亚、北美、欧洲等地。

(二)美国研学旅行概况

　　美国将研学旅行称为Outdoor Education(户外教育),主要是以学校组织的课程或者活动为主,包括夏令营、冬令营、实地参观与考察、户外研学活动等。实地参观与考察和户外研学活动主要安排在参与者的在校学习期间以及周末,比如美国中学组织学生参观当地博物馆、历史名人馆,学习本国历史文化。

　　美国现有数万家利用参与者的寒暑假时间开展活动的夏令营和冬令营机构,其中较具代表性的是美国哈佛大学夏令营和西点军校夏令营活动。哈佛大学夏令营课程采用学分制,时间为3—7周,主要对象是高中生、本校大学生和其他院校大学生。该夏令营根据参与者的兴趣和能力安排课程,旨在拓宽其学术视野,提升知识储备与实践技能。西点军校夏令营活动主要针对5—12岁学龄前儿童和小学生,时间是1—12周,旨在培养学生的户外生存能力、独立自主性、吃苦耐劳品质和团队合作精神。

(三)欧洲研学旅行概况

　　英国将研学旅行称为Field Trip(野外旅游),前往欧陆游学是过去年轻绅士们的必修课程。英国的这种旅行逐渐影响德国、意大利、法国等欧洲诸国,并发展成为一种漫游式研学旅行。到第二次世界大战后,它作为课程确立下来,成为拓宽学生视野、提高跨文化理解能力的重要途径。

　　现在,英国的研学旅行主要以学校组织的课程或活动为主,利用学生的在校时间,进行实地考察、先进企业参观、户外研学与拓展活动。根据学生的年龄不同,其研学课程会有不同的侧重点。小学生、初中生主要通过参加野外拓展训练营,培养户外生存能力和独立自主能力;高中生、大学生可以通过参观葡萄酒庄,学习英国葡萄酒历史,了解葡萄生长环境、种植过程、酿酒工艺,掌握葡萄酒种类以及相关产品知识等。

第三节　研学基地营地辨识

一、研学基地营地的基本概念

《教育部等11部门关于推进中小学生研学旅行的意见》中明确要求加强研学旅行基地建设。各地教育、文化、旅游、共青团等部门、组织密切合作,根据研学旅行育人目标,结合域情、校情、生情,依托自然和文化遗产资源、红色教育资源和综合实践基地、大型公共设施、知名院校、工矿企业、科研机构等,遴选建设一批安全适宜的中小学生研学旅行基地,探索建立基地的准入标准、退出机制和评价体系;要以基地为重要依托,积极推动资源共享和区域合作,打造一批示范性研学旅行精品线路,逐步形成布局合理、互联互通的研学旅行网络。

2017—2018年,教育部公布了两批全国中小学生研学实践教育基地、营地名单,总共581家"全国中小学生研学实践教育基地"和40家"全国中小学生研学实践教育营地"。教育部要求被批准的基地和营地开发一批育人效果突出的研学实践活动课程,打造一批具有影响力的研学实践精品线路;建立一套规范管理、责任清晰、多元筹资、保障安全的研学实践工作机制,构建以营地为枢纽,基地为站点的研学实践教育网络。各地各校要在当地教育部门的指导下充分利用研学实践教育基地、营地,组织开展丰富多彩的研学实践教育活动,着力在坚定理想信念、厚植爱国主义情怀、加强品德修养、增长知识见识、培养奋斗精神、增强综合素质上下功夫,提高中小学生的社会责任感、创新精神和实践能力,促进学生德智体美劳全面发展。

（一）研学基地的定义

研学基地主要指各地各行业现有的,适合中小学生前往开展研究性学习和实践活动的优质资源单位。它们需结合自身资源特点,开发适配小学、初中、高中学段,且与学校教育内容相衔接的研学课程。其提供的课程内容与服务应属于优秀传统文化、革命传统教育、国情教育、国防科工、自然生态五大类中的一种。

（二）研学营地的定义

研学营地主要指具有承担一定规模中小学生研学旅行的活动组织、课程和线路研发、集中接待、协调服务等功能,能够为广大中小学生开展研学活动提供集中食宿和交通等服务的单位。《研学旅行服务规范》将研学营地(Study Camp)定义为,研学旅行过程中学生学习与生活的场所。营地和基地的重要区别在于,营地能够为学生提供集中住宿和交通服务,接待的人数更多,并且营地的房屋、水电、通信、医疗等设施设备更加完善。

研学基地营地建设是学校教育与校外教育衔接的重要创新形式,对于改变人才培养模式、提升中小学生综合素质有非常重要的作用。各基地营地将研学旅行作为理想信念教育、爱国主义教育、革命传统教育、国情教育的重要载体,突出祖国大好风光、民族悠久历史、优良革命传统和现代化建设成就,根据小学、初中、高中不同学段的研学旅行目标,有针对性地开发自然类、历史类、地理类、科技类、人文类、体验类等多种类型的活动课程,实现活动课程和学校师生需求的精准对接。

二、研学基地营地的主要特征

自从国家颁布研学旅行相关政策以来,各地都陆续建设了一批层次分明、各具特色、示范引领的研学旅行基地营地,各基地营地充分挖掘特色资源,有针对性地开发研学旅行特色课程,力争做到"一地一特色,一地一品牌"。

(一)区域分布较均衡

从目前国内存在的研学旅行基地营地来看,其各省区的基地营地分布较均衡。在教育部公布的基地营地名单中,除了多数的国家级工程外,各省市推荐的基地营地数量相对均衡。

(二)类型比较丰富

在教育部公布的基地营地名单中,其涵盖的服务类型非常广,涉及红色革命、传统文化、军事拓展、职业体验等几大主题,内容十分丰富,包含了很多国家级、省级重点单位,可以看出国家对于中小学实践教育的重视程度。

(三)基础设施完善

在研学旅行基地营地建设的过程中,基础条件的完善对于基地建设有着至关重要的作用。除了要配备相应的教学实践器材,还要具有必要的设施,比如医疗卫生室,或者在危险体验区设置的安全保障设施。此外在周边的衍生资源上,也要对周围优秀的教育资源进行开发,保障整体教育资源的丰富性,没有教育资源可拓展的,也可以保证周围有完善的基础设施,来保障基地营地的正常运转。目前,国内的基地营地建设发展尚处于起步阶段,各项基础设施还有待完善。

(四)安全保障机制到位

安全是研学旅行是否能够顺利开展的关键因素。目前,在研学旅行基地营地的建设中,多注重的是对课程的开发设计,而忽视了安全保障机制的建设。在大众的普遍认知中,学校、教师承担保障学生安全的责任,但其实安全保障不仅仅是一方的事,而是需要各方的共同努力,为孩子提供最安全可靠的保障。除了加强对基地营地工作人员安全防范意识的培训外,还要提前制定好合理的安全预案,定期对基础设施进行安全隐患排查,最大限度地减少安全事故的发生。

（五）校企沟通机制畅通

基地营地虽然负责组织中小学生研学旅行,但基地营地毕竟不属于教育系统,对于学生知识的教授缺乏系统的认知,这也就导致研学旅行课程设计可能和中小学生的学校课程目标不符,不能有效地将"研学"和"旅行"结合起来,从而导致研学旅行效果大打折扣。研学旅行是丰富学生阅历、提升中小学生综合素质的关键,研学旅行基地营地的建设在研学旅行过程中扮演着至关重要的角色,所以各级部门一定要紧跟政府的号召,将基地建设得更好、更规范。

（六）建设的规范性加强

随着政策推动,我国研学基地营地建设得到了快速发展,虽然出现了一批有规模、有特色、品牌推出的基地营地,但其建设仍存在标准不统一、服务流程不规范、设备设施标识不清晰、管理水平参差不齐,以及风险防控和危害识别不足等问题。这些问题不但影响教育部门和学校的决策,而且不利于研学行业的规范化发展,因此亟须制定相关基地营地建设及评价标准。

2019年,中国旅行社协会发布团体标准——《研学旅行基地(营地)设施与服务规范》(T/CATS 002—2019),该标准秉承"教育性、实践性、安全性、公益性"的研学旅行原则,重点关注基础建设、运营服务、安全保障和持续改进等核心要素,经过与国内研学教育专家和来自研学运营、设计机构的代表们反复研讨,标准内容在充分体现科学性和有效性的同时,以可操作性和引导性为前提量化评分细则,为研学基地营地的星级评价和遴选工作的顺利实施奠定良好基础。同时,该标准对规范和提升研学基地营地服务质量,使研学基地营地有相对科学、规范的准入条件,引导旅行社正确选择合格的研学基地营地供应商,保证研学旅行线路产品的服务质量,推动研学旅行服务市场的健康发展具有重要意义。

三、研学基地营地的建设内容

（一）场地建设

1. 建设年限

基地营地应为两年内建成的并且能正常运营,与中小学生开展研学活动的需求相适应,是优质的资源单位。

2. 建设规模

基地营地每期可以同时容纳200名以上的学生开展研学活动。

3. 场地功能

基地营地在接待中小学生开展研学活动时,可以为学生提供学习、体验、休憩的场地,并且基地营地的功能齐全且布局合理,可以为各项活动的开展提供相应的保障。

4. 设施设备

设施设备是基地营地建设时需要重点关注的。为确保研学基地营地正常运营,必须保证设施完善,即要配备相应的教育实践活动器材和工具,并确保其能正常使用;基地室内外要安装先进的录像和监控设备,以便全方位监控学生参加研学活动的情况,并具备长期保存影像资料的能力;基地营地内要设置伤病医务室,或者在限定范围内设立定点卫生室;若基地营地周边存在危险地带,则须设置安全防护设施,并且放置醒目易懂的安全警示标志,确保设施设备齐全,保障基地营地建设工作的顺利开展。

5. 周边资源

在基地营地建设过程中,不仅要积极开发和建设自身教育资源,还要对周边优秀的传统文化资源、红色教育资源、自然生态资源等进行挖掘,丰富资源种类,确保能满足学生参加各类型研学活动的需求;要尽量确保基地营地交通便捷、安全条件达标,保证基地附近15千米的范围内有医院,确保紧急情况下能保障师生的安全。此外,为了保障基地的良好运营,基地工作人员必须具备餐饮服务许可证、健康证等,为参与研学活动的师生营造良好的学习和生活环境。

(二)课程建设

1. 课程设置

课程设置是研学工作中对教育效果影响较为明显的因素,因此,研学基地营地需深入分析并制定科学的课程方案。首先,要将研学旅行的实际需求与中小学不同阶段的课程进行有机结合,设置鲜明的研学旅行主题,以支持学校教育工作的开展;其次,要结合具体的基地课程设计和规划,构建完善的课程体系,形成教学合力,增强课程体系建设的规范性;最后,在课程设计和规划的过程中,要全面分析教学、实践和体验活动之间的关联,提升课程内容的教育性和实践性,确保在组织研学旅行的过程中为学生提供积极有效的指导。

2. 线路设计

研学线路的确定会对研学教育活动的开展产生直接的影响,因此,研学基地营地要将研学线路设计作为重要的内容进行详细的分析和研究。一方面,要尝试开发适合不同阶段中小学学生学习的研学线路,明确研学工作的目标,发挥研学线路的实践教育功用;另一方面,要对各类型青少年校外教育实践活动的特点进行分析,结合学生的成长需求和学习需求,明确研学旅行路线,增强线路的针对性和可操作性,确保能有效支持研学活动的开展,为研学活动的开展创造良好条件。

3.质量评估

应根据研学基地营地建设需求,明确研学的具体内容,要将质量评估工作作为重点。在全面分析具体情况的基础上,要针对研学活动开展测评工作,确保能够真实地了解学生的知识和技能的掌握情况,对学生在研学活动中的表现进行评价,指导学生进行深入的系统的探究。在具体开展实践教育效果评估的过程中,可以从不同的板块入手进行考查,并制定相应的评价标准。例如,在优秀传统文化板块,要考查学生对优秀传统文化的理解和掌握情况、中华传统美德践行情况、文化自信情况等;在国情教育板块,要重点考查学生对基本国情的了解情况、对中国特色社会主义建设成就的认识情况,以及学生爱国情怀的培养情况等。此外,为了确保质量评估工作的客观性和有效性,需要综合学生评价、家长评价和学校评价,明确研学内容建设的情况,为研学活动的高质量开展提供有力支持。

(三)组织建设

在结合组织建设现实需求,对组织管理工作进行优化创新的实践探索活动中,研学基地营地要从多角度制定管理方案,以充分发挥组织效能。

1.搭建一个组织机构

研学基地营地要建立健全内部组织管理机构,在完善的机构体系的作用下确保分工明确、职责清晰地开展各项研学活动,全方位把握研学旅行的基本情况。

2.建立一套管理制度

研学基地营地要建立健全管理制度,从教学、行政管理、学生管理及安全管理等方面构建和优化制度体系,使制度保障作用得到有效发挥。同时,要高度重视投诉处理工作,规范投诉处理流程,将投诉处理的结果完整、妥善地记录在档案中,在综合考量投诉情况后对各项工作进行调整,充分发挥组织管理的重要作用,为自身建设提供组织管理保障。

3.打造一支教师队伍

其一,研学基地营地要积极引进和聘用专业人才,配备能满足中小学研学活动需求的讲解员和辅导员,为研学活动提供有效的指导。其二,在人才引进和聘用过程中,研学基地营地要确保人才具备相应的职业资格和较强的教育教学能力,以提升研学服务质量,提高工作成效。其三,研学基地营地要定期组织人才参加教育培训活动,提升他们的专业素养,打造一支专兼结合的教师队伍,使研学活动的作用得到充分发挥。

此外,研学基地营地建设除了包括以上三个方面,还涉及日常管理、教学管理、活动管理、服务管理、市场营销管理、质量管理、财务管理、安全管理、危机管理、创新与可持续发展等方面的内容,本书将在后续章节中详细阐述。

本章小结

　　本章对研学旅行的概念进行了定义和辨析,突出了研学旅行的教育属性和知行合一的核心内涵,描述了研学旅行的分类标准和主要类型。在此基础上,回顾了研学旅行发展的历史沿革,重点对其历史演变、重要事件和国际概况进行了阐述,以及对研学基地营地的基本概念、主要特征、建设内容进行归纳和整理。本章旨在帮助人们建立对研学旅行的基本认知,构建研学基地营地的基本框架,为人们进行研学基地营地运营与管理奠定理论基础。

第二章
研学基地营地日常管理

学习目标

知识目标：

（1）了解研学基地营地的日常管理流程。

（2）了解研学基地营地行政、设备、环境和信息管理的基本概念。

（3）掌握研学基地营地行政、设备、环境和信息管理的内容。

能力目标：

（1）掌握行政管理、设备管理、环境管理和信息管理等日常管理流程。

（2）能运用理论知识对研学基地营地日常管理现状进行分析，并提出管理优化措施。

素养目标：

（1）使学生具备较强的沟通能力、组织能力、团队协作能力。

（2）培养学生的批判性思维，使其爱国、爱家、爱专业。

（3）实现知识传授和价值引领的有机统一，将学生培养成德智体美劳全面发展的人。

知识框架

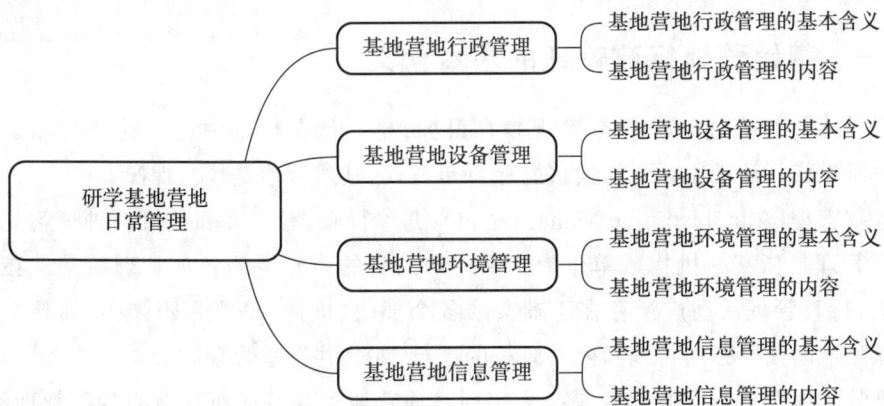

教学重点

(1) 研学基地营地日常管理的主要内容及相关要求。
(2) 研学基地营地行政管理和设备管理的主要内容。
(3) 研学基地营地环境管理和信息管理的主要内容。

教学难点

(1) 研学基地营地环境管理。
(2) 研学基地营地信息管理。

启发思考

(1) 克什克腾世界地质公园获批全国研学旅游示范基地的优势有哪些?
(2) 克什克腾世界地质公园基地日常管理的成功法宝是什么?

学前导入

全国研学旅游示范基地——克什克腾世界地质公园

第一节 基地营地行政管理

随着社会的发展,行政管理的对象日益广泛,包括经济建设、文化教育、市政建设、社会秩序、公共卫生、环境保护等各个方面。现代行政管理多应用系统工程思想和方法,以降低人力、物力、财力和时间的成本,提高行政管理的效率。在研学旅行基地的运营与管理过程中,该如何强化行政管理职能、有效提升其行政管理水平呢?

一、基地营地行政管理的基本含义

研学旅行旨在通过旅行来实现教育目标,是一种在行走中进行的教育和学习活动。在研学旅行活动中,研学是目的,旅行是方式,基地营地是场所保障。

行政管理(Administration Management),亦称行政,有广义和狭义两种理解。广义的行政管理是指某一机构或单位为达到一定的目的而开展的各项管理活动。在这个意义上,行政管理活动广泛存在于社会的各个部门、机构、单位和团体中,而狭义的行政管理是指国家事务的管理和公共政策的推行,即公共行政管理。

研学基地营地行政管理就是指为实现基地营地运营目标而开展的各项管理活动。

依据行政职能的过程及作用方式,研学基地营地行政管理的运行职能可概括为计划职能、组织职能、领导职能、协调职能和控制职能。

研学基地营地行政管理既要保障人力、物力、财力等各种资源的合理调配和有效运作,又要对接教育部门、学校、家庭,最大限度满足青少年的研学需求,这样才能为研学旅行活动保驾护航。

二、基地营地行政管理的内容

研学基地营地的行政管理工作涉及基地营地与外界之间、基地营地内部各部门之间的协调和沟通。它不仅是基地营地的生命主体,更是基地营地运作的血液,在规范全体员工行为、明确职责分工、保障各环节有序运作等方面,具有重要意义。它是基地营地良性、有序发展的桥梁,也是基地营地精神面貌的风向标和成功的助推器。

研学基地营地行政管理工作的本质就是为行政事务"做什么"与"怎么做"寻找到规范化的解决方案。只有将规范化管理落到实处,即落实到每一项具体工作或者每一个岗位,才能执行有力、一步到位。

(一)确立管理流程与执行标准

遵循既定流程,能够使研学基地营地的发展在一定程度上实现统一,有助于基地营地共同利益的实现。

研学基地营地行政管理过程中,不仅需要明确日常办公事务、财务、法律事务、公关接待事务、档案文书与印章管理、人事管理、会议管理、安保管理、车辆管理、后勤管理等各项事务的管理流程与执行标准,还要结合基地营地规模和实际发展情况,进一步细化各项事务处理范畴内具体环节的操作流程。如在日常办公事务管理方面,需要针对办公用品的采购与发放、办公设备的维护、办公网络的保障、值班安排等具体事项,制定详尽的操作流程与执行标准,这有利于确保基地营地行政管理工作的连贯性,即使岗位人员发生变动,仍能有效保障各项工作有序、高效进行。

(二)合理设置组织结构、明确岗位职责

行政组织结构,是指构成行政组织的各部门和各层级之间依据法定规则所建立的一种相互关系。管理幅度和管理层次是考量行政组织结构的两个维度,幅度构成组织的横向结构、层次构成组织的纵向结构,二者是影响行政组织结构形态的两个决定性因素。

研学基地营地要根据自己的规模、人员配置、业务量等实际情况,根据直线集权制、直线参谋制、直线职能制、直线综合制、直线分权制、多维结构等适用特点,综合考量确立适宜的组织结构。同时,需要明确描述各岗位人员或各部门的主要业务及岗位设置,使人员及部门清楚了解自己在流程中的职责和权利,从而有效配合,以确保工作顺利进行。

Note

（三）强化行政管理关键点控制

在管理流程中，每一个行动事项都对应着特定的环节，这一环节被称为管理流程的节点。鉴于其对企业某一流程的执行效率乃至整体效益具有至关重要的作用，节点又被称为关键点。行政管理的关键点源自两个方面：一是风险点控制流程的关键环节，二是行政管理核心工作流程的关键环节。

研学基地营地管理者要了解并熟悉所有的工作流程，明确流程中业务执行环节的执行主体和具体权责，建立起完善的行政管理关键点控制体系。针对某些容易出现问题的环节，要重点关注、加强检查，及时总结经验教训，找到解决办法，从而达到防患未然、杜绝管理风险问题的目的。例如，对行政经费、行政接待、行政文书、会议会务、固定资产、行政用车、档案资料、后勤等存在的管理风险问题进行严格控制。

（四）规范和健全行政管理制度

成功的企业依赖于卓越的管理，而卓越的管理则源于优越的制度。

研学基地营地必须遵循相关法律法规，构建完善的制度体系，具体包括建立日常办公事务管理制度、公关接待管理制度、财务与法律事务管理制度、档案文书与印章管理制度、人事管理制度、会议管理制度、安全保密管理制度、车辆管理制度、后勤管理制度等。此举旨在为行政管理工作提供规范化、科学化的依据，确保基地营地的管理工作高效有序，为研学旅行活动的顺利开展提供保障。

第二节　基地营地设备管理

研学基地营地必须以青少年的教育和发展为核心，建设与之相配套的基础设施与设备，提供相应的研修教室和探究主题，保障其安全性。这样才能让青少年在旅行中更好地探究和实践，在实践中更深刻地了解知识、认同民族文化，激发他们的探究热情和创新欲望，从而培养出更具实践能力和创新精神的新时代人才。

那么，建设专业化、标准化的研学基地营地，又该如何加强内部基础设施建设，有效提升其设备管理水平呢？

一、基地营地设备管理的基本含义

设备是企业固定资产的重要组成部分，是企业的主要生产工具，也是体现企业现代化水平的重要标志。在国外，设备工程学把设备定义为"有形固定资源的总称"，涵盖土地、建筑物（厂房、仓库等）、构筑物（水池、码头、围墙、道路等）、机器、装置，以及车辆、工具等。在我国，人们将直接或间接参与改变劳动对象形态和性质的物质资料归入设备,设备主要指人们在生产或生活中所需的、可供长期使用并在使用中基本保持原有实物形态的机械、装置和设施等物质资料。

研学基地营地设备是研学基地营地经营的物质基础和服务质量的基本保证,也是其等级水平的重要依据。它是指构成基地营地固定资产的各种物质生产资料,由设施和设备两部分构成。一般来说,研学基地营地设施强调的是建筑及成套设备,如道路设施、大型游乐设施等。而研学基地营地设备强调的是个体器物,如厨房设备、环保设备等。在很多情况下,两者在范围上存在一定的重合。

研学基地营地设备管理,是指对各类设施设备从规划、选购、验收、安装开始,经过使用、维护、保养、修理,直到更新改造的全过程进行系统管理的活动。

研学基地营地不同于一般的企事业单位,其设备管理具有自身的特点。一方面,基地营地设施设备投资额大、维护保养费用高,而且为适应市场的不断变化、满足市场需求,提供的服务项目也越来越多,配套的设施设备涉及食、住、行、游、娱等诸多方面,对管理者的综合管理能力要求较高;另一方面,随着科技的不断发展、设施设备越来越先进、结构也越来越复杂,对设施设备的操作和维修人员的技术要求也越来越高;同时,研学基地营地的设施设备是为市场主体提供服务的,正常运营期间不能出现故障和缺陷,一旦出现必须立即修复,因此,管理者必须高效组织员工在有限的时间内快速排除故障。

二、基地营地设备管理的内容

加强研学基地营地设施设备管理,使其处于良好的状态,不断合理地使用、改造、更新设施设备,是实现优质服务、保证基地营地正常经营活动的基本条件,更有利于节约成本、提高经济效益。要保证研学基地营地设施设备条件良好,就必须对设施设备进行现代化高效管理,这一管理贯穿于设施设备选购、使用直至老化甚至更新的整个周期。

研学基地营地设施设备管理要遵循“技术上先进、经济上合理、经营上可行”的原则,进行设施设备及零配件的采购配置;充分了解设施设备的性能、功效和使用方法,保证设施设备的正常运转和使用;注重设施设备的检查、维护、保养与修理,提高使用率和延长使用寿命;保证及时进行设施设备更新改造,保障研学旅行活动的正常开展;规范化设施设备的资产管理,避免资产流失;强化各种能源的供应管理,降低设施设备的能源消耗。

按照时序,研学基地营地设备管理可分为前期管理、服务期管理和后期管理三个阶段,各阶段管理的主要内容如下。

(一)前期管理阶段

研学基地营地各部位设备的正常运行,关系着研学基地营地能否正常运营。设备的前期管理又称规划工程,包括新增设备规划方案的制定、论证和决策;设备市场调查和信息收集分析；对所选设备进行技术与经济分析、评价；设备采购、订货、合同管理；开箱验收、安装和调试的管理等。它是实现高效益的第一步。

研学基地营地设备前期管理直接影响运营成本、设备效率发挥，以及利用率、生产效率和质量，将为后续设施设备的运行、维修、更新等管理工作奠定良好的基础。

（二）服务期管理阶段

研学基地营地供配电、供热、制冷、运送、给排水、中央空调、消防和信息系统的运作与管理直接决定着基地营地能否提供优质、安全、高效的服务与消费环境。

研学基地营地设备运行期限、生产效率和工作精度，固然取决于设备本身的结构和精度，但在很大程度上也受设备的使用、维护及维修状况的影响。正确地使用设备，可以使其保持良好状态，防止发生非正常磨损，避免突发故障，延长使用寿命，延缓劣化进程，消除安全隐患，从而保障设备的正常运行。服务期管理的内容主要包括维修、保养和故障处理，管理过程中必须明确各部门与工作人员的设备使用规范、维修要求与责任，建立必要的规章制度，确保各项措施得到贯彻执行，保持设备状态完好，为研学基地营地正常经营提供保障。

（三）后期管理阶段

设备的改造、更新是设备管理的重要内容。企业经营年份越长，设备更新、改造的任务就越重。研学基地营地设备经过一段时间的使用，会产生损耗。为保证各部门的正常运转，满足不断变化的市场需求，研学基地营地需要定期对设备进行改造和更新。

后期管理的内容包括替换原来经济效益差、技术落后的老设备，或通过先进技术提高设施设备的节能效果和安全环保特性等。如在加强研学基地营地安全保障的过程中，充分结合设施保障工作的现状，配备齐全基础设施（安全警告标识牌、研学旅行教学活动所需的器材、周边环境监控设备等），并制订检查计划，定时、定期地对各项设施进行检查，确保其能够正常运行，从而保障研学旅行活动有序、高效开展。

第三节　基地营地环境管理

为使研学基地营地保持吸引力、促进研学旅行健康持续发展、降低研学旅行对资源与环境的负面影响，必须强化研学基地营地的环境管理。彰显环境教育的示范效应，培养学生对自然和生命的敬畏意识，帮助学生树立正确的价值观，这是研学旅行的重要目标。如何才能改进研学基地营地环境管理，加大环境保护力度，有效提高其环境管理水平呢？

一、基地营地环境管理的基本含义

环境管理是对损害环境质量的人类活动施加影响，限制或禁止污染环境、破坏自然资源的行为。环境管理旨在满足人类的基本需要的同时，不超出环境的承载极限。环境管理主要是通过各种手段，促使人类调整自己的经济活动和社会行为，实现经济与环境协调发展。

研学基地营地环境是指在基地营地范围内，能影响基地营地存在和发展的各类因素和条件，包括自然环境、人文环境、氛围环境和卫生环境。研学基地营地环境管理就是对研学旅行开发经营和研学旅行活动范围内总体环境或某些要素进行管理的过程。

正确地认识和处理生态效益和经济效益之间的关系，是研学基地营地环境管理的核心问题。研学基地营地环境管理要想实现生态效益与经济效益的双重优化目标，必须树立环境和经济同步发展、平衡发展的理念，将生态效益和经济效益相互促进的机制融入研学旅行全过程；坚决贯彻执行国家和地方关于资源与环境保护的各项方针、政策、条例、规划、任务、要求和具体措施等，并根据国家有关法律政策来制定研学基地营地的管理办法；合理开发、利用自然资源，减少环境污染和破坏，维护生态环境的良性循环，促进研学旅游经济的持续发展；营造清洁、优美、安全和文明的生存环境，保障研学对象及当地居民的身心健康；积极开展环境科学研究、环境监测和环境教育活动，普及环境科学知识，提高研学对象的环保意识。

二、基地营地环境管理的内容

研学基地营地环境管理是评估整个研学基地营地环境系统优劣的重要因素，它依赖于市场群体、当地居民、旅游部门、环保部门及政府其他相关部门的密切协作。受研学基地营地和所在行政区的地理位置、气候条件、人口密度、交通条件、经济发展、工业布局、社会文明程度、环境容量等方面的影响和制约，不同研学基地营地在环境管理方面所采取的手段和实施的内容也有所不同。基地营地环境管理的内容相当繁杂，依据不同的分类标准，具体内容也会有所区别。

（一）自然生态环境管理

研学基地营地的自然生态环境应达到国家制定的环境质量标准，在空气质量、声环境质量和地表水环境质量等方面均要符合相应的要求并严格遵循环境容量的限制规定。

在研学基地营地运营期间，为解决客源市场时空分布不均衡的问题，必须采取动态管理和监控措施，以提升研学旅行质量和研学者的满意度。

（二）人文环境管理

人文环境由人们日常生活中的外显行为构成，包括公民个体行为、地区及民族群体行为,它是影响区域旅游发展的重要因素,也是强化地方旅游特色的关键。

一方面,人文物质环境中的人文景观、人文行为环境中的地区民族群体行为等能够直接构成旅游产品;另一方面,人文物质环境中的生活环境、人文行为环境中的公民个体行为,以及人文精神环境中的个人素质等,会通过影响研学者的旅行体验,而产生愉悦、舒适,或郁闷、难受等不同感受,进而影响旅行质量。

因此,研学基地营地要从人文物质环境、人文行为环境和人文精神环境等角度入手,兼顾身心审美需求,为研学旅行者打造舒适、和谐、地方特色浓郁的人文景观环境。

(三)氛围环境管理

研学基地营地要从空间、设施和活动占用三方面进行总体评价,结合目标市场的实际需求,基于活动开展的季节性、环境容量的测算、研学旅行舒适度等,进行氛围环境管理。

(四)卫生环境管理

卫生环境是研学基地营地环境质量的外在表现,直接影响服务对象的心理感知。卫生环境管理是研学基地营地管理活动中较为基础的管理工作,是研学基地营地管理水平的重要体现。

提升研学基地营地卫生环境质量管理水平,需要加强各项制度建设,建立卫生管理责任制,使卫生管理权、责、利均落到实处;制定卫生管理制度、卫生标准、奖惩标准、监督检查机制等,将具体任务和指标落实到具体部门和岗位人员。

第四节　基地营地信息管理

为方便对研学基地营地进行全方位的管理,我们需要建立基地营地信息共享平台,以实现对基地营地的一体化管理。平台的设置要紧扣研学旅行的目标,对学校需求、基础设施建设、安全保障体系、课程评价、反馈机制等进行实时监控,了解并掌握实时动态信息,整合各方教育资源,协调各方关系,最终实现研学旅行全过程、全方位、一体化的信息管理。

一、基地营地信息管理的基本含义

"信息管理"这个术语自20世纪70年代在国外提出以来,使用频率越来越高。人们对"信息管理"概念的理解有两种:一种认为,信息管理就是对信息本身的管理,即采用各种技术方法和手段对信息进行收集、加工、存储、检索、筛选、统计、汇总等,使其满足各项管理工作的需要;另一种认为,信息管理不只是对信息的管理,而是对涉及信息

Note

活动的各种要素(如信息、人、机器、机构等)进行合理的组织和控制,其管理的目标在于通过信息要素的有效配置来实现信息资源的有效利用,从而满足不同层面的信息需求。

从本质上看,信息管理是对信息生产、信息资源建设与配置、信息整序与开发、信息传输服务、信息的吸收和利用等一系列活动所需要的各种信息资源进行计划、组织、协调与控制等,从而有效满足所有信息需求的工作过程。换言之,信息管理是出于一定的目的(如满足信息需求、解决实际问题等)而对各种信息资源进行开发、规划、控制、集成和利用的战略管理活动。对信息管理工作来说,信息的组织和利用无疑是其中的核心,相应的所有具体工作都应围绕它展开。

研学基地营地信息管理是运用计划、组织、指挥、协调、控制等基本管理手段,进行信息收集、处理、传输、检索、存储、报道、交流,并提供服务的过程。它是一种有效运用人力、物力、财力等基本要素,实现基地运营总体目标的社会活动。它是研学基地营地管理中的一项重要工作,良好的信息管理可以促进基地营地的健康、快速发展,涵盖旅游信息管理实施的环境(技术环境、管理环境和社会环境)、基地营地内部信息管理、信息技术为研学旅行带来的创新、信息化建设四个方面。

信息化就是将互联网及相关技术应用于基地营地经营管理中,通过发挥新技术的优势,形成一种新的经营管理模式。该模式可以使需求端(学生市场信息)与供给端(研学课程信息)的交互更流畅,并通过信息管理系统手段实现管理端平台的数字化。加强研学基地营地信息化建设,不但可以优化其内部管理、提高决策水平和经济效益,而且对于业务流程优化、组织结构调整,以及实现向知识密集化、组织网络化、管理柔性化的结构转型具有重要意义。

二、基地营地信息管理的内容

研学基地营地在办公流程、业务开发、市场营销、产品销售、经营管理、决策分析等方面全面应用信息技术,建设信息网络和信息系统,通过信息和知识资源的有效开发和利用,调整和重组企业组织结构和业务模式,服务基地营地发展目标,从而提高自身竞争能力。

基地营地信息管理的主要内容包括信息基础设施的建设、各种应用系统的设计、各项信息资源的开发、规划与管理,有关信息化复合人才的培养,以及基地营地信息化管理相关标准、规范和制度的建立。

研学基地营地在信息化建设过程中,可通过建立内部数据库来整合企业内部信息,使员工能够随时查询;也可以将较为机密的数据安全存储于网络服务器中,并设置访问权限,确保各级别员工仅能查阅其权限范围内的数据;还可以利用内联网提升协同办公效率,比如随时召开网络视频会议,让员工能够交流各自的工作进展和遇到的问题,这样的做法不仅可以使各部门员工之间的沟通更便捷,还可以确保信息传递更准确、及时，也有利于增强企业的凝聚力。

　　研学基地营地的信息化可以在一定程度上降低交通、通信、人工、企业财务等方面的费用，成为研学基地营地降低运营成本的有效途径。在信息化环境中，研学基地营地可以将企业自身的优势充分发挥出来，向公众有效宣传企业的管理、经营理念和策略，进行信息整合，及时调整企业经营战略，为顾客提供受欢迎的产品和优质的服务。信息化管理不仅有利于提升竞争优势、开拓新市场，还在基地营地营销方面具有直接、明显的作用。

　　通常，在具体研学基地营地建设中，信息管理可通过以下几个环节得以实现。

（一）建立基地营地信息管理平台

　　通过信息管理平台实时整合多方资源与信息，及时收集有关研学旅行方面的政策法规，并广泛收集各类教育机构、基础设施、相关人员等数据，将其储存在基地的信息管理平台中，这有利于实现透明化、可视化的管理。将基地营地的最新发展动态和趋势、自身发展沿革、课程体系设置、师资配备情况、活动保障措施等相关信息发布在平台上，向政府、教育行政主管部门、社会各界、学校及家长全面公开，这既能为各监管部门提供有力的数据支持，又能为市场推广等奠定基础。

（二）畅通基地营地信息反馈渠道

　　为确保研学旅行活动有序且高效地开展，需要对研学基地营地信息平台上各方的反馈信息进行实时整合、分类、分析、处理。在基地营地与学校、家长、学生之间建立有效的沟通渠道，确保信息对接畅通，为研学旅行活动的顺利进行提供便利，推动研学基地营地的持续建设与更新，保障研学旅行活动有序、高效开展。

（三）开发基地营地信息应用程序

　　智能手机的普及与手机应用程序（APP）的多样化，以及GPS定位和多种传感器的集成，为智能手机的工具化提供了可能。这些因素在丰富研学旅行课程内容、深化研学旅行课程思考、激发学生兴趣等方面发挥着积极作用。在利用手机APP辅助研学旅行时，要充分考虑不同学科在开展教学过程中所采用的方法、教具的差异性，如语文学科可借助识字类、背诵类、写作类手机APP，数学学科可以借助作业练习类、知识诊断类、在线答疑类、在线课程类手机APP，地理学科可借助天文类、气象类、地质地貌类、地图类手机APP……在研学旅行过程中，可以根据每次研学所要开展的实践活动提前设计并开发基地营地专属的手机APP，也可以筛选合适的现有的APP进行辅助，这样才能有效凸显基地营地的产品优势。

本章小结　　本章对研学基地营地日常管理的主要内容进行了介绍，重点阐述了行政管理、设备管理、环境管理和信息管理任务的基本含义、内容等。

第三章
研学基地营地教学管理

学习目标

知识目标：

（1）了解建构主义教学理论的主要观点。

（2）熟悉基地营地专业人员的分类及其工作内容。

能力目标：

（1）学会运用建构主义教学观。

（2）熟悉课程设计的步骤，能够运用所学，初步开发相关研学课程。

（3）掌握研学基地营地教学实施的步骤和方法。

（4）掌握研学基地营地课程评价的内容与工具。

素养目标：

（1）树立"专业发展，终身学习"的理念，不断完善自我。

（2）树立研学基地营地教学可持续发展的观念。

知识框架

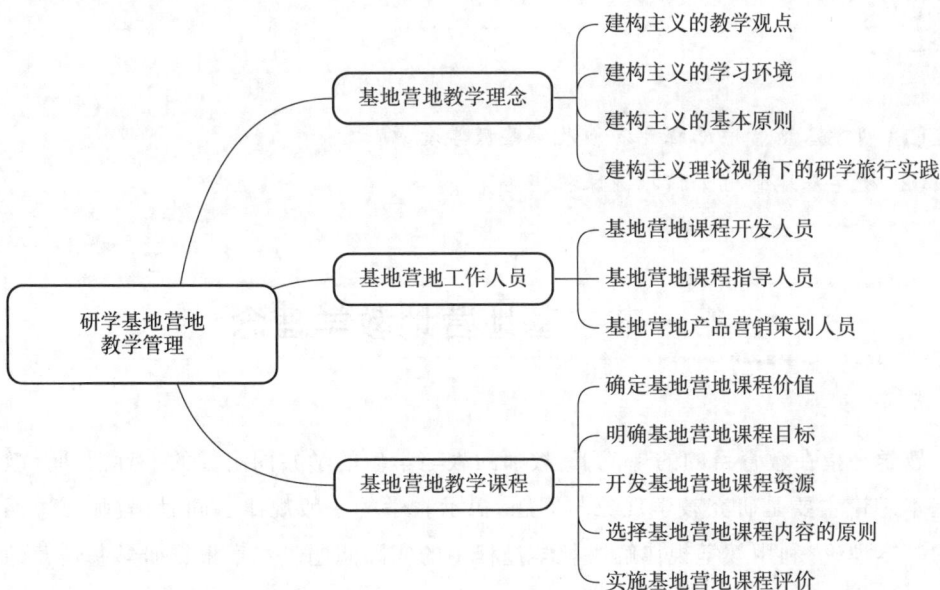

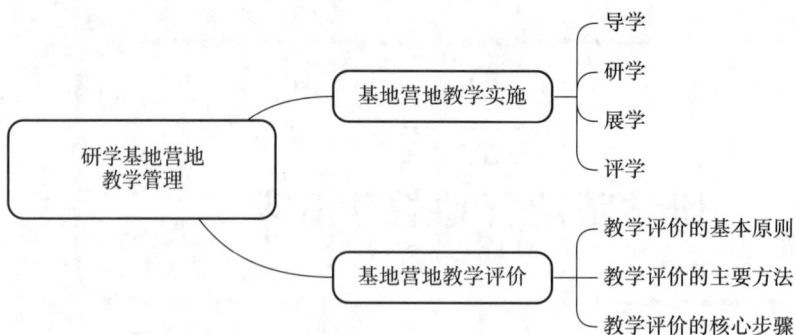

```
                                        ┌─ 导学
                        ┌─ 基地营地教学实施 ┤   研学
                        │                │   展学
研学基地营地              │                └─ 评学
教学管理          ────────┤
                        │                ┌─ 教学评价的基本原则
                        └─ 基地营地教学评价 ┤   教学评价的主要方法
                                        └─ 教学评价的核心步骤
```

教学重点

（1）熟悉和理解构建主义教学观，以及其对研学基地营地教学人员的意义。

（2）将"导学、研学、展学、评学"的流程运用于研学课程中。

（3）根据基地营地资源与课程概况，设计或完善研学课程教学评价量表。

教学难点

（1）运用本章所学知识，为基地营地初步开发一门研学课程。

（2）根据基地营地课程概况设计或完善一个教学评价量表。

启发思考

（1）研学基地营地课程开发涉及哪些教学资源？

（2）研学基地营地如何推进课程实施？

学前导入
▼

稻作文化主题研学教学管理——云南抚仙湖四季农庄研学基地

第一节　基地营地教学理念

教学是指在教育目的的规范下，教师的教与学生的学共同组成的一种活动。教学的基本理论主要是研究教学现象与问题，揭示教学的一般规律。同时，教师要遵循教学的基本理论，利用教学规律解决教学过程中的实际问题。本章根据研学基地营地教学管理的特点，主要讲述建构主义理论的教学观点、学习环境和教学原则。

Note

一、建构主义的教学观点

建构主义理论认为学习是一个引导学生从原有经验出发,形成(建构)新的经验的过程。建构主义认为,世界是客观存在的,但是对事物的理解却是由每个人自己决定的。不同的人由于原有经验不同,对同一事物会有不同理解。建构主义所蕴含的教学思想主要反映在知识观、学习观、学生观,以及师生角色的定位及其作用等方面。

(一)知识观

知识不是对现实的客观反映,是人们对客观世界的一种解释、假设或假说。它不是问题的最终答案,而会随着人们认识深度的提升而不断演变、升华和修正,进而催生出新的解释和假设。

知识并不能绝对准确无误地概括世界的法则,提供解决任何问题的方法。在解决具体问题时,知识并非一成不变的,而是需要根据具体问题对原有知识进行再加工和再创造。

知识无法以实体的形式存在于个体之外。尽管语言赋予了知识一定的外在表现形式,并且知识获得了较为普遍的认同,但这并不意味着学习者对知识有同样的理解。真正的理解只能由学习者基于自身的经验背景而产生。

(二)学习观

学习并非知识的简单传递,而是学习者自己建立知识体系的一个过程。学习者不是简单地、被动地接收信息,而是主动地根据自己的经验背景,对外部信息进行选择、加工和处理,从而产生自己的理解,这一过程是无法由他人替代的。学习者会以原有的知识经验为基础,对新信息进行重新解读和编码,在此过程中,学习者原有的知识经验会因新的知识经验进入而发生改变。

同化和顺应,是学习者认知结构发生变化的两种途径。同化是认知结构的量变,而顺应则是认知结构的质变。人的认知水平的发展就是同化与顺应循环往复、平衡与不平衡相互交替的一个过程。学习不是简单的信息积累,更重要的是包含新旧知识经验的冲突,以及由此而引发的认知结构的重组。

(三)学生观

建构主义强调学生并不是一无所知地进入学习情境之中的。在日常生活和以往各种形式的学习中,学生已经形成了有关的知识经验,他们对任何事情都有自己的看法。虽然有些问题他们从来没有接触过,没有现成的经验可以借鉴,但是当问题出现时,他们还是会基于以往的经验,依靠他们的认知能力,对问题做出解释,并提出他们的假设。

教学不能无视学生的原有知识经验,简单且强硬地从外部对学生实施知识的"填灌"，而应当把学生原有的知识经验作为新知识的生长点，引导学生在原有的知识经验的基础上，产生新的知识经验。教学不是知识的简单传递，而是知识的处理和转换。教师不应仅仅是知识的呈现者或知识权威的象征，而应重视学生自己对各种现象的理解，倾听他们的想法，思考他们产生这些想法的原因，并以此为据，引导学生丰富或改变自身的认知。

（四）师生角色的定位及其作用

相对于传统教学法，建构主义教学法更加强调学生主动承担自我学习管理的责任，教师应更加注重为学生提供必要的辅导，教师与学生之间、学生与学生之间需要共同针对某些问题进行探索并开展深入交流，了解彼此的想法。由于经验背景存在差异，学生对问题的看法和理解经常是千差万别的，这些差异本身就是一种宝贵的资源。

1. 教师的角色定位与作用

教师的核心角色应从传统知识传授者转型为学习环境架构者、认知发展促进者、学习生态调节者。

（1）学习环境架构者。创设真实学习情境，设计具有多重解决方案的复杂问题链；整合实验探究、项目实践、协作研讨等多元学习路径；搭建新旧知识联结的"认知脚手架"，提供认知工具与评估框架。

（2）认知发展促进者。培养批判性思维，实现认知目标；塑造学习品格，实现情感目标。实施"引导—协作—自主"渐进式教学策略，逐步实现从教师主导向学生自控的过渡；通过组织结构化讨论、观点辩驳、反思日志等深度认知加工活动，构建多维互动机制。

（3）学习生态调节者。做好知识深度与广度的平衡、个体探究与团队协作的平衡、认知发展与情感体验的平衡、预设目标与生成性学习的平衡等关系的动态平衡；建立适应性反馈系统，针对不同建构阶段提供差异化指导。

2. 学生的角色定位与作用

学生作为知识建构的主体，需通过三方面实现角色定位并发挥作用。

（1）认知图式构建者。在真实复杂的情境中主动建构知识，运用"假设—验证"循环连接新旧认知，建立动态知识模型，并通过元认知策略持续进行目标预设、策略调整和认知升级。

（2）深度学习践行者。以探究式学习深化思维发展，采用科学范式管理认知负荷，培养批判性分析能力，实现理论推导与实证检验的双向验证。

（3）学习共同体参与者。学生作为学习共同体成员，通过角色轮转参与群体协商，在观点碰撞中构建分布式认知网络，同时以严谨的贡献评估推动知识共建。构建主义教学促使学生从被动接受者转变为认知生产者，从孤立学习者发展为系统构建者，最终通过个体与集体的交互作用，形成可持续的自主发展能力与创新素养。

二、建构主义的学习环境

建构主义认为,学生的知识获取是在特定的情境下,借助他人的帮助,如人与人之间的协作、交流等,通过意义建构的方式实现的。理想的学习环境应当包括情境、协作、交流和意义建构四个部分。

(一)情境

情境指经教学设计者系统构建的认知生态系统,其本质是知识产生与应用的具象化场域。学习环境中的情境必须有利于学生对所学内容的意义建构。在建构主义的学习环境下,教学设计不仅要考虑教学目标分析,还要考虑有利于学生建构意义的情境的创设问题,并把情境创设看作教学设计的重要环节。

(二)协作

协作在某种意义上是协商的意识。协商主要有自我协商和相互协商。自我协商是指自己和自己反复商量什么是比较合理的;相互协商是指学习小组内部之间的商榷、讨论和辩论。协作应该贯穿于整个学习活动过程中,它对于学习资料的收集与分析、假设的提出与验证、学习进程的自我反馈、学习结果的评价以及意义的最终建构都有十分重要的作用。

(三)交流

交流是协作过程中最基本的方式或环节。比如学习小组成员之间必须通过交流共同探讨如何完成规定的学习任务,达到意义建构的目标,同时思考如何更多地获得教师或他人的指导和帮助等。在此过程中,每位学生的想法都为整个学习群体所共享。由此可见,交流是推动每位学生学习进程的至关重要的手段。

(四)意义建构

意义建构是教学过程的最终目标。意义是指事物的性质、规律以及事物之间的内在联系。教师在学习过程中帮助学生进行意义构建,就是要帮助学生深入理解当前学习内容所反映的事物的性质、规律以及该事物与其他事物之间的内在联系。

三、建构主义的基本原则

(一)真实性情境建构原则

构建主义教学应以真实世界的问题解决为导向,设计融合多领域技能的综合性任务,创设与学生现实经验相契合的复杂情境。将日常实践与学科知识整合,搭建能反映实际应用场景的学习环境,使学习活动成为学生适应世界的预演场域。

（二）主体性认知发展原则

确立学生为认知建构的核心主体，教师通过匹配学生认知需求的教学目标，将抽象知识转化为具体问题。赋予学生问题界定权、解决路径选择权及评价参与权，同时提供"思维脚手架"工具，引导其经历自主探究、策略优化、反思迭代的完整认知循环，逐步培养其自我调控的终身学习能力。

（三）社会协商进阶原则

构建包含多元观点碰撞的社会化学习生态，通过设计观点展示、群体辩驳、方案共构等协作环节，让学生在社会性互动中实现认知校准。建立从个体意义建构到群体智慧整合的进阶机制，促进知识从主观理解向共识性认知转化，形成可持续发展的社会认知网络。

四、建构主义理论视角下的研学旅行实践

研学过程中，学生会面对各种各样的场景，这些真实的场景往往比虚拟的情境更具感染力和冲击力，容易引发学生的思考，从而引起其认知结构的变化。这种情境不同于课堂中教师预设的情境，它往往贯穿于研学旅行过程的始终，影响着学生的意义建构。因此，研学旅行应当主张学生在复杂的情境中对具体问题进行具体分析，发挥主观能动性去创造知识，而不是只依赖放大镜式的观察去发现知识。

研学旅行注重实地感悟与体验，但是仅靠行动还不能完成意义建构。建构主义者认为，一切知识都是个体在认知过程中通过与经验世界的对话建构起来的。与经验世界的对话则来自对已有经验的不断反思。因此，在研学旅行过程中，教师要增加反思环节。可以通过各种汇报展示活动帮助学生积极反思，如"我做这个活动的意义是什么？""在活动中我知道了什么或是感受到了什么？""我在集体活动中做出了哪些贡献？""我处理问题的方法是否得当？"以此推动学生对学习内容和学习方法进行反思，发展元认知，促使学生在体验过程中不断进步。

在研学旅行中，分组合作及建构学习共同体的现象是非常常见的。分组过程中要遵循组内差异化、组间同质化的原则。每位学生都有自己的知识经验基础，故而呈现出不同的个性特征，这样的差异使得他们在面对问题时能各抒己见、各显神通，在交流中充分表达自己的观点、吸收他人的观点，互为"脚手架"，不断向上攀登，最终完成意义建构。学生在真实的情境中解决问题，在社会互动中实现知识的内化，主动建构自己的知识体系，这正是建构主义所倡导的学习观。

第二节 基地营地工作人员

专业化的基地营地工作人员不仅是研学基地营地教学管理的坚实保障,更是基地营地高效运营管理的重要支柱。培养高素质的基地营地专业人才队伍是促进研学旅行行业蓬勃发展的重要举措。一个符合规范的研学基地营地,应当配备包括课程开发人员、课程指导人员、产品营销策划人员等在内的专业化的基地营地工作团队。

一、基地营地课程开发人员

(一)课程开发人员的概念

研学课程开发是基地营地教学管理工作的重中之重。基地营地课程开发人员是指通过客户(学校、学生、家长)需求分析,确定教学目标,有效挖掘基地营地的研学资源,从而进行研学课程开发与设计的专业人员。需要注意的是,课程开发人员作为专业人士,应当熟悉研学、教育、旅游等相关的政策法规,确保基地营地课程开发符合教育部门、旅游部门的政策要求。

(二)课程开发人员的工作内容

课程开发人员作为研学教育的核心设计者,其工作涵盖全流程专业化运作。首先,课程开发人员要建立政策动态监测机制,持续跟踪研学相关政策法规与行业标准,同步开展竞品课程体系分析与中小学课程标准解构。其次,课程开发人员要主导基地营地课程产品研发,构建包含目标定位、内容架构、实施路径、评估工具在内的完整的研学课程体系,制定标准化的操作流程和规范及配套的研学手册。最后,课程开发人员要不断推进基地营地研学教学支持系统的建设,包括开发培训模块,重点强化课程导入、过程引导、效果评估等实操能力,搭建涵盖教案库、案例集、工具包的数字化平台,并通过研学反馈持续优化课程实施方案,最终形成兼具教育价值与市场适应性的基地营地研学课程生态系统。

二、基地营地课程指导人员

(一)课程指导人员的概念

基地营地课程指导人员是指根据基地营地的课程安排,组织学生进行相应课程的研究性学习与旅游体验的专业人员。基地营地课程指导人员是研学活动的组织者、实施者。

（二）课程指导人员的工作内容

课程指导人员作为研学课程的具体实施执行者，工作内容主要包括以下三个方面。

第一，课程指导人员作为课程教学执行者，需与课程开发团队深度对接课程目标与评估标准，在实操中精准实现课程导入、研究性学习引导、成果展示与多维评价的全流程教学闭环。

第二，课程指导人员作为课程安全管理者，需统筹学生团队的行程管理，包括研学动线规划、安全保障预案执行及生活服务协调，确保教育过程与后勤保障的有机统一。

第三，课程指导人员作为课程质量的改进者，需建立动态反馈机制，通过实时采集学生参与度数据、收集学校教师的观察报告、分析家长的满意度评价，与课程研发部门协同合作，持续提升课程的实践效能与教育价值。

三、基地营地产品营销策划人员

（一）产品营销策划人员的概念

基地营地产品营销策划人员是指让客户了解基地营地产品，进而购买该产品的专业人员。营销策划具体包括市场细分、产品创新、营销战略设计、营销组合等内容。

（二）产品营销策划人员的工作内容

产品营销策划人员作为研学业务的市场引擎，需实现从市场需求调查到研学服务交付的全周期管理，其主要的工作内容如下。

第一，基于研学市场的动态监测系统，持续分析自身和竞争对手的课程形态与行业趋势，结合客户需求定制个性化研学方案。

第二，构建多维研学市场营销网络，通过现有渠道不断改善客户洽谈效果，重点开拓校企合作、机构联盟等新型资源渠道，通过品牌传播矩阵提升市场认知度。

第三，在服务实施环节，统筹研学接待全流程，建立集执行、反馈、优化于一体的闭环管理机制，通过深入分析客户回访数据，精准驱动研学课程和产品持续迭代，最终构建市场响应迅速、服务质量稳定的研学产品运营体系。

第三节　基地营地教学课程

研学旅行是一门综合实践活动课程，是将学生从生活情境中发现的问题转化为活动主题，通过探究、服务、制作、体验等方式，培养学生综合素质的跨学科实践性课程。

综合实践活动是国家义务教育和普通高中课程方案规定的必修课程,与学科课程并列设置,是基础教育课程体系的重要组成部分,自小学一年级至高中三年级全面实施。

一、确定基地营地课程价值

与学科课程相比,研学基地营地课程的设置具有鲜明的实践性,对于学生发展有着独特的价值。

(一)重构学习方式,发展学生核心素养

研学课程突破传统课堂的局限,系统构建新型学习范式。通过创设真实情境中的探究任务,转变单一被动接受式学习,使学生经历问题发现、方案设计、实践验证的完整认知过程。研学课程可以有效弥补传统教学重知识结果、轻获得过程,重课内学习、轻实践体验的缺陷,在跨学科整合中培养信息处理、批判思维、创新实践等复合能力。学生在解决复杂现实问题时,同步提升知识迁移能力与社会责任感,实现认知发展与实践素养的同步提升。

(二)连通教育场域,优化学校课程结构

研学课程旨在搭建"学科世界"与"生活世界"的贯通桥梁,形成动态平衡的课程生态体系。一方面,研学课程要衔接学科核心概念,将书本知识转化为可操作的实践模块;另一方面,研学课程要深度连接自然生态、社会文化等现实场域,让学习突破课堂边界。这既能保持学科体系的逻辑性,又能强化知识的生活价值认知,并且通过项目化学习消除学术知识与社会应用之间的隔阂。课程结构的优化促使学生从知识消费者转变为经验生产者,在解决真实问题的过程中实现主体性发展。

(三)培育健全人格,奠基学生终身发展

研学课程通过多维度的实践参与,为学生绘制完整的成长图谱。在团队协作中,学生能够提升沟通能力、形成契约精神;在田野调查中,学生能够强化生态意识、端正科学态度;在文化探访中,学生能够建立价值认同、进行历史思辨。这种沉浸式学习不仅能够提高学生的认知水平,还能够通过情感体验和意志磨砺促进学生人格的健全发展。研学课程特别注重非智力因素的培养,旨在帮助学生铸就坚韧不拔的品格,在多元文化交融中塑造包容的心态,从而为其应对未来社会的复杂变化奠定坚实的素养基础。

二、明确基地营地课程目标

(一)课程目标的基本取向

课程目标是一定教育价值观在课程与教学领域的具体化,因此,任何课程目标总

有一定的价值取向。依据目标来源,课程目标的基本取向有以下四种。

1. 综合性目标取向

课程目标具有综合性的特征,这是由参与课程的学生接触的世界具有的完整性和学生个体发展的整体性所决定的。作为具有主观能动性的个体,学生要学会处理与他人、社会和自然的关系,也就是要综合运用知识、能力、态度与价值观来探究自然与自我、社会与自我、他人与自我的关系。

2. 行为性目标取向

行为性目标通过具体的、可操作的行为来体现课程与教学目标,它明确了课程与教学过程结束后学生身上所发生的行为变化。行为性目标的基本特点是目标的精确性、具体性、可操作性,它主要适用于描述一些基础知识和基本技能,以及一些相对简单的课程目标。研学课程强调在研学活动中发展学生的动手能力,因此,可以提出一系列可观察的行为性目标。

3. 生成性目标取向

生成性目标是在教育情境中随着教育过程的展开而自然生成的目标。它是教育情境的产物和问题解决的结果,符合人的经验积累的内在要求,是学生和教师关于经验和价值观的导向。生成性目标强调师生与教学环境之间的交互作用,以及在交互作用中所生成的新目标。

4. 表现性目标取向

表现性目标是指学生在从事某种活动后所获得的结果。它关注的是学生在活动中表现出来的某种程度上首创性的反应的形式,而不是事先规定的结果。研学课程注重学生参与的体验性与创造性,尊重学生的个体差异,重视培养学生的个性特征,鼓励学生勇于探索。

(二)确定基地营地课程目标

研学旅行具有自主性、开放性、探究性和实践性等特征,这不仅体现了综合实践活动课程的理念,还能有效地实现综合实践活动课程的目标与价值,对于丰富学生的学习方式、促进学生主体性发展和塑造学生健全人格等具有重要的意义。2017年9月,教育部印发《中小学综合实践活动课程指导纲要》,明确提出了综合实践活动课程的总目标与不同学段的具体目标。

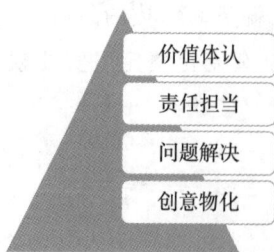

图 3-1　基地营地研学课程的总目标

1. 研学课程的总目标

学生能从研学活动中获得丰富的实践经验,形成对自然、社会和自我的内在联系的整体认识,具有价值体认、责任担当、问题解决、创意物化(见图 3-1)等方面的意识和能力。

2. 小学阶段具体目标

（1）价值体认：通过亲历、参与少先队活动、场馆活动和主题教育活动，参观爱国主义教育基地等，获得有积极意义的价值体验。理解并遵守公共空间的基本行为规范，初步形成集体思想、组织观念，培养对中国共产党的朴素感情，为自己是中国人感到自豪。

（2）责任担当：围绕日常生活开展服务活动，能处理生活中的基本事务，初步养成自理能力、自立精神、热爱生活的态度，具有积极参与学校和社区生活的意愿。

（3）问题解决：能在教师的引导下，结合学校、家庭生活中的现象，发现并提出自己感兴趣的问题。能将问题转化为研究小课题，体验课题研究的过程与方法，提出自己的想法，形成对问题的初步解释。

（4）创意物化：通过动手操作实践，初步掌握手工设计与制作的基本技能；学会运用信息技术，设计并制作有一定创意的数字作品。运用常见、简单的信息技术解决实际问题，服务于学习和生活。

3. 初中阶段具体目标

（1）价值体认：积极参加班团队活动、场馆体验、红色之旅等，亲历社会实践，加深有积极意义的价值体验。能主动分享体验和感受，与老师、同伴交流思想认识，形成国家认同，热爱中国共产党。通过职业体验活动，发展兴趣专长，形成积极的劳动观念和态度，具有初步的生涯规划意识和能力。

（2）责任担当：观察周围的生活环境，围绕家庭、学校、社区的需要开展服务活动，增强服务意识，养成独立的生活习惯；愿意参与学校服务活动，增强服务学校的行动能力；初步形成探究社区问题的意识，愿意参与社区服务，初步形成对自我、学校、社区负责任的态度和社会公德意识，初步具备法治观念。

（3）问题解决：能关注自然、社会、生活中的现象，深入思考并提出有价值的问题，将问题转化为有价值的研究课题，学会运用科学方法开展研究。能主动运用所学知识理解与解决问题，并做出基于证据的解释，形成基本符合规范的研究报告或其他形式的研究成果。

（4）创意物化：运用一定的操作技能解决生活中的问题，将一定的想法或创意付诸实践，通过设计、制作或装配等，制作和不断改进较为复杂的制品或用品，发展实践创新意识和审美意识，提高创意实现能力。通过信息技术的学习实践，提高利用信息技术进行分析和解决问题的能力以及数字化产品的设计与制作能力。

4. 高中阶段具体目标

（1）价值体认：通过自觉参加班团活动、走访模范人物、研学旅行、职业体验活动，组织社团活动，深化社会规则体验、国家认同、文化自信，初步体悟个人成长与职业世界、社会进步、国家发展和人类命运共同体的关系，增强根据自身兴趣专长进行生涯规划和职业选择的能力,强化对中国共产党的认识和感情,具有中国特色社会主义共同理想和国际视野。

(2)责任担当:关心他人、社区和社会发展,能持续地参与社区服务与社会实践活动,关注社区及社会存在的主要问题,热心参与志愿者活动和公益活动,增强社会责任意识和法治观念,形成主动服务他人、服务社会的情怀,理解并践行社会公德,提高社会服务能力。

(3)问题解决:能对个人感兴趣的领域开展广泛的实践探索,提出具有一定新意和深度的问题,综合运用知识分析问题,用科学方法开展研究,增强解决实际问题的能力。能及时对研究过程及研究结果进行审视、反思并优化调整,建构基于证据的、具有说服力的解释,形成比较规范的研究报告或其他形式的研究成果。

(4)创意物化:积极参与动手操作实践,熟练掌握多种操作技能,综合运用技能解决生活中的复杂问题。增强创意设计、动手操作、技术应用和物化能力。形成在实践操作中学习的意识,提高综合解决问题的能力。

三、开发基地营地课程资源

课程资源的概念有广义与狭义之分。广义的研学课程资源是指有利于实现研学课程目标的各种因素,是富有教育价值的、能够转化为研学课程或服务于研学课程的各种条件的总称。狭义的研学课程资源仅指形成研学课程教学内容的直接来源。本书使用的是广义的研学课程资源概念。

(一)开发与利用课程资源的原则

1.开放性原则

研学课程面向学生的整个生活世界,具体活动内容具有开放性。教师要基于学生已有经验和兴趣专长,打破学科界限,选择综合性活动内容,鼓励学生跨领域、跨学科学习,为学生自主活动留出余地。同时,教师还要引导学生将自己成长的环境作为学习场所,在与家庭、学校、社区的持续互动中,不断拓展活动空间、增加活动内容,从而促进学生的个性发展、实践能力的提升、服务精神的培养以及社会责任感的增强。

2.针对性原则

课程资源的开发与利用是为了有效实现课程目标。针对不同的课程目标,应该开发与利用相应的课程资源。一般说来,每一种课程资源对于特定的课程目标具有不同的作用和功能,因此,不同的课程目标需要开发与利用不同的课程资源。然而,因为课程资源本身具有多质性,所以同一课程资源又可以服务于不同的课程目标。因此,在开发与利用课程资源时,必须首先明确课程目标,在此基础上系统分析各类相关资源,充分了解及掌握其性质和特点,这样才能保证资源开发与利用的针对性及有效性。

3. 因地制宜原则

我国自然与人文资源丰富，不同地区之间各有特色。各基地营地应当依托地域特色，将自然生态、历史文脉与产业形态等各类课程资源转化为差异化的研学课程体系。一方面，要遵循"一地一特色"和"一课一主题"的开发逻辑，旨在实现教育目标与文化传承的双重价值；另一方面，还要注意梯度式课程模块设计，从认知常识的科普到实践探究的体验，再到内涵价值的升华，实现资源提炼和知识内化，并能应用文化符号和科技载体进行多样化表达。

（二）基地营地课程资源的类型

1. 素材性资源和条件性资源

按照功能特点，课程资源可以划分为素材性资源和条件性资源两大类。其中，素材性资源的特点是能够作用于课程，并且能够成为课程的素材或来源。比如，知识、技能、经验、活动方式与方法、情感态度和价值观以及培养目标等，就属于素材性课程资源。条件性资源的特点则是作用于课程却并不是形成课程本身的直接来源，但它在很大程度上决定着课程的实施范围和水平。比如，直接决定课程实施范围和水平的人力、物力和财力，时间、场地、媒介、设备、设施和环境，以及对于课程的认知等，就属于条件性课程资源。当然，将课程资源划分为素材性资源和条件性资源更多是为了便于分析问题，两者并没有绝对的界线。现实中的许多课程资源往往既包含着素材，也包含着实施条件，如图书馆、博物馆、实验室、互联网等。

2. 校内课程资源和校外课程资源

按照空间分布的不同，课程资源可以划分为校内课程资源和校外课程资源。凡是学校范围之内的课程资源，就是校内课程资源，超出学校范围的课程资源就是校外课程资源。对研学基地营地来说，需要建立健全校内外课程资源的相互转换机制，加强各种公共资源间的相互联系与共享。具体来说，学校课程中的校本课程和社团课程都是可以和基地营地研学课程进行有效连接的。

3. 自然课程资源和社会课程资源

按照课程资源的属性不同，我们可以将课程资源划分为自然课程资源和社会课程资源。自然课程资源是指具有一定面积的自然生态型或劳动实践型场所，而非专门设计的资源，主要包括风景名胜区、自然保护区、世界自然遗产地等资源。社会课程资源是指具有一定面积的社会活动场所，是专门设计的教育资源，包含革命传统型、国情教育型、国防科工型、传统文化型。

总的来说，基地营地课程资源与课程存在着十分密切的关系，没有课程资源也就没有课程可言，反之，有课程就一定有课程资源作为前提。然而，它们还是不一样的，课程资源的外延范畴远远超出课程本身的外延范畴,课程资源只有经过教育学加工并付诸实施才能成为课程。课程实施的范围和水平,一方面取决于课程资源的丰富程度,另一方面取决于课程资源的开发与利用水平,也就是课程资源的适切程度。

四、选择基地营地课程内容的原则

课程内容的选择是根据特定的教育价值观及相应的课程目标,从学科知识、当代社会生活经验或者学习经验中选择课程要素的过程。选择课程内容应当考虑以下原则(见图3-2)。

关联性　综合性　启发性　适切性　实践性

图3-2　选择课程内容的原则

(一)体现关联性

研学课程内容应当与中小学课标规定的内容相联系,和学生所学的内容联系起来。

(二)突出综合性

研学课程中应当安排涉及多学科研究、旨在培养学生综合运用知识的能力的教学内容。

(三)富有启发性

优质的研学课程应当给学生带来多方面的启发,涵盖生命价值、文化熏陶、艺术感染、科学启蒙、职业认知等方面。

(四)遵循适切性

小学阶段的研学课程以乡土乡情为主,初中阶段的研学课程以县情市情为主,高中阶段的研学课程以省情国情为主。

(五)重视实践性

研学课程内容是通过真实的情境呈现的,学生在真实的情境中实践,从做中学。

基地营地在选择课程内容时,还应当依据自身的课程资源进行课程内容的设计。课程内容可包含不同的模块,如文化遗产类、红色教育类、历史探究类、航天科技类、海洋科技类、生物科学类、地球科学类、自然教育类、艺术审美类、体育健康类等。

五、实施基地营地课程评价

科学合理的课程评价一直是课程研究领域里较为棘手的问题。课程评价的核心问题如下:评价对象是谁? 评价取向是什么样的? 建立什么样的评价流程? 基地营地的研学课程评价同样也面临着如何解决这些问题。

(一)评价对象

首先,研学课程评价的对象应当是学生。拉尔夫·泰勒(Ralph W.Tyler)[①]认为,课程评价从本质上讲,就是判断课程和教学计划在多大程度上实现了教育目标的过程,而教育目标旨在让学生的行为产生预期的改变。这也就是说,课程评价即判断学生的行为实际上产生了多大程度的变化。其次,研学课程的评价对象应该是课程本身。对课程本身的评价,包含了对课程价值与目标、课程内容的选择、课程实施过程等的评价。最后,研学课程指导人员也是被评价的对象。他们作为研学课程的引导者,其教学行为是否得当、教学调控能力如何等,都会影响研学课程的教学质量。

(二)评价取向

评价取向是指每一种课程评价所体现的特定的价值观,它实际上是对课程评价的本质的集中概括,支配着评价的具体模式和操作取向,具体有以下三种。

一是目标取向评价。目标取向评价是指将课程计划或教学效果与预定的课程目标进行对照的过程。其中,预定目标是评价的唯一标准。

二是过程取向评价。过程取向评价试图使课程评价摆脱预定目标的限制,强调将教师与学生在课程开发与实施以及教学运行过程中的全部情况都纳入评价范围,强调评价者与具体评价情境的交互作用,主张凡是具有教育价值的结果,不论其是否符合预定目标,都应获得评价的支持与肯定。

三是主体取向评价。主体取向评价认为,课程评价是评价者与被评价者、教师与学生共同进行意义建构的过程。评价是一种多元价值判断的过程,这一过程强调民主参与、协商与交往,因此,价值多元、尊重差异就成为主体取向评价的基本特性。

(三)评价流程

结合过程取向评价和主体取向评价的理念,采用量化评价和质性评价有效结合的方式,我们对研学课程制定以下评价流程。

(1)解析研学课程的总目标与具体目标,建立课程评价的指标体系。

---

① 拉尔夫·泰勒(Ralph W.Tyler)是美国著名教育学家、课程理论专家、评价理论专家。他是现代课程理论的重要奠基者,是科学化课程开发理论的集大成者。因为在教育评价理论、课程理论方面做出了卓越贡献,泰勒被誉为"当代教育评价之父""现代课程理论之父"。

（2）明确实现课程目标所对应的课程模块和学习情境。

（3）根据课程目标的类型设计包含量化评价和质性评价内容的评价量表。

（4）设计为评价提供证据信息的记录表。

（5）综合评价量表所记录的证据信息，得出评价结果。

（6）结合对学生的观察结果和学生自评情况，对评价结果进行反思。

（7）检验评价体系的客观性，及时修订。

第四节　基地营地教学实施

目前，实施研学活动分为三大阶段，即课前阶段、课中阶段、课后阶段。课前阶段是研学旅行的准备阶段，要做好三项核心工作，即确定课程目标、建立组织架构、编制研学手册。课中阶段是研学的实施阶段，主要内容包括乘车管理、食宿管理、活动管理。课后阶段是研学的总结阶段，主要内容包括完成研学作业、展示研学成果、认定研学成绩。这三大阶段，是根据中小学校、研学机构开展研学活动的工作过程来划分的。对基地营地来说，它可能只承担一部分的研学课程，也有可能承担全部的研学课程，因此，基地营地的教学实施工作应当将重心放在课中阶段。同时，也有学者认为可以按照课程设计实施的要素和环节将研学课程划分为四个环节，即确定目标、选择资源、课程实施、课程评价。本书整合以上"三阶段"和"四环节"的划分方式，将基地营地教学实施划分为导学、研学、展学、评学四个部分。

一、导学

导学是指在研学导师向学生讲授新内容之前，让学生先根据自己的知识水平和生活经验进行的尝试性学习。其主要目的是激发学生的学习兴趣。导学一般有两种方式：一种方式是在学生前往研学基地营地前进行，学校教师通过组织学生观看与研学课程内容有关的纪录片、提供相关背景知识的资料、布置相关小任务等，使学生在课前对所学内容有初步了解，并梳理其存在的疑惑；另一种方式是在学生到达研学基地营地后，待研学课程正式开始前，研学导师通过带领学生回顾已有的学科知识、生活经验及相关兴趣等，使学生在头脑中将基地营地的现实场景与已有的知识经验相结合。

二、研学

研学是整个基地营地研学课程教学实施的核心环节。不同类型、不同主题的研学课程的教学过程是不尽相同的，但都应该满足以下基本条件。

（一）紧扣课程目标

要以系统性课程目标为导向,强调从真实情境中培育学生的综合素养。所有教学活动须围绕"价值体认、责任担当、问题解决、创意物化"的总目标展开,通过个体生活、社会互动与自然接触的多元场景,帮助学生构建对世界的整体认知。研学导师须始终以目标为轴心设计教学内容,确保学生在实践经验积累过程中实现知识建构与能力提升的有机统一。

（二）构建学习共同体

在教学实施中需注重构建开放包容的学习共同体。通过差异化背景的师生、生生互动,形成合作对话的动态学习场景。研学导师作为环境创设者与引导者,需转变传统教学角色,摒弃单向知识灌输,采用活动化合作模式。这种共同体强调批判性思维、独立解决问题能力的培养,要求学生在集体研讨中分享观点、承担责任,在规则意识与安全意识养成的过程中,潜移默化地塑造社会主义核心价值观。教师需通过小组学习、社会学习等多样化形式,促进学生沟通协作与自我管理能力的协同发展。

（三）选择合适的教学方法

具体实施过程需遵循"导—研—展—评"的动态循环,打破机械化的时段划分。从前置课程的导入到研学行程中的安全预演,从研究性学习的螺旋推进到终端的综合评价,每个环节都应有机渗透了体验性学习要素。教学方法选择应强调适配性与创新性,针对不同主题灵活运用项目式学习、情境模拟等多元化策略,避免单一模式引发的学习倦怠。全过程需始终突出学生的主体地位,将基地营地资源转化为体验载体,使研学导师真正成为深度学习的促进者而非知识搬运工,最终实现间接经验与直接体验的深度融合。

三、展学

展学作为研学实践的关键环节,通过可视化方式展现学习成果,能够有效促进知识的内化与能力的迁移。

（一）充分重视展学的重要性

展学的核心价值在于以成果输出反哺学习过程,既巩固学生对研究性知识的理解,又通过展示的仪式感激发学生自主学习的动力。不同于传统课堂的纸面考核,展学注重从物化成果与思维发展两个维度构建评价体系——既关注模型、展板、调研报告等有形作品的创新性与目标达成度,又重视学生在实践中形成的认知突破、方法习

Note

得及情感体悟。这种对直接经验的立体化呈现,凸显了体验性学习区别于间接知识灌输的本质特征。

(二)充分突出展学的显示度

展学的实施载体具有高度开放性,主要表现为三大实践路径:一是实物成果具象展示,通过模型制作、手工创作、艺术表达等载体,将抽象知识转化为可触、可感的实体作品;二是研究过程动态还原,通过多媒体技术、情景演绎、主题演讲等形式,系统呈现从问题发现、方案设计到结论形成的完整思维轨迹;三是知识应用场景重构,依托知识竞赛、互动游戏、模拟实践等参与式活动,检验学习成果的情境迁移能力。多元化的展学方式不仅适配不同研学主题,还有利于全面提升学生的表达力与创造力。

(三)充分做好展学的联动性

展学与评学构成有机联动的闭环系统。成果展示后需及时开展发展性评价,研学导师应立足预设目标,通过多维观测点进行专业反馈:对于物化成果,应着重评估其结构合理性、功能实用性与创新价值;对于非物化成果,则应聚焦思维进阶、情感态度及方法掌握程度。评价过程需坚持激励性原则,既肯定成果亮点,又要通过启发性提问引导学生反思改进,最终使展学真正成为深化学习体验、培育核心素养的有效支点。

四、评学

评学作为研学实践的价值锚点,其核心意义在于突破传统评价的量化桎梏,构建促进学生持续发展的动态评估体系。

(一)评学的重要意义

评学不同于标准化考试的单一维度考核,强调通过多元视角捕捉学生在真实情境中的成长轨迹——不仅关注研究性学习的成果产出,还重视问题解决策略的创新性、合作交流的有效性及情感态度的正向转变。这种评价机制将质性分析置于首位,通过过程性观察记录学生的思维进阶与能力迁移情况,使评价转化为推动深度学习的教育力量,助力学生实现从知识积累到核心素养培育的跨越。

(二)评学的主要内容

在评价内容设计上,评学构建了多层级的观测框架。从主体维度来看,它涵盖自我反思与同伴互鉴的立体对话,通过研学日志、小组互评表等工具激发认知能力;从过程维度来看,它贯通诊断性、形成性与总结性评价的完整链条,借助行为观察量表、阶段成果档案实时校准学习路径;从呈现维度来看,它融合物化成果的技术理性与非物化体验的价值理性,采用合适的评估模型。

(三)评学的基本方法

评学主要依托四大质性方法:一是档案袋评价法,系统收录活动方案、过程影像、迭代作品等成长印记;二是表现性评价法,通过角色扮演、应急任务等情境观测学生的协作能力与应变思维;三是展示性评价法,将展学环节的模型解说、调研汇报转化为动态评估素材;四是发展性评语法,采用"闪光点"和"成长点"的叙述模式,通过个性化反馈搭建进阶阶梯。这些方法通过观察记录表、雷达图可视化等工具得以实施,最终形成涵盖认知、能力、情感的全息评价图谱,为个性化教育提供参考。

第五节　基地营地教学评价

研学课程的教学实施是否有效,需要科学的评价。评价是依据教学目标对教学过程及结果进行价值判断并为教学决策服务的活动,是对教学活动现实或对潜在价值做出判断的过程。教学评价是研究教师的"教"和学生的"学"的价值的过程。教学评价一般包括对教学过程中教师、学生、教学内容、教学方法手段、教学环境、教学管理诸因素的评价,但主要是对学生学习效果的评价和教师教学工作过程的评价。

一、教学评价的基本原则

(一)发展性原则

教学评价是鼓励师生、促进教学的基本手段,教学评价应着眼于学生的学习进步和动态发展情况,关注教师的教学改进和能力提升,以调动师生的积极性,提高研学实践的教学质量。

(二)客观性原则

在进行教学评价时,从测量的标准和方法到评价者所持有的态度,特别是最终的评价结果,都应该符合客观实际,不能主观臆断或掺杂个人情感。

(三)整体性原则

在进行教学评价时,要对教学活动的各方面做多角度、全方位的评价,而不能以点代面、一概而论。由于教学系统的复杂性和教学任务的多样化,教学质量往往从多个维度得以体现,表现为一个由多重因素组成的综合体。

（四）指导性原则

在进行教学评价时，不能就事论事，而是要把评价和指导结合起来，要对评价的结果进行认真分析，从不同的角度找出因果关系，确认问题产生的原因，并通过及时的、具体的启发性的信息反馈，帮助被评价者明确今后的努力方向。

（五）科学性原则

在进行教学评价时，要从教与学相统一的角度出发，以教学目标体系为依据，确定合理的、统一的评价标准，认真编制、预试、修订评价量表；在此基础上，使用先进的测量手段和统计方法，遵循科学的评价程序和方法，对获得的各种数据进行严格的处理，而不是依靠经验和直觉进行主观判断。

二、教学评价的主要方法

教学评价的方法大体可分为两类，即量化评价方法与质性评价方法。使用不同的评价方法体现了不同的评价观念。

所谓量化评价方法，就是力图把复杂的教育现象转变为可量化的数据，进而通过数据分析与比较来评估某一评价对象的成效。量化评价方法一直占据评价领域的主导地位。量化评价方法如果使用得当，确实能揭示教育现象和教育问题，提供具有说服力的证据。

所谓质性评价方法，也被称为自然主义评价方法，就是力图通过自然的观察和调查，全面且充分地描述并揭示评价对象的各种特质，以凸显其内在意义，加深对评价对象的理解。

虽然量化评价方法与质性评价方法出现在评价发展的不同时期，代表着不同的认知理念，但作为具体的评价方法，二者各有特点，分别适用于不同的评价目标和对象。比如，量化评价方法具有简单、明了的特点，能够直接揭示评价对象的本质特征，适用于某些简单、纯粹的教育现象；质性评价方法具有全面、深刻的特点，在某种程度上，它是评价者对教育现象的某种解读，更适用于评价复杂的教育现象。因此，从实践出发的教学评价应该将二者结合起来，根据评价目的与评价对象的不同特点，选择适当的评价方法，以获得全面、准确的评价信息。目前，研学基地营地的教学评价大多倾向于使用量化评价和质性评价相结合的方法，以便更科学、准确地评估教学效果。由于评价的主体是人，我们要通过多元评价和综合考察，突出学生的发展价值，充分肯定学生学习方式和问题解决策略的多样性，鼓励学生自我评价，以及与同伴的合作交流和经验分享。同时，我们还要将过程性评价和终结性评价相结合，评价方式可以包括自我评价、组员评价、教师评价。我们不仅要重视对学生掌握知识的情况进行评价，还要重视对学生综合运用知识的能力进行评价。

知识活页

▼

量化评价、课程成果与展示评价示例

Note

三、教学评价的核心步骤

教学评价是一项专业性和技术性极强的工作。毫无疑问,按照科学的工作程序组织研学课程教学评价,对于保证教学评价的质量是十分有益的。教学评价一般包括预备、实施、分析三个阶段。严格来说,教学评价既是整个教学过程的一部分,又是一个独立于其他教学环节的特殊过程。教学评价的核心步骤如下。

(一)选定评价对象

教学评价是针对研学课程教学中比较突出的问题而进行的,因此,教学评价的第一步是根据教学评价的目标,选择较具代表性的被评价对象进行教学评价。

(二)建立评价指标体系

教学评价就是将教学目标与现时教学状态进行比较,从而做出价值判断。在此过程中,选择什么指标作为判断的依据,是至关重要的。因此,教学评价的第二步就是建立科学、实用的评价指标体系。

(三)收集评价资料

根据评价指标体系,通过科学的、有效的、合法的方式方法进行观察、调查、测量,有目的、有计划、及时、系统地收集评价资料。

(四)分析整理资料

对收集到的评价资料进行分析、加工、整理,通过定性的经验归纳和定量的统计推断,提炼出能反映被评价对象最基本、最核心特征的资料信息,从而确保获取全面、客观、公正的评价结果。

(五)评价结果的利用

教学评价不仅要对教学成果做出有效评价,还应依据评价结果对基地营地的研学活动进行反馈、调整和优化。

本章小结

　　本章主要介绍了研学基地营地教学管理的相关知识和技能要求,包括构建主义的教学观点、学习环境和基本原则,基地营地课程开发人员、基地营地课程指导人员、基地营地产品营销策划人员的角色与职责,以及基地营地教学课程、教学实施和教学评估等内容。

延伸阅读
▼

大熊猫国际森林探秘学校的课程资源

Note

第四章
研学基地营地活动管理

学习目标

知识目标：

（1）了解研学基地营地活动管理的主要内容。

（2）了解研学活动涉及的多领域知识。

技能目标：

（1）提升研学基地营地活动策划的能力。

（2）提升多渠道收集信息并整合信息的能力。

素养目标：

（1）具备较强的逻辑思维和系统思维。

（2）培养高尚的情操和良好的品格。

知识框架

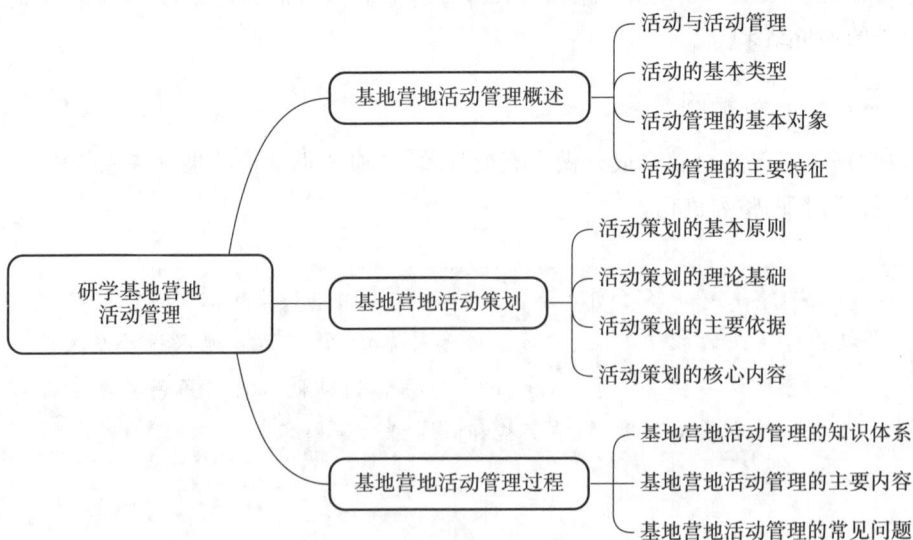

研学基地营地
活动管理 ─── 基地营地活动管理评估 ─┬─ 活动管理评估的主要类型
　　　　　　　　　　　　　　　　├─ 活动管理评估的主要内容
　　　　　　　　　　　　　　　　├─ 活动管理评估的主要方法
　　　　　　　　　　　　　　　　└─ 活动管理评估的主要流程

教学重点

（1）研学活动策划和管理过程等。

（2）主题研学活动方案的策划、撰写和实操训练。

教学难点

（1）学生能根据不同的研学课程，设计合适的活动方案并实施。

（2）在活动策划或实施过程中，让学生树立全局观和系统观，学会多角度、全方位地看待问题和解决问题。

启发思考

（1）结合三清山研学基地活动案例，谈一谈你对研学基地活动的了解。

（2）三清山研学基地的研学活动有哪些重点内容？还有哪些需要完善的地方？

学前导入
▼

三清山
研学基地
活动案例
（节选）

第一节　基地营地活动管理概述

一、活动与活动管理

（一）活动的说文解字

"活动"一词自古而有之。其中，"活"的本意是流水的声音，"动"的本意是作。我们经常说"做一个活动"，此时"活动"变成了一个可量化的名词。活动是动态的、移动的、灵活的，活动是锻炼、是活跃、是行动。然而，我们似乎更愿意将"做一个活动"这个语境下的"活动"与"行动"联系起来，其含义是"为达到某种目的而从事的行动"。

Note

从哲学范畴来讲,活动是人存在和发展的基本方式,是通过人对周围现实的改造来满足其需要或实现其目的的过程。就其实质而言,活动就是人对周围现实的变革,变革的最根本形式是劳动,苏联心理学家从20世纪20年代起就对活动进行了一系列研究。其中,A.H.列昂节夫的活动理论对苏联心理学的发展影响很大,成为苏联心理学的重要理论基石。活动理论认为活动是共同目的联合起来并完成一定社会职能的动作的总和。活动由目的、动机、动作和共同性构成,具有完整的结构系统。

对研学基地而言,活动可以是"小活动",即研学课程开展的具体载体,此时一个又一个的小活动共同组成了研学课程;活动也可以是一个"大活动",即将研学课程策划、实施和反馈等环节看作一个活动整体,此时的活动是围绕研学课程展开的一系列过程,是一个大活动。

(二)活动管理的定义

活动管理被定义为活动的计划、筹备和执行的全过程。与其他任何形式的管理一样,活动管理包括对实现目标的时间、财务、人员、产品、服务和其他资源的评估、定义、获取、分配、指导、控制和分析。活动管理者的工作就是监督和安排活动的各个方面,包括研究、计划、组织、实施、控制和评估活动的设计、行动和制作。

对于研学基地营地而言,其活动管理就是在基地营地的空间范围内,围绕研学活动的目标,对研学系列活动进行管理的过程。

二、活动的基本类型

就基地营地而言,研学是围绕着研学对象,为实现研学目标而开展的一系列活动,这些活动按照不同的标准可以划分为不同的类型。

(一)按主题划分

研学活动按主题可以分为益智类活动、体育类活动、文化类活动、艺术类活动等。

(二)按形式划分

研学活动按形式可以分为观看类活动、聆听类活动、口述类活动、手工类活动。

(三)按时间顺序划分

研学活动按时间顺序可分为研学前活动、研学中活动、研学后活动。

(四)按具体目的划分

研学活动按具体目的可分为开营活动、破冰活动、拓展活动、教学活动等。

1. 开营活动

"好的开始,就是成功的一半。"一个好的开营活动对于基地营地的研学活动是必不可少的。通过开营仪式,学生可以认识到研学活动的重要意义,在仪式感中端正研学活动的态度,提升自身对研学活动的情感参与度。通常,开营仪式中包含开场动员、领导宣讲、小组分工、自律宣誓等环节。

2. 破冰活动

破冰是打破人际交往间怀疑、猜忌、疏远藩篱的过程。对研学基地营地而言,破冰活动可以让参加研学活动的学生与研学导师之间的关系由陌生到熟悉、由排斥到接受,让参加研学活动的学生正确认识研学课程,从不了解、不重视到认真对待,让参加研学活动的学生之间彼此认识和熟知,打破班级中原有的"小圈子",使团队成员之间关系更融洽,为接下来的教学活动做好铺垫。表4-1为破冰活动举例。

知识活页 ▼

开营活动举例

表4-1　破冰活动举例

教学活动小贴士	
（1）活动名称:大风吹。 （2）场所:室内,人数不限。 （3）道具:椅子(数量比参加人数少一把)。 （4）队形:围成圆圈。 （5）活动规则: ①参加此游戏的人员先选出一个发号施令的人,此人在场中站着,无椅子可坐,其他人围成一圈坐在椅子上; ②活动开始时,由发号施令的人向参加人员说"大风吹",参加人员答"吹什么",发号施令的人可答"吹穿裙子的人",则所有穿裙子的人必须和别人换位子,这时发号施令的人伺机抢位子坐,最后没抢到座位的人要表演节目	（1）活动名称:击鼓传花。 （2）场所:室内室外均可,人数不限。 （3）道具:可轻易拿放的小物件。 （4）队形:围成圆圈。 （5）活动规则: ①数人或几十人围成圆圈坐下,其中一人拿花(或一小物件),另有一人背着大家或蒙眼击鼓(桌子、黑板或其他发出声音的物体); ②鼓响时众人开始依次传花,至鼓停为止。此时花在谁手中(或其座位前),谁就上前表演节目(如唱歌、跳舞、讲笑话等); ③如果偶然花在两人手中,则两人可通过猜拳或其他方式决定胜者

3. 教学活动

基地营地应根据策划方案,对不同年龄段的学生、不同的研学课程安排有针对性的教学活动。教学活动应寓学于游、寓教于行,引导学生发现问题,协助学生分析问题,严格执行既定计划,做好实施工作,把控进度,指导学生完成研学任务。表4-2为教学活动举例。

表 4-2　教学活动举例

教学活动小贴士	
（1）活动名称：基地故事我来演。 （2）活动类型：表演活动。 （3）活动目的：大胆表现自己，提升勇气和自信心。 （4）场所：室内室外均可，人数不限。 （5）道具：基地的挂图、模型、玩具、服饰等。 （6）活动内容： ①教师介绍研学基地里不同的资源以及它背后的故事； ②学生根据自己的兴趣选择故事，并按照故事组成不同的小组； ③各小组根据故事内容，选择道具、服饰等，然后进行排练、表演； ④教师小结，评选"小小表演家"	（1）活动名称：欣赏最美天际线。 （2）活动类型：观察活动。 （3）活动目的：在观察中体验自然的美好。 （4）场所：海边。 （5）道具：挂图、模型、玩具、服饰等。 （6）活动内容： ①在海边找一个观赏日落的绝佳位置，观察日落过程中太阳的颜色、形状、大小变化，以及天空的颜色等； ②在观赏过程中将岸线上的椰树、亭台、栈桥，大海中的渔船、帆船、灯塔等要素考虑进去； ③通过提问的方式延伸出相关内容，比如开展"如何拍摄夕阳"摄影技能交流等形式多样的活动

三、活动管理的基本对象

王春雷在《活动管理原理、方法与案例》一书中提出了特殊活动管理的主要因素——"5W2H"，即 Why（为什么）、Who（谁）、Where（在哪里）、When（什么时间）、What（预期成果）、How（怎么操作）、How Much（费用）。目前关于研学活动的要素，有几种代表性观点。例如，三要素说——导师、基地、课程；四要素说——导师、基地、课程、内容；五要素说——导师、学生、课程、方法、基地。这些观点在其阐述角度上都有一定的合理性，综上，结合《研学旅行服务规范》中对研学旅行及研学营地的定义，本书提出基地营地研学活动管理的"5W2H"要素（见表 4-3）。

表 4-3　基地营地研学活动管理的"5W2H"要素

要素	描述
为什么做 （Why）	活动的目标，狭义的活动目标可以理解为研学活动的知识、情感、技能等目标，广义的目标还可包含营销、盈利等目标
谁来做 （Who）	狭义的"谁"是指研学基地营地的工作人员，而广义的"谁"是指这次活动的全部利益相关者，包括研学活动中的学生、教师、家长等
在哪里做 （Where）	活动举办的地点，研学基地营地的地理区位以及场馆

续表

要素	描述
什么时间做 （When）	即活动举办的季节、日期、星期几和具体时间点
做什么 （What）	即研学活动的具体内容，以课程内容为主
怎么做 （How）	即我们使用怎样的物质工具及非物质方法来达成活动目标
这样做的费用 （How Much）	即活动的总成本，包含基地人力成本、物品购置与消耗成本等

四、活动管理的主要特征

（一）以学生为主导的对象性

对象性是人的活动的本质特征，即不管是简单的活动还是复杂的活动都必须有明确的对象。活动的对象性特征一方面表明，人的活动是一个对象化地体现着作为主体的人的主观能动性的客观过程，是活动主体通过占有、改造活动对象来实现自己的目的、增强自己的意志和力量的过程；另一方面表明，面对对象世界，人的活动是有条件的、受限制的，活动的对象性体现了人的活动的主动与被动、主观能动性与客观制约性的辩证统一，强调了活动对象及对象化在活动中的重要性。研学活动的对象可概括为两类：一类是以研学基地资源等形式存在的客观事物和客观环境，另一类是以心理映象或符号等形式存在的心理表象、观念、情感、知识体系、学科结构等。

（二）以过程为主轴的整体性

活动的整体性包括两方面的含义。一是活动的结构具有整体性。完整的活动是由外部活动和内部活动两部分构成的。所谓外部活动，主要指实物性的操作活动和感性的实践活动。学生主体的外部活动是指教学过程中学生主体的感知、操作、言语等活动，其中常见的有听讲、观察、操作、练习、交流等。内部活动是相对外部活动而言的，主要指内部心理活动。学生主体的内部心理活动是多方面的，主要包括认知、情感、意志三个方面。这三个方面各有其功能，但又相互联系、相互渗透，共同构成了完整的学生主体的内部心理活动。二是活动的过程具有整体性。就教学活动的内在运行机制来看，活动过程正是学生主体的外部活动与内部活动双向转化的过程。科学、完整的教学认知过程是一个由外而内、由内而外的物质活动与观念活动相互联系、相互作用、相互转化的过程，是学生主体活动内化和外化的统一。

（三）以时间为主线的阶段性

人的认识起源于活动，活动决定着人的发展水平。从个体发展的角度看，活动的内容和水平受到身心发展年龄特征的制约。活动需要严格遵循个人身心发展的内在规律，有序开展并分阶段提升，因此，学生主体活动呈现出显著的阶段性特征。社会文化学派的研究表明，每个年龄阶段的儿童都会参与多样化的活动，但其中总有一个占据主导地位的活动。从学校教育的总体目的和要求来看，智力活动无疑应贯穿学生学习生活的全过程，成为主导性活动，其他各类活动则扮演辅助性角色。然而，即便是智力活动，不同年龄段的学生在智力活动的特点、内容和水平上存在显著差异，因此，教学必须遵循心理发展规律，设计出契合各年龄阶段特点的活动，尤其是作为主导性活动的智力活动。

（四）以发展为主题的开放性

活动的开放性是保证活动主体能够自主活动的一个重要条件，它集中体现在以下几方面。一是活动内容的开放。内容的开放包括两方面：一方面是内容的丰富多样性；另一方面是内容的可供选择性。二是活动过程的开放。过程的开放性要求活动全程保持动态发展和适时变化，学生的活动表现、活动需求应作为调整活动进程的基本依据。三是活动空间的开放。研学活动空间应根据活动的需要，由室内向室外扩展。另外，即便是在室内进行教学活动，也可以根据活动特点，打破单一的"秧田式"座位编排方式，对座位进行各种组合，使固定空间变为弹性空间。四是活动结果或活动产品的开放。这种开放意味着活动结果的出现具有多种可能性，既可以是文字、绘画等传统形式，又可以是手工制作、视频制作等新形式。

（五）以目标为主因的建构性

活动的建构性是活动主体在活动过程中自主性、能动性、创造性的集中体现。主体活动在本质上是一种指向活动对象的合目的性的主动建构、积极探索、不断改造的过程。历史上，不同时代的教育者虽然从不同角度阐述了活动的意义，对活动的理解也不尽相同，但他们普遍认为教育活动在本质上是活动主体对活动对象进行主动探索、主动变革和主动建构的过程。卢梭很早就提出教育应该是行动多于说教，不应直接教授知识，而应引导学生去发现那些知识；杜威则更加明确地指出，教育并不是一种告知和被告知的事情，而是一个主动的且建设性的过程；皮亚杰认为，复制的真理只能算是半个真理，真正理解一个概念或理论，需要主体去重新探索、发现和创造，而不是简单接受、重复和记忆。

第二节　基地营地活动策划

一、活动策划的基本原则

（一）教育性

研学旅行是体验式教育和探究性学习相结合的教育旅游活动。活动应以教育性为基本原则，以"学生发展"为中心，从学校教育延展到社会教育，从理论上升到实践，深化活动主题与学习内容，使学生做到学以致用，弥补学校教育无法完成的教学目标和任务，实现教育的多样性，与学校课程互融互通，实现国家"德、智、体、美、劳"教育方针指引下的全人教育目标。

（二）自主性

活动应充分调动学生的积极性和能动性，使他们在占有、改造活动对象的过程中能主动实现主体能力的发展，能依据对象的规律和特点，如学科的特点、知识的属性、实物的变化等，合理设计活动，特别是要对那些传统教学中具有创造性、改造性因素的内容进行挖掘、研究和整理，逐步形成一些能体现特色的独特的内容，不断增强活动的有效性和目的性。

（三）针对性

不同年龄段的学生在心理发展过程中有不同的发展主题。例如，7—10岁的学生的形象思维处于优势地位，抽象思维正在逐渐形成，他们对外部事物的认知以图像为主；10岁后的学生的抽象思维得到发展，对事物的认知逐渐转向以符号为主，因此，活动策划应该依据学生的认知特点，并结合研学有关规定，在形式和内容上进行有针对性的设计，如小学阶段以乡土乡情为主、初中阶段以县情市情为主等。

（四）创新性

研学旅行作为"教育＋旅游"的新领域，其活动不仅要沿袭各自领域的传统，还要在研学活动发展的过程中不断创新。根据学生的经验兴趣，不断打破学科界限和传统教学的模式，鼓励学生跨领域、跨学科发展，在创新中实现活动目标。同时，通过活动的不断创新，形成产品优势，从而提升竞争力。活动的不断创新，有利于推动研学旅行的高质量发展。

二、活动策划的理论基础

（一）教育学理论

研学旅行在《研学旅行服务规范》中被定义为教育旅游活动，因此对基地营地的活动策划来讲，首先应遵循的就是教育理论。教育是广泛存在于人类生活中的社会现象，是有目的地培养社会人的活动。通过对各种教育现象和问题的研究，不同教育理论揭示了教育、社会和人之间，教育内部各因素之间，教育活动与人的发展之间，以及教育内部学校教育、社会教育、家庭教育之间的关系等。需要重点掌握的教育学理论有自然主义教育理论、生活教育理论、休闲主义教育理论、建构主义教育理论等。

（二）心理学理论

心理学是研究人的心理现象及其发生、发展规律的科学，其研究范围涉及感知觉、认知、情绪、人格、行为和人际关系等，心理学知识是我们策划活动时的基本依据和参照。我们不仅可以根据心理学中青少年的身心发展规律，策划有益于健康成长的活动，还可以通过心理学增进对青少年的了解，从而更有效地实施教学活动。因此，人们需要重点掌握发展心理学中关于不同年龄段的人在生理、动作、言语、认知、社会性等方面的心理发展特征，以及教育心理学中的联结理论、认知理论、建构理论、人本理论、学习动机理论、学习迁移理论，以及陈述性知识、程序性知识学习等。

（三）管理学理论

现有的研学相关书籍，都将上述两种理论作为重点，却鲜有提及管理学理论，然而，管理学是一门系统研究管理活动的基本规律和一般方法的综合性的交叉科学。管理学是为了满足现代社会化大生产的需要而产生的，其目的是研究在现有的条件下，管理者如何通过合理配置人力、财力、物力等资源，并通过执行计划、组织、领导、控制等职能，有效整合组织的各项资源，以实现组织既定目标。研学基地营地活动的本质也是一种管理活动，因此，我们不仅要在活动内容上专注教育学理论和心理学理论，还要在活动形式上以管理学知识为依据，其中与之相关性比较高的有利益相关者理论、项目管理理论等。

三、活动策划的主要依据

（一）市场需求

市场需求是指运用各种科学的方法，在有目的地收集、分析、整理各种信息和数据的基础之上得出的，可作为经营活动依据的材料。同样，研学基地营地的活动策划也需要进行市场需求调研。这不仅可以更好地策划活动、产生更好的活动效果，还可以明确发展战略,从而在市场中提升竞争优势。市场需求的调研内容不仅包含市场宏观环境,还包括市场微观因素。要通过对消费者自身特征、消费动机、收入水平等诸多因素的调研,明确有效需求、潜在需求和需求的增长速度,进一步确定市场购买力和规模大小;同时还应进行市场供给调研,通过对竞争对手的调研,明晰其规模实力、策略手段等,确定自己的经营策略,从而更好地进行活动策划。

(二)研学目标

研学目标是在研学活动设计与开发的过程中,根据不同的发展要求,期望学生在特定时间内于德、智、体、美、劳等方面达到的成长水平。它具有重要的导向和引领作用,即在宏观上实现立德树人、培养人才的任务,在微观上作为研学活动开发和设计的依据。目前,研学目标可根据不同的依据划分为不同的种类,常见的包括:以知识目标、技能目标、情感目标为核心的三维目标;树立正确的劳动观念、具有必要的劳动能力、培育积极的劳动精神、养成良好的劳动习惯与品质的劳动教育目标;坚定理想信念、爱国爱党、文化自信、保护生态的德育目标;有理想、有本领、有担当、全面发展的总体教育目标等。

(三)资源禀赋

活动策划的另一重要依据是基地营地自身的资源。尽管资源不尽相同,但每个基地营地都具有一定的自然资源、场地资源、设备资源等。根据自身现有的资源基础进行活动策划,是研学基地营地必须具备的条件。例如,自然景区类基地营地可以策划森林探究、山路探险等活动,历史博物馆、文物展览馆等馆藏类基地可以开展读书研讨、专题讲座等活动,公益性文化设施与机构、企事业单位等类型的基地可以开展不同的职业体验活动,革命纪念地、烈士陵园(墓)等基地可以开展宣誓、献鲜花等革命传统教育活动,展览馆、美术馆、音乐厅等基地可以开展绘画、歌唱等文化艺术活动,科技馆、科研机构、高新技术企业等基地可以开展实验操作、新技术体验等科普活动。

(四)政府规制

2016年11月30日,《教育部等11部门关于推进中小学生研学旅行的意见》发布,该意见提出要将研学旅行纳入中小学教育教学计划,加强研学旅行基地建设,规范研学旅行组织管理,健全经费筹措机制,建立安全责任体系。研学旅行成为中小学生的必修课。

2016年12月19日,国家旅游局发布《研学旅行服务规范》,对研学旅行服务的术语和定义、总则、服务提供方基本要求、人员配置、研学旅行产品、研学旅行服务项目、安全管理、服务改进和投诉处理等内容进行了界定与说明。制定研学旅行行业标准,在很大程度上规范了研学旅行的服务流程,提升了研学旅行的服务质量,引导和推动了研学旅行行业的健康发展。

2017年8月17日，教育部印发《中小学德育工作指南》，提出要把研学旅行纳入学校教育教学计划，促进研学旅行与学校课程、德育体验、实践锻炼有机融合，利用好研学实践基地，有针对性地开展自然类、历史类、地理类、科技类、人文类、体验类等多种类型的研学旅行活动。要考虑小学、初中、高中不同学段学生的身心发展特点和能力，安排适合学生年龄特征的研学旅行。要规范研学旅行组织管理，制定研学旅行工作规程，做到"活动有方案，行前有备案，应急有预案"。

2017年9月25日，教育部印发《中小学综合实践活动课程指导纲要》，提出"为全面贯彻党的教育方针，坚持教育与生产劳动、社会实践相结合，引导学生深入理解和践行社会主义核心价值观，充分发挥中小学综合实践活动课程在立德树人中的重要作用，特制定本纲要"。该纲要将研学旅行纳入中小学综合实践课程，明确了小学、初中的课时，以及高中执行课程方案相关要求，完成规定学分。

2022年3月25日，教育部印发《义务教育课程方案和课程标准（2022年版）》，指出"义务教育课程规定了教育目标、教育内容和教学基本要求，体现国家意志，在立德树人中发挥着关键作用"。该标准不仅体现了正确的改革方向、先进的教育理念，还进一步明确了培养什么人、如何培养人、为谁培养人，并针对不同学科给出了不同的活动参考。对研学基地营地来说，它具有很重大的参考价值。

四、活动策划的核心内容

研学基地营地的活动策划涉及人力、财力、物力，以及学校、学生、机构等诸多方面。为便于理解和操作，我们通常将其视为单一的某项活动的策划，其最终产出为一次具体活动的书面计划和执行方案，该方案主要包括以下核心内容。

（一）活动主题与名称

基地营地活动策划的首要任务是根据学生成长和教学目标，结合基地已有的课程资源和特色，提炼出基地营地活动主题和活动名称。活动主题一般以基地拥有的自然资源、人文资源、科学装置、生活设备等为基础，以研学课程目标来进一步明确，并在此基础上提炼出基地营地活动名称，形成基地营地活动体系。

（二）活动背景

在基地营地活动策划方案中，活动背景的阐述应根据研学活动的特点对以下内容进行重点阐述：研学活动的基本情况、主要执行对象、近期状况、组织部门、活动开展原因、社会影响，以及相关目的动机；还应说明问题的环境特征，主要考虑影响环境的优势、劣势、机会及威胁等因素，对过去及现在的情况进行重点对比，并通过对情况的预测制订计划。

（三）活动目的、意义和目标

基地营地应用简洁明了的语言将活动目的、意义和目标阐述清楚。在阐述活动目的时,应突出该活动的核心构成或策划的独到之处及由此产生的意义(包括经济效益、社会利益、媒体效应等)。活动目标要具体化,并且确保其具有重要性、可行性、时效性等。

（四）活动资源

基地营地活动资源主要包括研学活动开展所需要的活动场所、空间位置、设施设备、活动物料、工作人员等。这些资源都需要详细列出,并做出已有资源和需要资源两部分的区分,以便基地营地提前做好准备,确保基地营地相关活动能顺利进行。

（五）活动开展流程

活动流程是活动的核心部分,表现形式应简洁明了、使人容易理解,同时内容要力求详尽,涵盖所有能设想到的细节,没有遗漏。此部分内容不局限于文字表述,也可适当加入图表等。各活动环节应按照时间的先后顺序排列,编制实施时间表,以便活动方案的核查。此外,基地营地还需明确人员配置、活动对象、相应权责及时间地点等信息,并制定好应急预案。

细节决定成败。基地营地活动开展需要考虑以下细节:会场布置、研学接待室、嘉宾座次、媒体宣传、主持、领导讲话、活动服务、电子背景、灯光、音响、摄像、信息联络、技术支持、秩序维持、嘉宾衣着、指挥中心、现场气氛调节、接送车辆安排、活动后场地清理、合影、餐饮招待、后续跟进等。

（六）活动经费预算

经费预算是基地营地活动得以顺利开展的根本保障。活动经费主要包括活动人员费用、物料制作费用、设备采购费用、基地投资费用、场所维护费用、安全保护费用、日常运营的水电气费用、资金借贷财务费用、原材料采购及保管费用等。在这些费用中,有的是整体费用的分摊和折旧,有的是单项活动的直接支出。各项费用应根据实际情况进行具体、精确计算后,以财务预算表格的形式列出。

（七）活动注意事项

基地营地活动在执行过程中,由于受内外环境的变化和活动现场诸多因素的影响,不可避免地会产生一些不确定性因素。这些不确定性因素主要表现为不可控的天气、交通堵塞导致的迟到、多个研学活动之间的时间冲突和场地冲突、活动进行中的安全隐患及突发事件等。因此,活动策划方案应对环境变化时的应对措施、变化可能带来的影响程度等加以说明。

（八）活动执行团队

基地营地活动的执行需要大量的专业人员,包括活动的组织者、参与者、监督者,以及重要的领导嘉宾、专家学者等。为此,需要建立一个活动组织架构,明确主要负责人、分项负责人、场地负责人、全体活动负责人等。

Note

第三节　基地营地活动管理过程

一、基地营地活动管理的知识体系

西尔弗斯(Silvers)等学者深入研究诸多职业标准、认证知识体系、院校课程和文献回顾后,于2014年在拉斯维加斯举行的酒店和会议峰会上提出了著名的活动管理知识体系(EMBOK,即 Event Management Body of Knowledge)。该知识体系旨在促进和确保整个活动的顺利执行,并迅速成为活动管理领域的奠基性理论和指导性架构。随后,学者们在 EMBOK 的基础上进行改进,使其涵盖从活动构思到活动完成的全过程。如图4-1所示,EMBOK 包括活动管理框架、活动管理过程、活动管理步骤和活动管理方法四个层次。

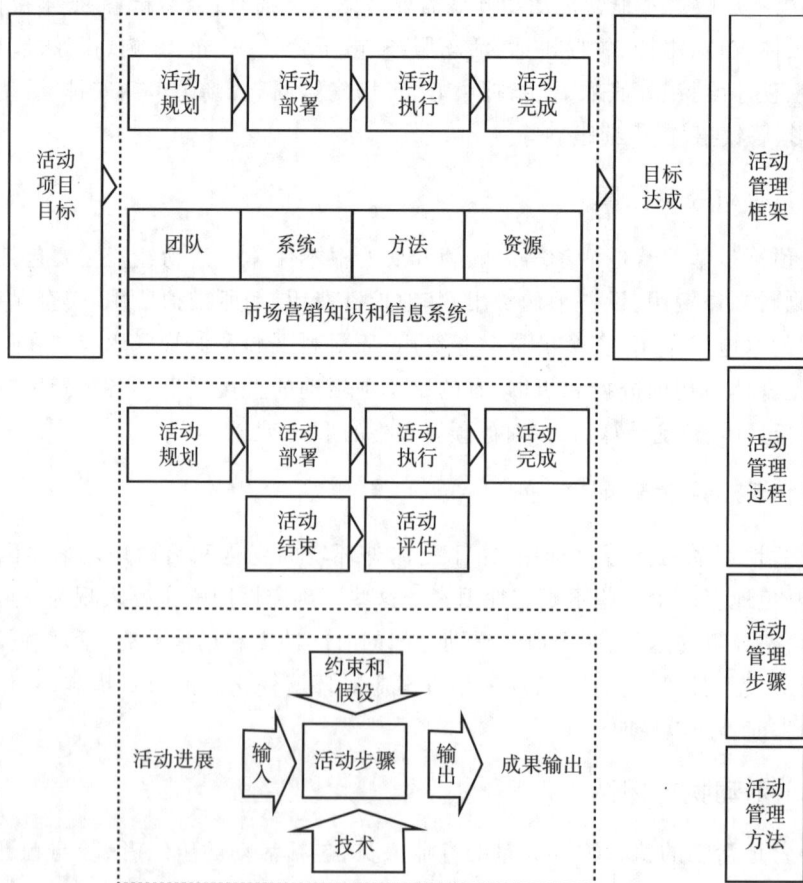

图 4-1　活动管理知识体系(EMBOK)

第一层是最重要的活动管理框架,强调活动管理的基础设施规划和活动管理过程的设计,主要包括团队、系统、方法和资源四个部分。

第二层是活动管理过程,包括活动规划、活动部署、活动执行和活动完成四个阶段。活动规划,即为实现项目目标而制定方案和策略;活动部署,即按照方案,筹集活动所需要的资源,包括人、物、服务、信息知识、许可等;活动执行,即提前规划现场行动计划,将资源正确呈现给来宾和观众;活动完成,即活动结束,进行活动评估。

第三层是活动管理步骤,即活动管理过程的详细展开。

第四层是活动管理方法,它是每个步骤所需的执行技术,包括需要输入的信息、受到的限制、可以使用的方法以及产生的结果。根据需要完成的任务的性质,活动管理方法可分为行政、运营、营销、安全四大领域。

二、基地营地活动管理的主要内容

(一)活动的目标定位

目标是指我们在未来一段时间内要达到的程度,定位是指根据自身的实际情况来规划和实现目标。对研学基地营地而言,活动目标的制定既可以从现实出发,也可以根据我们的内心追求来制定。明确目标是活动管理的首要任务,没有目标,管理就无的放矢;目标不清,管理就容易产生混乱。所以在策划活动时,我们先要确定目标,列出各项目标的优先顺序,以便集中资源保证重要目标的实现,然后根据自身的实际情况,明确现阶段与目标之间的差距。

(二)活动的资源准备

在明确目标以后,我们要积极与各方沟通,收集多方面的信息,明确与目标相关的各种资源。一方面,在基地营地端,我们要熟悉活动对人、财、物的基本需求,包括需要哪些人员配合、活动的成本约束以及对场地、设备的要求等;另一方面,我们要熟悉客户端的信息与要求,包括学生的人数与规模、组织形式与特殊要求等。当所要进行的各项工作任务明确以后,就要落实每项工作由谁负责、由谁执行、由谁协调、由谁检查。同时,要明确规定各项标准,制定相应的奖惩措施,使计划中的每一项工作都能落实到部门和个人。

(三)活动的组织执行

在活动目标确定和资源准备完成之后,我们就需要去执行这个计划。在这一过程中,管理、控制和协调都十分重要,如果处理不好,任何一件小事都可能引发重大问题。因此,我们不仅要做好关键角色的管理以及全体工作人员的培训,确保现场能够严格执行原定方案,还要做到与学校、学生等各方及时沟通,始终保持积极的态度,对任何问题都保持警觉,同时能够在问题出现后迅速思考并提出合理的解决方案,果断、明智地做出决策,及时、有效地进行风险管理,确保活动顺利开展。

（四）活动的评估改进

活动评估是对已实施的整个活动进行综合性、概括性的回顾、评价、归档和改进的工作过程。活动管理是一个动态循环的过程,最开始的研究阶段与最终的评估阶段是相互联系的,活动的预期和结果是评估的重要方向,因此可以说活动管理是一个持续不断的过程。在进行活动评估时,我们应该从活动的每个环节进行全面审查。常用的活动评估的形式包括书面调查、现场监测、电话调查、事前或事后的调查等。

三、基地营地活动管理的常见问题

尽管前期我们已经做了大量的准备工作,但在活动现场的执行过程中,仍然会产生一些意想不到的问题,这些问题多种多样、情况复杂,且我们很难用某单一的维度对问题进行归类,所以根据研学活动的安全性原则,我们可以笼统地将这些问题分为安全性问题和非安全性问题。安全性问题包含自然灾害、事故灾害、公共卫生事件等。以下对非安全性问题进行分类。

（一）人员问题

在研学活动中,人员主要涉及三种角色:学生、校方工作人员、基地营地方工作人员。涉及学生的问题有学生身体不适,学生迟到、走失,学生私自外出,学生间发生冲突,学生不文明就餐等;涉及校方工作人员的问题有工作人员迟到、工作人员对活动不满、工作人员对活动不配合等;涉及基地营地方工作人员的问题有教学准备不足、发生教学事故、与学生发生冲突等。

（二）物品问题

此类问题主要包括学生遗落物品,学生或校方工作人员对基地营地设施设备等物品的损坏,教学设施设备老化导致教学偏差等。

（三）其他问题

其他问题主要包括现场秩序问题导致的教学效果不佳,现场的流程变化导致的教学时间改变,天气原因导致的教学环境改变等。

针对以上问题,我们可根据不同问题类型制定相应的预防措施和处理流程,下面以学生走失问题为例进行说明(见表4-4)。

表4-4　活动管理的常见问题及解析

问题类型	学生走失
问题原因	研学基地的活动多在室外空间进行,因此,走失现象最有可能发生在学生自由活动期间。一方面,由于环境陌生,学生可能会迷路;另一方面,由于个人原因,如沉迷于某景点或上洗手间等,学生可能会出现掉队现象
问题预防	活动前应做好学生分组,要求学生在研学旅行过程中始终和团队一起活动,不可擅自离团;研学导师在教学时应加强与学生的交流和互动,应通过生动的教学语言与丰富的课堂活动吸引学生的注意力;研学导师应合理安排研学线路及课程地点,在合适的时间、地点满足学生拍照、如厕等合理需求;在研学过程中,如学生要暂时离开团队,需向研学导师提前报备,研学导师应在约定地点等候学生归队;研学导师应及时清点学生人数;做好集合地点的选择,可让学生记住集合地点的标志性建筑,以便学生迷路时能够及时询问或进行电话联系
问题处理	若在研学过程中发现学生走失,应首先询问组员与学校教师,明确其去向;若无人知晓学生下落且无法联系上学生,应安排其他学生按计划继续进行活动,由研学导师负责现场秩序,基地营地安全员负责寻找走失的学生,其他工作人员进行协助;学生找到后不要进行严厉批评与责怪,如学生情绪波动较大,应做好安抚工作,询问其情况并立即带领该学生归队,事后由学校教师了解其走失的真实情况后酌情处理

第四节　基地营地活动管理评估

　　评估与反馈是研学旅行活动中的重要环节,它贯穿于基地营地活动管理的全过程,既注重过程性,又强调结果性。外聘的评估机构或企业内部机构会对研学活动项目的运营状况、实际效果以及参与各方的反应进行调查,收集相关数据信息进行分析,对活动的效果进行全面把握,为以后的研学活动提供经验教训,减少浪费,实现效益最大化。评估结束以后,基地营地会对外部信息进行综合整理和反馈,通过反馈进行有效控制及有机协调,及时调整活动计划与决策,提高信息质量,提升决策效益。

一、活动管理评估的主要类型

(一)活动前评估

　　活动前评估,有时亦称为"研学活动项目评估"。这种评估通常发生在研学活动的研究和策划阶段,评估的目的是确定开展研学活动可能需要的资源和继续这一活动的可能性,从而决定是否立项。它建立在研学活动项目可行性研究的基础之上,从研学活动项目的起点出发,对拟开展的研学活动市场进行调研,同时对参加人数、大致费用和效益进行研究,预测活动成功的可能性和未来的发展前景,从而对项目投资的可行性做出判断。此研究结果不仅是活动的目标,还是衡量研学活动是否成功的基准。

(二)活动中评估

活动中评估,有时也称作"中间评估"或"实施过程评估"。它是指在研学活动的不同执行阶段对活动进展进行的跟踪和控制。这种评估的主要目的是检验活动营销、形象塑造、时间安排等情况,或评估实施过程中发生的重大变更及其对研学活动效益的作用和影响,或针对研学活动中的重大困难和问题寻求对策及出路。例如,对预算的控制评估,可以节省实际开支,减少花费,降低成本,提高整个研学活动的收益;对时间的控制评估,可以保证研学活动按照计划进度顺利实施,如期完成活动任务。

(三)活动后评估

活动后评估,是评估中最常用的形式。它是指对已经完成的研学活动项目的目的、执行过程、效益、作用和影响所进行的系统的客观分析。这种评估通过定性和定量相结合的方法进行总结,评价研学活动项目的策划、筹备、实施、收尾和运作的情况,衡量和分析研学活动的实际情况与预测情况的差距,确定有关预测的判断是否正确,找出成败原因,总结经验教训,通过及时有效的反馈,提高管理和服务水平,同时兼顾回顾总结和前景预测,为今后改进研学活动的策划、管理和监督等工作创造条件。

二、活动管理评估的主要内容

(一)活动效果评估

从教育的角度出发,对研学活动效果进行评估是至关重要的。活动最终效果是利益相关者最关心的问题,其中既包括基地营地自身在研学活动中的研学知识目标、技能目标、素养目标的达成度,又包括学生在研学活动中的获得感、体验感、成就感,校方在活动中的满意度,家长对于研学活动的看法与评价,以及媒体、政府等的报道与关注等。因此,对活动效果进行评估往往是活动评估的落脚点,且评估结论将直接关系到今后的活动能否更好地开展。

(二)活动流程评估

从管理的角度出发,对研学活动各流程工作进行评估是必要的。基地营地的准备工作,主要包括明确活动工作人员及分工、确定活动地点、布置活动现场、准备活动必备器材设备、安排活动奖品等事项,以及提前联系与确认活动相关资源等;基地营地的执行工作,主要包括确保各类工作人员及时到位,检查举办活动所需的物料是否按照原计划进行配置,并严格按照活动流程执行各项工作,如接待工作的安排、研学导师与助教的分工合作等;基地营地的后续工作,主要包括活动数据核实与录入,以及活动物品的归置与活动文档的整理等。

(三)活动收益评估

从经济的角度出发,对研学活动收益进行评估时,应先对活动收益和活动成本进行说明。研学基地营地的活动收益主要涉及活动的销售额、活动的续约率、活动的转化率等指标;活动成本则主要包括活动工作人员的费用、硬件设施的购置与损耗费用、广告宣传费用、活动的竞标费用等。在说明费用预算后,再结合实际成本支出进行评估,必要时还可附上表格说明预算成本、实际成本、节约或超支的费用等情况。

三、活动管理评估的主要方法

如何科学地评估活动效果,是活动管理和研究的重点。按照不同的标准,评估的方法也有很多种类,较常见的评估方法有定量评估方法和定性评估方法两种。定量评估方法通常指利用一切可获取的信息和统计资料,以数据的形式,对活动进行评估,具体包括问卷调查法、比率分析法等。定性评估方法大多是通过观察和访谈手段来获得第一手资料,以文本的形式展现,并作为活动评估的依据。定性评估方法具体包括观察法、深度访谈法、焦点小组法等。

研学基地营地活动评估应采用定量与定性相结合的方法,建立数据系统平台,充分收集和利用学生特征、销售数据、成本要求、时间限制等相关数据,通过录音录像、专家访谈等方法对学生体验、员工工作态度、校方感知等内容进行评估。

(一)深度访谈法

深度访谈法是一种无结构的、直接的、个人的访问方式。在访问过程中,一位掌握高级技巧的调查员与一位被调查者进行深入交流,以揭示被调查者对某一问题的潜在动机、信念、态度和感情。深度访谈法适用于了解复杂、抽象的问题。这类问题往往不是三言两语就可以说清楚的,只有通过自由交谈,对所关心的问题进行深入探讨,才能从中提炼出想要了解的信息。比如,基地想要了解学生被某活动所吸引的深层动机时,可以采用深度访谈法。

(二)问卷调查法

问卷调查法是国内外社会调查中较为广泛使用的一种方法。问卷是一种为统计和调查所用的、以设问的方式表述问题的表格。问卷调查法就是研究者用控制式的测量手段对所研究的问题进行量化评估,从而收集到可靠的资料的一种方法。一般来讲,问卷较之访谈表要更详细、完整和易于控制。问卷调查法的主要优点在于标准化和成本低。因为这种方法是以设计好的问卷为工具进行调查,所以问卷的设计要求规范化和可量化。问卷一般由卷首语、问题与回答方式、编码、其他资料四个部分组成。

（三）焦点小组法

焦点小组法就是采用小型座谈会的形式,挑选一组具有同质性的观察对象,由一位经过训练的主持人以一种无结构、自然的方式与这组具有代表性的观察对象进行交谈。此方法旨在深入了解有关问题,探索那些知之甚少的研究问题。焦点小组法适用于迅速了解学生、教师、家长对某一产品、活动、服务的印象,诊断新计划、服务、产品、活动可能存在的问题等,进而得出活动评估结果。

四、活动管理评估的主要流程

（一）外部投诉改进

基地方应建立活动后反馈机制,尽可能地将学生的活动表现完整地记录在案并反馈给学校及个人,若操作难度太大,也可将重点活动过程与结果进行反馈,从而实现与需求方的双向沟通,并且通过建立健全活动后服务制度,建立关于学生、家长、教师等外部投诉建议的信息档案和回访制度,并采用问卷、电话、微信等多种方式收集、分析研活动利益相关者的建议,做到专人负责、专项对接、妥善处理、及时改进。

（二）内部总结提高

在外部信息反馈的基础上,结合各工作组负责人整理的相关资料,进行研后总结,得出本次研学的总体评价,并形成总结文本。在活动执行过程方面,总结应包含本次研学活动的准备工作、实施情况及活动后的反馈,同时对研学活动的每一个环节进行详细梳理;在活动执行者方面,应对现有岗位及核心技能进行深入分析,对在岗员工的知识和技能进行测评,并找出改进点,以提高工作水平;在活动执行效果方面,应对活动的经济效益、社会效益等进行总结。

（三）资料分类归档

在以上工作结束后,应将本次研学活动涉及的所有往来文件、课程资料、教学评价和反馈等进行归类整理并存档。资料主要包括:合同签订前所需的资质材料,如车辆运营资质、餐厅经营许可、基地营地经营许可等;活动前的资料,如行车路线、研学方案、车辆分配表等;活动中的影视资料;活动后的总结、评价记录等。最后,要对所有研学旅行资料进行统一编号,并分别做好网络版和纸质版的存档工作。

延伸阅读

海南槟榔谷黎苗文化旅游区的活动管理

> **本章小结**
>
> 本章主要对研学基地营地活动管理的主要内容进行了介绍,重点阐述了活动和活动管理的含义、活动的基本类型、活动管理的基本对象和主要特征,介绍了活动策划的基本原则、理论基础和主要依据,对活动管理过程的知识体系、主要内容和常见问题进行了分析,对活动管理评估的主要类型、主要内容、主要方法、主要流程进行了阐述。

Note

第五章
研学基地营地核心服务管理

知识框架

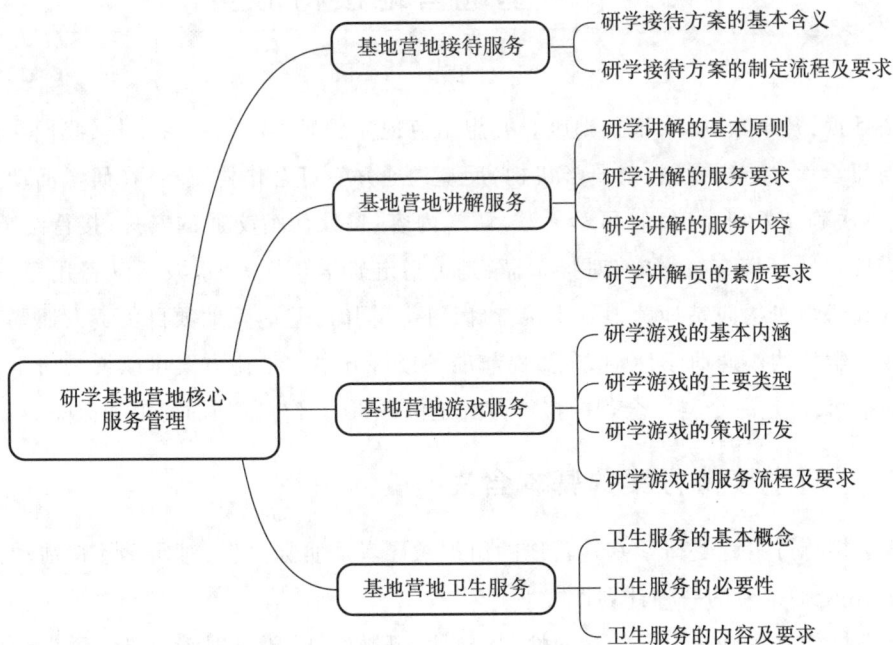

学前导入
▼
行天涯 知
中华——
三亚天涯
海角游览
区的服务
管理

教学
重点

（1）接待服务、游戏服务的流程，以及讲解服务、卫生服务的内容。

（2）组织学生开展接待、讲解、游戏、卫生等服务管理活动的实操训练。

教学
难点

（1）要求学生能根据不同的研学需求，制定合适的接待方案、服务流程并组织
实施。

（2）在组织学生开展相关服务活动的实操训练时，要处理好一般性与特殊性的
关系。

启发
思考

（1）基地营地在接待研学团队之前需要做哪些准备工作？

（2）研学学生能享受到哪些服务？

第一节　基地营地接待服务

俗话说，凡事预则立，不预则废。要想出色地完成研学团的接待工作，我们在前期
必须与研学承办方（旅行社或研学机构）反复沟通并签订合作协议，且在研学活动开始
前，要再次确认好研学时间、研学人数、研学内容、餐饮住宿交通的安排、接待细节（如
是否需要特殊环境布置、如何对接车辆、是否指定研学导师等）以及活动费用等，并请
旅行社或研学机构向基地营地发出接待确认函。同时，基地营地项目负责人还要与旅
行社或研学机构沟通研学活动方案，提前准备接待方案。接待方案可以说是研学活动
接待的指南，制定一个科学合理的接待方案是做好研学接待工作的前提和保障。

一、研学接待方案的基本含义

研学接待方案就是研学基地营地的组织领导者从实际出发，对研学接待活动做出
系统谋划、全面构想的一种计划性文书。

研学接待方案具有很强的方向性、指导性、可操作性，要求周密、具体、科学、合理，

内容包括各阶段接待工作的内容、基本任务目标、主要措施手段、步骤做法、相应的安排和要求,包括人力、财力、物力的组织安排和部署等。总体而言,方案也就是规定在什么时间、多大范围内由哪些人做哪些工作,采取什么方式于何时做到何种程度。其要求既具体又严密,使之既具可行性又便于操作,能够做到主次分明、张弛有度、得体自然,以求最大限度地确保接待工作的顺利开展,使方案目标圆满实现。

二、研学接待方案的制定流程及要求

研学接待方案以计划的实施和落实为依据,在起草和制订过程中,研学基地营地要紧密结合实际情况,思考如何安排接待工作以及应对突发问题,力求从多方面、多层次、多角度出发,高标准、高质量地落实接待事宜。

(一)与研学组织方或承办方确认接待事宜

研学接待方案是对研学活动接待工作的落实和部署,所做的安排必须经过学校、旅行社或研学机构的协商和确认,而落实接待计划则是研学基地营地完成接待协议的必然要求。因此,在制定接待方案前,研学基地营地必须与研学组织方(学校)和承办方(旅行社或研学机构)做好充分沟通,确认好研学时间、研学人数、研学内容、餐饮住宿交通的安排以及接待细节等内容。

(二)成立项目小组,落实接待人员

成立基地营地项目接待小组是做好研学接待工作的基本保障。项目接待小组负责整个研学活动的统筹实施,并对各学段、各学科、各环节、各种资源以及人员配置进行全面统筹,制定研学活动方案和应急预案,保证研学课程的有效开展。

(三)落实接待场所和物资

研学基地营地应根据研学活动及课程安排,按要求对接待场地进行布置和安排,若场地无法一次性容纳所有研学学生,则需分批轮流进行。同时,研学基地营地还要落实研学手册等学习资料及教具的配套和供给。

(四)落实研学团食宿事宜

研学基地营地要按与组织方或承办方签订的协议标准和要求落实餐饮、住宿事宜。如果研学基地营地本身不提供餐饮、住宿服务,那么其选择餐饮、住宿单位时应考虑是否符合相关卫生及安全标准。研学基地营地要提前与餐饮、住宿单位确认,例如,对于协议中提出的特殊要求(如不喜辛辣、不吃猪肉等),要不折不扣地落实;要确保男女分区住宿,以及房间设备设施安全、卫生、完好。

(五)落实研学课程方案

研学基地营地要按照协议内容落实研学课程内容,安排好基地营地研学导师、安

全员等,安排布置好教育教学活动场所,统筹好整个研学活动的各个环节,确保出色完成研学目标。

（六）制定相关应急预案

研学基地营地要全面而科学地研判整个研学活动可能出现的特殊情况及突发事件,制定相应的解决方案,针对项目接待小组所有成员开展培训并组织突发事件应急演练,确保接待工作万无一失。

（七）落实其他事宜

研学基地营地要对研学团在基地营地活动的一切事宜都应做好安排。除了研学、食宿等主要事项,其他一些细节也应该细致周到考虑,并落实到位。例如,研学团在基地营地的活动需不需要内部交通、研学活动过程录像资料和图片资料的收集,以及组织方其他特殊要求等,都需要提前做好安排。

第二节　基地营地讲解服务

研学讲解是研学旅行的重要环节,目前学界对其内涵尚未做出明确的界定。我们认为,研学讲解是指研学活动中,研学导师按照研学课程要求用口头语言向学生讲授教学内容的过程。为了确保能为学生提供更好的研学讲解服务,我们必须了解研学讲解的原则及要求,并且熟练掌握研学讲解服务的工作流程。

本节以沙湾古镇的研学团接待任务为例,阐述讲解服务的主要内容。沙湾古镇的研学导师小李是一名二十多岁的年轻姑娘,大学为旅游管理专业,毕业后从事了几年的导游工作,一次接待学生团后对研学旅行产生了浓厚的兴趣,便自学了研学旅行的相关课程,并考取了相关证书。经过几年的实践,她已经成为一名优秀的研学导师。这次她接受了一个研学团的接待任务,并成为实习生小陈的师傅,二人正根据研学团学生的情况编写讲解词,进行讲解准备。下面就让小陈带我们去看看她们是如何为研学团提供讲解服务的。

一、研学讲解的基本原则

通过研学导师的生动讲解和正确引导,学生能够更容易接受新知识和思考问题。研学讲解不是对讲解内容的简单口头讲述,而是一种创造性的劳动,要符合研学讲解的基本规律,遵循研学讲解的基本原则。

（一）思想性原则

研学旅行除了要让学生接受各种知识与技能方面的教育,还要引导学生学会解决问题,要将社会主义核心价值观融入其中,从而培养积极的情感态度、树立正确的人生观和价值观,这正是研学旅行所肩负的育人使命。在提供研学讲解服务时,要将德育理念贯穿讲解的全过程。

（二）教育性原则

研学讲解的首要目的是立德树人。《教育部等11部门关于推进中小学生研学旅行的意见》指出:"研学旅行要结合学生身心特点、接受能力和实际需要,注重系统性、知识性、科学性和趣味性,为学生全面发展提供良好成长空间。"

（三）客观性原则

在研学讲解过程中,研学导师无论使用何种方法或运用何种技巧,都必须以客观存在作为依托,讲解内容必须建立在自然界或人类社会某种客观现实的基础之上。特别是对于某些人文历史、民间传说,我们必须确保其有历史传承和事实根据,绝不可信口开河。

（四）知识性原则

研学本身就是一种校外教育形式,其目的是让学生从现实情境中获得知识,因此,讲解人员必须根据基地资源去挖掘其文化内涵和知识,最好能够对接学生所学课程的知识点,使学生能够更好地理解和掌握所学的知识。

二、研学讲解的服务要求

《研学旅行服务规范》提出:导游讲解服务应符合GB/T 15971的要求;应将安全知识、文明礼仪作为导游讲解服务的重要内容,随时提醒引导学生安全旅游、文明旅游;应结合教育服务要求,提供有针对性、互动性、趣味性、启发性和引导性的讲解服务。

研学讲解除了要符合上述的要求,还应符合以下要求。

（1）讲解内容要与研学课程目标相适应,为研学目标服务。

（2）研学导师需提前了解研学学生学情,语言和表达方式应充分考虑学生的年龄特点、思维方式和知识接受能力。

（3）讲解过程中,要做到普通话标准,口齿清楚,发音准确,逻辑清晰,用语礼貌且自然,并努力使语言表达生动。

（4）做到讲解和引导参观相结合、讲授和引导思考相结合。研学导师在讲解过程中,一定要做到边带领学生边讲解,时刻关注学生的动向和反应,讲解中穿插互动,善于引导学生对问题进行深入思考。

三、研学讲解的服务内容

（一）准备工作内容

研学导师接到接待任务后,要根据与学校、旅行社或者研学机构已确定的研学目标以及学生的学情制定讲解服务方案,创作讲解词。切忌不考虑学生的年龄特点、知识经验、学习能力和思维习惯等,切忌使用一成不变的讲解词应对所有学生。同时,还要准备好讲解器、讲解手册、班牌或者组牌等用品,规划好参观讲解的线路。

（二）讲解服务环节

研学过程中,涉及讲解服务的大致有以下几个环节。

1.致欢迎词

学生到达基地营地后,研学导师与学生首次见面需要致欢迎词。欢迎词是研学导师给学生留下良好第一印象的重要环节,研学导师除了要表现出热情友好的态度,还应在气质、学识和语言方面展现其职业素养,以赢得学生的信赖和喜欢。给他们留下可信、可亲的第一印象。

欢迎词的内容和语言表达方法应该根据学生的学段、所在地区等实际情况进行灵活调整,要既严肃又不失活泼、既规范又不失风趣,有激情、有新意、有吸引力,能吸引学生的注意力。一般来说,欢迎词应包括以下内容。

（1）问候语:真诚地问候随队老师和学生,如"尊敬的××老师、亲爱的同学们,大家好"。

（2）欢迎语:代表基地营地、本人和安全员等其他工作人员欢迎研学团的到来。

（3）介绍语:简单介绍基地营地、自己和其他工作人员。

（4）希望语:交代研学任务、强调研学要求以及安全要求。

（5）祝愿语:预祝研学任务圆满完成。

2.参观过程中的讲解服务

（1）讲解内容的要求。

参观过程中的讲解服务是研学讲解的重要环节,它是研学导师传播基地营地所承载的当地文化、丰富学生知识、达成研学目标的主要途径。因此,研学导师应预先对讲解内容(讲解稿)进行构思和规划,明确先讲什么、后讲什么。讲解的主要内容应该包括参观对象的历史背景、特色、地位和价值等,同时,在讲解过程中巧妙穿插与学生日常生活以及课程密切相关的知识点。此外,研学导师还应结合有关景物或展品进行环境保护和文物保护的宣传,适时对学生进行爱国主义教育。讲解的语言要生动优美、富有感染力,不仅能使学生增长知识,还能使学生获得美的享受。

（2）讲解安排的要求。

参观时,研学导师要注意把握好时间,随机应变。若遇到参观时间缩短的情况,研学导师应对讲解内容进行适当取舍,注意将引导参观和讲解内容相结合,灵活运用集中讲解与分散观察相结合的方式,注意劳逸结合,并对体力较差的低学段学生或身体有残疾的学生进行关照。

（3）学生安全的要求。

研学导师在讲解时还应与安全员配合,时刻观察周围的环境和注意学生的动向,使学生始终环绕在自己周围或在前后随行。为防止学生走失,研学导师要与安全员、带队教师密切配合,随时清点人数。为防止学生发生意外事故,研学导师还应留意和提醒学生注意安全。

3. 教学活动中的讲解服务

教学活动中的讲解服务包括两种情况:一种情况是研学导师作为主讲人,另一种情况是聘请非遗传承人、能工巧匠、专家教授、老红军、劳模等作为主讲人。不管谁主讲,讲解内容都要经过审核,必须符合课程的要求。另外,教学活动应以动手体验为主,讲解为辅,并根据研学目标在讲解过程中穿插与学生的互动,如提问等,引导学生思考。若为单纯的讲座,要注意控制好时长。相关研究发现,小学生注意力集中的时间约为30分钟,中学生稍长,因此,讲座时间以小学生30分钟、中学生40分钟为宜,以免学生因时间过长而注意力分散,难以确保教学效果。

四、研学讲解员的素质要求

(一)基本要求

(1)突出政治,弘扬爱国主义,增强民族自豪感,提升民族凝聚力,培养文化自信。

(2)强化教育,注重系统性、知识性、科学性、趣味性,促进学生德、智、体、美、劳全面发展。

(3)主题明确,突出实践性,引导学生参与体验、拓宽视野、丰富知识、了解社会,增进学生对自然科学和人文社会的认知,培养其社会责任感和实践能力。

(二)人员要求

(1)讲解员应具有良好的思想品德,遵守社会公德、法律法规,具有良好的职业道德。

(2)讲解员应经过相关专业培训,熟练掌握研学旅行专业知识和讲解技能。

(3)讲解员应具有相应的自然、文化、历史素养,对基地内涵有深刻的认知。

(4)讲解员应使用普通话,口齿清晰、发音准确、逻辑清楚、语言生动。

(5)讲解员应具备一定的亲和力、组织协调能力和随机应变能力。

(6)讲解员应注重学习,能针对不同学段学生的需求进行讲解。

第三节　基地营地游戏服务

合理、适度的游戏能让人们在模拟环境中挑战和克服障碍,可以帮助人们开发智力、锻炼思维、提高反应能力、提升技能、培养规则意识等。游戏因其体验性、可玩性强,并且充满挑战和刺激,而深受青少年学生的喜爱。因此在研学活动中,设计合理的游戏有助于提高学生参与研学活动的兴趣,进而产生更好的研学效果。研学基地营地为研学学生提供游戏服务,首先必须了解研学游戏的相关知识,科学设计游戏,有效组织游戏,并最终进行游戏效果评价,以确保游戏达到预期目标。

一、研学游戏的基本内涵

德国心理学学家谷鲁斯认为,游戏不是没有目的的活动,游戏并非与实际生活没有关联。游戏是为了将来面临生活的一种准备活动。

游戏是指以直接获得快感为主要目的,且必须有主体参与互动的活动。这个定义说明游戏具有两个基本特性。

一是以直接获得快感(包括生理和心理的愉悦)为主要目的。

二是主体参与互动。主体参与互动是指主体动作、语言、表情等变化与获得快感的刺激方式及刺激程度有直接联系。

目前尚未有学者对研学游戏下定义,结合游戏及研学旅行活动的内涵,本书认为,研学游戏就是在研学旅行活动中,根据研学目标及研学对象而精心设计,能使研学学生参与和互动,并产生包括愉悦、情感、知识和能力等体验价值的活动。

二、研学游戏的主要类型

游戏种类繁多,其中能应用于研学的也不少,因此,下面将重点介绍一些主要的研学游戏类型。

(一)根据游戏目的分类

根据游戏目的的不同,研学游戏可分为拓展游戏和教学游戏。拓展游戏也被称作体验式训练,它主要是指在自然地域,通过模拟探险活动所进行的情境式心理训练、人格训练、管理训练,旨在达到磨炼意志、陶冶情操、完善人格、熔炼团队的目标。拓展游戏具体包括破冰游戏、沟通游戏、创新游戏、激励游戏等。教学游戏是指在游戏化教学中所开展的活动。研学旅行活动应将研究性学习与旅行体验相结合,将"玩中学"与"学中玩"相结合。研学导师在研学课程的开发和实施过程中,可以大胆尝试开展游戏化教学。

(二)根据游戏开展地点分类

根据游戏开展地点的不同,研学游戏可分为室内游戏和室外游戏。室内游戏对空间范围的要求较低,一般可在房间内进行;而室外游戏对空间范围的要求比较高,适合在户外开展。

(三)根据游戏形式分类

根据游戏形式的不同,研学游戏可分为智力型游戏和活动型游戏。智力型游戏涵盖了脑筋急转弯、推理题、破案题、文字游戏等众多与智力有关的类型。智力型游戏一般对体能的要求不高,主要考验智力,而活动型游戏对于体能等要求更高。许多活动型游戏不仅富有趣味性,还在体能锻炼、教育启发、模拟体验或心理成长等方面具有一定的意义。

(四)根据参与游戏的人数分类

根据参与游戏的人数不同,研学游戏可分为单人游戏和团队游戏。单人游戏只需要一个人就可以完成,而团队游戏则需要多人合作完成,考验团队合作能力。

(五)根据游戏载体分类

根据游戏载体的不同,研学游戏可分为现实游戏和虚拟游戏。现实游戏是合理利用研学基地营地一切实体资源而开发的游戏。虚拟游戏是研学基地营地根据研学资源,开发游戏APP,让学生通过手机等电子设备体验的游戏。此外,还可以利用VR等技术开发虚拟体验游戏。

三、研学游戏的策划开发

(一)分析研学基地营地的资源条件

开发研学游戏必须要分析研学基地营地的资源优势和实际情况,开发出有特色、具有体验性、可玩性强的研学游戏。例如,对于空间比较大的基地营地,可开发地理定向类游戏;对于空间比较小的基地营地,则可以开发一些虚拟游戏。开发研学游戏时,要将基地营地具有研学价值的特色资源融合在里面。

(二)调研分析学校及学生的研学需求

开发研学游戏除了要分析基地营地自身条件,还要结合学校及学生的研学需求。研学游戏不同于普通游戏,其必须要服务于研学目标。只有把游戏目的和学校及学生的研学需求高度结合起来,才能更好地服务学生研学。

(三)选择研学游戏内容和形式

确定了研学游戏的目标之后,接下来要选择游戏的内容和形式,应在确保实现教学目标的前提下,尽量体现游戏刺激、好玩的特点,这样才能提高学生参与的兴趣。

(四)试验和优化研学游戏

游戏开发完成后,一定要经过试验,以便发现不足并不断优化。尽量使研学游戏成为能够让学生多感官、沉浸式、全方位体验的工具,引导学生在游戏过程中获得真实的愉悦感和成就感、提升知识技能、体悟人生价值。

四、研学游戏的服务流程及要求

研学游戏能否产生良好的效果,关键在于落实。研学基地营地必须要做好研学游戏服务工作。

(一)服务准备

1.制定研学游戏服务方案

每个游戏的参与人数及对参与者年龄要求都有所不同,因此要根据研学学生的年龄特点、知识水平、活动能力以及人数等情况,制定好服务方案。同时,还要确保参与游戏的学生的安全和教学效果。

2.做好游戏场地及道具的准备工作

应至少提前一天布置好游戏活动场地,并准备好游戏所需的道具和物品。如果是室外游戏,还应考虑天气变化,做好相应的预案。

(二)服务过程

1.整队清点人数

学生到达游戏现场后,负责研学游戏的研学导师首先要清点学生人数,确保参加游戏的学生全部到位。

2.介绍游戏规则

游戏规则是研学游戏能否顺利进行以及游戏目标是否达成的重要因素,因此在游戏开始前一定要交代清楚规则,包括游戏步骤、惩罚和激励措施等。

3.强调安全注意事项

安全是研学游戏开展的前提条件。游戏开始之前一定要对学生进行安全教育,交代注意事项。

4.分批分组

在开展游戏,尤其是小组游戏前,需依据游戏规则,提前对学生进行科学合理的分组,保证每位学生都能顺利参与游戏。

5.游戏实施

在游戏过程中,研学导师及安全员等相关工作人员要做好游戏的引导、监督,以及游戏过程记录、奖惩执行和各种后勤保障工作。对于竞赛类游戏,还要及时登记各小组成绩。在游戏实施环节中,研学导师扮演着学习促进者的角色,并根据游戏规则,为学生提供游戏场所及相关的游戏道具,维护游戏秩序,把控游戏时间。

6.游戏总结及评价

游戏结束后,研学导师应组织参与游戏的学生进行分享和总结,完成评价工作。

学生通过分享和总结,能够提升合作与交流能力。评价通常以学生自评、组内互评、导师评价相结合的方式进行。

第四节　基地营地卫生服务

为了做好研学接待任务,在接待前一天,某研学基地接待项目小组对涉及本次接待的场地进行了接待前的全面检查,其中检查的重点之一就是卫生情况。接下来就让我们跟随该小组的脚步去看看研学基地营地是如何为研学学生提供卫生服务的。

对研学活动来说,安全是一切的前提,而卫生尤其是饮食卫生,更是研学安全的重要基石。2016年国家旅游局发布的《研学旅行服务规范》(LB/T 054—2016),以及2019年中国旅行社协会发布的《研学旅行基地(营地)设施与服务规范》(T/CATS 002—2019),对研学接待的卫生条件都进行了严格的规定。研学基地营地在接待过程中,只有要严格落实相关卫生标准,绷紧卫生安全这根弦,才能做好研学接待工作。

一、卫生服务的基本概念

卫生服务是指研学基地营地为研学者提供的,有利于强身健体、预防疾病,改善和创造合乎生理与心理需求的活动环境及生活条件所采取的卫生措施。卫生服务具有强制性、综合性等特点。强制性具体表现为食品卫生、环境卫生必须符合相关部门的规定和标准;综合性体现在卫生服务是一种综合服务,服务的主体涉及基地营地的各个部门及相关服务人员,服务的对象涵盖参与研学的全体人员。

二、卫生服务的必要性

(一)卫生服务是影响研学活动顺利开展的重要保证

基地营地是研学主要的活动场所,其环境的整洁度与卫生状况直接关系到参与者的身心健康与活动体验,因此,卫生服务尤为重要。卫生服务如同服务行业中的"100－1＝0"定律里面的"1",卫生服务做不好,其他服务工作做得再好也会导致所有努力付诸东流。

(二)卫生服务水平直接影响市场对基地营地的选择

基于卫生服务的重要性,研学组织方或研学承办方在选择研学基地营地时,会将环境条件和卫生服务水平作为重点考察的方面。如果一个基地营地环境恶劣、卫生服务水平低下,那么不能纳入研学目的地的选择对象。基地营地要想成为受欢迎的研学目的地,除了需要具备优质的研学资源和研学课程,还必须具备良好的环境条件和较高的卫生服务水平。

（三）卫生服务反映基地营地的管理水平和品牌形象

卫生服务是基地营地的基础服务工作之一，也是基地营地管理水平的重要体现。只有那些有着较好卫生条件及卫生服务能力的基地营地才能受到学校、学生、家长、旅行社或者研学机构的欢迎和好评，从而建立起良好的口碑。同时，研学行业各类评比中也把卫生条件和卫生服务能力纳入了评选的考查因素，基地营地只有不断提高自身的卫生服务能力才能树立良好的品牌形象。

三、卫生服务的内容及要求

（一）环境卫生服务及要求

1. 环境卫生服务

研学基地营地各类场所应该环境整洁，无污水、污物，无异味，无乱建、乱堆、乱放现象；建筑物及各种设施设备无剥落、无污垢；生活污水、粪便的排放要进行无害化处理；配备足够的卫生设施和环卫工人；同时要符合相关标准的要求：环境空气质量应符合《环境空气质量标准》（GB 3095）的要求，声环境质量应符合《声环境质量标准》（GB 3096）的要求，污水排放应符合《污水综合排放标准》（GB 8978）的要求。

2. 垃圾处理服务

垃圾桶数量与布局合理，标识明显，分类设置，垃圾及时清扫，垃圾桶应与环境相协调，垃圾无堆积、无污染。垃圾清扫、清运及时，日产日销，且有遮盖或封闭清运。存放垃圾的设施设备和场地清洁无异味，有防蚊、蝇、虫、鼠等措施。

3. 饮水卫生服务

研学基地营地的生活饮用水应符合《生活饮用水卫生标准》（GB 5749）的要求，保证用水便利，饮水管理规范、安全。特别是对于一些远离城市，无法利用城市自来水管网的基地营地，更要按照国家的有关规定选择水源，构建自来水供水系统，确保生活饮用水卫生、安全。有条件的基地营地可提供直饮水服务。

4. 公共厕所服务

研学基地营地的公厕建设应参照《环境卫生设施设置标准》（CJJ 27），结合基地营地实际需要，设置数量足够、布局合理、标志醒目规范的公厕。厕所内拥有足够的厕位，有无障碍厕位。配备完好的水冲、盥洗、通风设备等，有条件应使用免水冲生态厕所；配备专人服务，保证室内整洁、无异味，洁具洁净、无污垢、无堵塞，清洁工具摆放整齐，不外露；星级厕所的建设和管理符合《旅游厕所质量要求与评定》（GB/T 18973）的规定。

（二）餐饮服务卫生及要求

餐厅、食堂的卫生应符合《公共场所卫生管理规范》（GB 37487）等的要求，餐饮、餐具的消毒卫生应符合《食品安全国家标准 消毒餐（饮）具》（GB 14934）的要求。餐饮服务许可证、食品经营许可证和健康证三证齐全；室内外客用餐桌和餐椅完好无损、干净、无污垢；餐具、饮具、台布、餐巾、面巾等每日清洗、消毒；禁止使用不可降解的、对环境造成污染的一次性餐饮具；食品原材料的采购、运输、存储的容器包装、工具、设备必须安全、无害，保持清洁，防止食品污染；食（饮）品的加工制作应生熟分开，禁止使用过期变质原料进行食品加工；做好食品留样工作。

（三）住宿服务卫生及要求

对于提供住宿服务的研学基地营地，无论是星级酒店、学生宿舍，还是营房，房间清洁及用品消毒都非常重要。星级酒店的设施和卫生服务应该符合《旅游饭店星级的划分与评定》（GB/T 14308）的规定；其他住宿设施应该做到干净、整洁，无灰尘、无污渍；空调过滤网定期清洗、无积尘；配备独立的洗浴和卫生设施，洗浴卫生应符合《公共场所卫生管理规范》（GB 37487）等的要求；公共用品用具应严格做到一客一换一消毒，床上用品应做到一客一换，长住客一周至少更换一次，禁止重复使用一次性用品用具。

（四）医疗卫生服务及要求

研学基地营地应该设立医务室，拥有必备的医疗设施和医护人员，提供必要的医疗救护服务；了解周边的医疗及救助资源，并与之建立必要的联动机制，签订救护转运协议；若发现学生生病或受伤，应做初步处理后及时送往专业医疗机构救治，并妥善保管就诊医疗记录，返程后，将就诊医疗记录复印并转交家长或带队教师。

应定期对场所和设施进行消毒，按照相关规定预防传染性疾病的产生并控制其传播。如遇重大公共卫生突发事件，如SARS、鼠疫等传染性疾病，应该严格执行政府部门的有关规定，确保研学师生的安全。

（五）卫生教育服务及要求

对研学学生来说，研学基地营地卫生的环境、环保健康的生活理念都是优质的教育素材，基地营地应该加强员工的卫生环保培训教育，同时发挥环境育人功能，把环保健康的生活理念及生活习惯教育融汇到研学课程当中，做好学生的德育工作。

本章小结

本章主要对研学基地营地核心服务管理的主要内容以任务形式进行了介绍，重点阐述了接待服务、讲解服务、游戏服务和卫生服务，重点介绍了基地营地接待服务方案的制定内容和要求。

第六章
研学基地营地配套服务管理

学习目标

知识目标：

（1）了解研学基地营地配套服务管理的主要内容。

（2）熟悉交通、餐饮、住宿、购物等服务流程和技能知识。

能力目标：

（1）掌握交通、餐饮、住宿、购物等服务流程。

（2）运用网络查询和获取研学基地营地服务内容的素材并分享。

素养目标：

（1）具备较强的沟通能力、策划能力和团队协作能力。

（2）具备动手能力和处理突发事件的能力。

知识框架

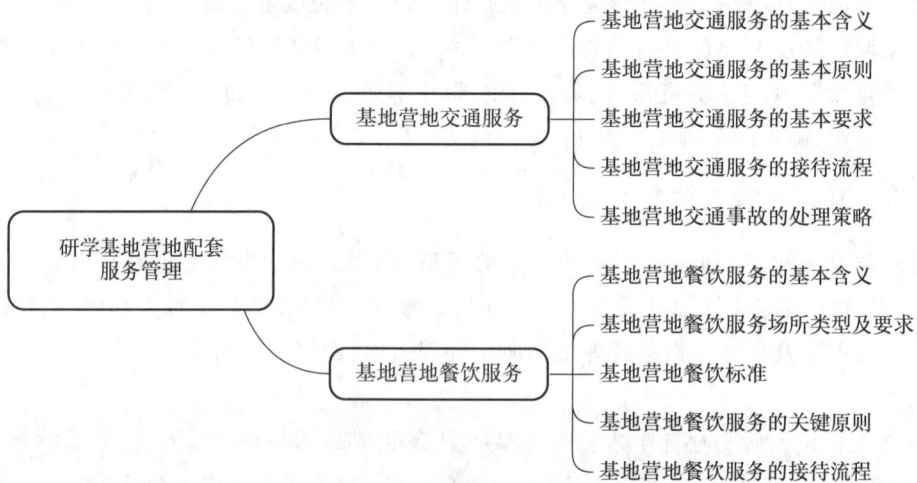

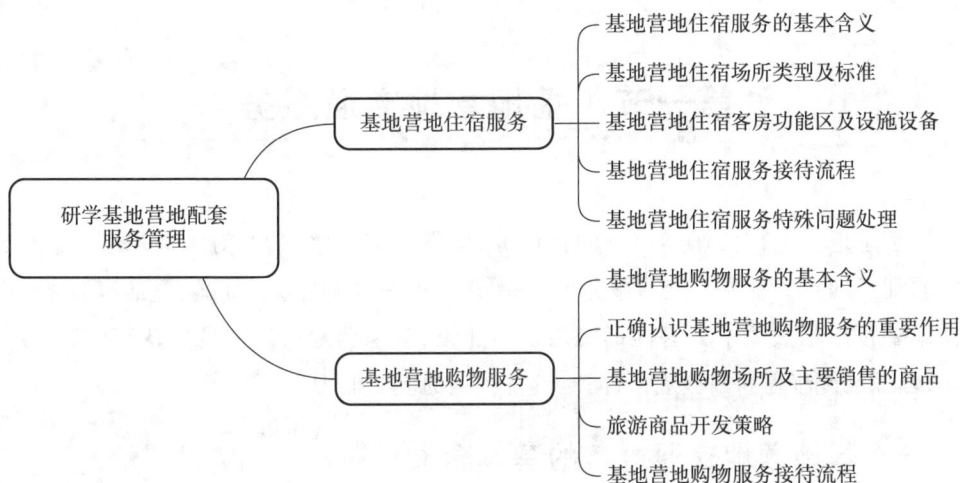

研学基地营地配套
服务管理

基地营地住宿服务

- 基地营地住宿服务的基本含义
- 基地营地住宿场所类型及标准
- 基地营地住宿客房功能区及设施设备
- 基地营地住宿服务接待流程
- 基地营地住宿服务特殊问题处理

基地营地购物服务

- 基地营地购物服务的基本含义
- 正确认识基地营地购物服务的重要作用
- 基地营地购物场所及主要销售的商品
- 旅游商品开发策略
- 基地营地购物服务接待流程

教学重点

（1）研学基地营地交通服务、餐饮服务、住宿服务、购物服务的含义和接待流程等。

（2）组织学生开展交通、餐饮、住宿、购物等服务管理活动的实操训练。

教学难点

（1）要求学生能根据不同的研学需求，制定合适的服务方案、服务流程并组织实施。

（2）要求学生在开展相关服务活动实操训练时，处理好原则性和灵活性的关系。

启发思考

（1）中国素有"礼仪之邦"的美誉，饮食文化源远流长，请思考如何通过美食主题研学活动将饮食文化与礼仪教育相结合，从而提升青少年的文明素养。

（2）请结合案例，思考如何以传统文化体验为特色，在研学旅行中设置与饮食相关的课程，让青少年通过视觉、味觉的双重体验，更加深刻地了解和感受"舌尖上的中国"。

学前导入

▼

舌尖上的
研学——
用味觉认
识中国传
统文化

第一节　基地营地交通服务

研学基地营地作为研学旅行的接待方,应做好交通服务,这对于保障整个研学活动的顺利开展至关重要。交通服务要坚持安全第一、准时准点、舒适、灵活等原则。基地营地要按照相关要求完善内部交通设施建设;基地营地接待人员要认真履职,规范操作,熟悉接待流程和服务规范,同时具备较强的应变能力。

一、基地营地交通服务的基本含义

基地营地交通服务指研学基地营地在接待研学团时为基地营地内外出行提供的一系列服务,包括交通接送、交通咨询、交通引导、车辆停泊(停车场)等。一般情况下,基地营地只负责提供研学团在基地营地内部的交通服务。当然,也有一些学校要求基地营地全程派车接送,完成从学校到基地营地的往返接送服务。

二、基地营地交通服务的基本原则

基地营地提供交通服务时,需要遵循以下原则。

(一)安全性原则

"不求学到什么,只求安全往返",这句话道出了安全性是交通服务乃至整个研学旅行的第一原则。基地营地要制定详细的安全预案,并将交通服务安全纳入其中,明确交通安全保障责任,落实交通安全保障措施,确保学生安全。

(二)准时性原则

基地营地接待人员要提前了解、掌握研学团出发和抵达的时间,及时与承运车辆司机沟通,特别是当需要前往学校迎接学生时,要考虑上班高峰、路上堵车等因素,一般需提前10—15分钟抵达用车地点,就近停靠,等候学生上车,不能耽误时间,以免影响后续研学活动的有序开展。

(三)舒适性原则

舒适性原则要求承运车辆内外干净整洁,司机驾驶技术娴熟。基地营地接待人员要善于在车上营造轻松、欢快、愉悦的气氛,以便营造良好的乘车氛围,让学生感受到服务的细致周到,也能让他们对接下来的研学活动充满期待,从而更有利于研学目标的实现。

（四）灵活性原则

在开展研学活动交通服务中,可能会出现诸如车辆中途抛锚、路上发生交通堵塞或承运车辆出现交通事故、学生走丢等临时突发问题,基地营地接待人员要沉着应对、及时启动相关应急处理预案,灵活处理各种相关问题。

三、基地营地交通服务的基本要求

（一）交通道路、场所和设施要求

1. 交通道路要求

研学基地营地应有县级以上的直达公路,站牌指示醒目;内部交通应安全通畅。

2. 交通场所和设施要求

内部停车场、游步道等旅游交通应符合《风景旅游道路及其游憩服务设施要求》（LB/T 025）;外部交通、内部道路、停车场等要设置交通导览设施。

（二）交通工具要求

1. 旅游客车

旅游客车设施设备应符合《旅游客车设施与服务规范》（GB/T 26359）,总体符合安全、消防、卫生、质量检验、环境保护等国家和地方的现行标准。

若基地需要租用旅游客车,必须选用旅游汽车公司的合法车辆,不得租用存在手续不全、无运营资质、未购买保险等问题的车辆;租用车辆时,必须签订旅游团队汽车运输合同。

2. 内部旅游车（景区游览观光车）

一些规模较大的基地营地常常配备有游览观光车,以便接送学生。基地营地内使用的游览观光车除了需要到交通部门申请营运资格,还需要到工商部门登记注册,同时需要到交管部门申请厂区园区专用号牌,只有满足上述三个条件,游览观光车才可投入使用。需要注意的是,游览观光车只能在基地营地内部行驶,不可在外部公路上行驶。

（三）驾驶员要求

1. 旅游客车驾驶员要求

（1）驾驶员要取得客运驾驶员上岗证并具有10年以上驾龄,年龄在60周岁以下,服务热情、技术过硬。

（2）驾驶员最近3个记分周期内没有被记满12分。

（3）驾驶员无致人死亡或者重伤的交通事故责任记录。

（4）驾驶员无酒后驾驶或者醉酒驾驶机动车记录，最近1年内无驾驶客运车辆超员、超速等严重交通违法行为记录。

（5）驾驶员无犯罪记录。

（6）驾驶员身心健康，无传染性疾病，无癫痫病、精神病等可能危及行车安全的疾病病史，无酗酒、吸毒行为记录。

2. 游览观光车驾驶员要求

游览观光车属于机动车，根据国家有关规定，驾驶员需要取得机动车驾驶证；同时，游览观光车还属于特种设备中的场（厂）内专用旅游观光车辆，因此，游览观光车驾驶员还需要取得特种设备作业人员证。

（四）基地营地接待人员岗位要求

1. 要提前与司机沟通

确保承运车辆提前10—15分钟抵达用车地点，不耽误研学行程安排；在行车过程中，要时刻主动提醒司机注意行车安全、谨慎驾驶，不能连续驾车超过2小时，停车休息时间不得少于20分钟；用餐时要提醒司机不要饮酒；学生下车后，要提醒司机锁好车门，关好车窗，尽量不要走远。

2. 要加强安全防范

第一时间向学生宣讲交通安全知识和紧急疏散要求，组织学生安全有序乘坐交通工具。

3. 要随机安全巡查

在乘车期间随机开展安全巡查工作，并在学生上下交通工具时清点人数，以防出现滞留或走失情况。

4. 要强调乘车规范

在行车过程中要提醒学生系好安全带，调好座椅（一人一座），不要将头部、手臂、相机等伸出车窗外。

5. 要遵守交通规则

带领学生在基地营地内部道路行走时，要提醒学生注意安全。若需乘坐交通工具，要安排好学生有序上下车，并做好安全提醒工作。

6. 要妥善处理突发事件

在遇到各种突发事件（如恶劣天气、车辆抛锚、道路拥堵、学生走失等）时，应认真研判安全风险，及时进行沟通协调，第一时间处理相关问题。

四、基地营地交通服务的接待流程

基地营地接到已确认的研学任务后，要尽快组织相关人员制定交通服务接待方案并做好接待工作。

（一）制定交通服务接待方案

1.确定用车台数、用车地点和交通路线

根据研学活动协议和研学团学生人数,确定所需旅游客车种类(座位数)、车辆台数、用车地点和交通路线等。若在基地营地内需要使用景区游览观光车进行接驳,则需要按照要求与相关部门取得联系,并明确各项细节。

2.明确具体分工

组建交通服务接待小组(4—5人),任命组长,负责本次交通服务接待工作的统筹协调、组织管理以及突发事件的处理,其他人员具体分工内容如下。

(1)若基地营地内无旅游客车,则需提前与有资质的旅游汽车公司、司机联系沟通,确定用车具体事宜,如车辆台数、用车时间和交通线路等,核实旅游客车和驾驶员资质齐全,确保符合相关要求。

(2)负责跟随旅游客车到指定地点(如学校)迎接学生,对学生进行交通安全教育,提醒学生途中注意事项,陪同学生抵达基地营地。

(3)负责联系游览观光车,确定用车时间、地点和路线;同时提前对游览观光车开展安全检查,确保游览观光车设施完好、整洁卫生;另外还需要对基地营地内的交通道路提前开展检查,确保无任何路障,消除各种交通安全隐患。

(4)负责基地营地内部交通引导、咨询,并组织学生有序上下车,及时清点人数,以防学生滞留或走丢。

(5)研学活动结束后,负责随车将学生从基地营地送回学校,在提醒学生注意安全的同时,代表基地营地致欢送词,再次表示感谢和祝愿,并做好相关意见、建议的反馈和收集工作。

3.其他注意事项

对于交通拥堵、承运车辆抛锚、学生走丢等问题,要提前准备好相关应急处理预案。

（二）落实接待工作

接待小组成员按照制定的具体分工方案,认真履责、各司其职、协同合作,确保顺利完成研学团的交通服务接待工作。

（三）做好交通接待结束阶段工作

若与旅游汽车公司签订租赁合同,则需要及时开展结算工作。对本次交通服务接待工作进行实事求是的总结,如遇突发事件,要如实向基地营地负责人汇报。同时,也要如实反馈学生的意见和建议。

Note!

五、基地营地交通事故的处理策略

研学基地营地交通事故处理的第一责任人是随车的司机和基地营地接待人员,只要随车的基地营地接待人员没负重伤、神志清醒,就应立即采取措施,冷静、果断地处理交通事故,并做好善后工作。

(一)立即组织抢救

发生交通事故出现伤亡时,基地营地接待人员应立即组织现场人员迅速抢救受伤者,并尽快让学生离开事故车辆。若不能就地抢救,则应立即拨打电话叫救护车或拦车将伤者送往距出事地点最近的医院抢救。冬季时,伤者易因天气寒冷而发生休克,可用毛毯、衣服等为其做好保暖措施;同时密切关注伤者状态,必要时可采取休克体位进行急救处理(仰卧时,将伤者头部、躯干抬高20°—30°,以促进呼吸、改善缺氧的情况;将下肢抬高15°—20°,以促进静脉回流、增加心排血量)。

(二)保护现场,立即报案

事故发生后,要沉着冷静,不要在慌忙中破坏了现场,为避免后方车辆追尾,再次发生事故,必须采取安全措施,如开启警示灯或在安全距离处放置三角警示牌等。应指定专人保护现场,并尽快通知交通部门、公安机关,请求支援。

(三)迅速向研学基地营地汇报

将受伤者送往医院后,基地营地接待人员应立即向研学基地营地负责人报告交通事故的发生情况及人员伤亡情况,并听取下一步工作指示和意见。

(四)做好全体学生的安抚工作

交通事故发生后,基地营地接待人员应做好团内其他学生的安抚工作。可根据车况,与司机、带队教师等协商是否可以先将其他学生送往目的地并开展后续活动。另外,待事故查清后,要向全体学生说明情况。

(五)后续处理及总结报告

研学基地营地的法务人员应及时赶到现场,有序开展现场处置、证据收集工作,并负责后续的谈判协商等事宜。交通事故处理完毕后,要撰写事故报告。报告力求详细、准确、清楚、实事求是。报告的具体内容包括:事故的原因和经过,抢救经过和治疗情况,事故责任及对责任者的处理,伤者的情绪状态及其对处理结果的反应等。

第二节　基地营地餐饮服务

"民以食为天",在旅游六要素中,"吃"占据首位,这同样适用于研学基地营地的接待服务。本节以沙湾古镇的研学团接待任务为例,阐述餐饮服务的主要内容。本次抵达广州沙湾古镇开展研学旅行的是一批来自某中学初中一年级的285位师生,其中老师7人、学生278人,他们要在这里完成2天1晚的研学旅行,需要安排的餐饮接待包括抵达当天的中餐、晚餐和第二天的早餐、中餐,其中当天的中餐接待还包括有非遗体验——姜埋奶的制作。沙湾古镇研学基地将本次餐饮接待服务任务交给了实习生小林,那么小林该如何开展工作呢? 小林应当掌握哪些方面的知识和技能呢?

一、基地营地餐饮服务的基本含义

研学基地营地餐饮服务指研学基地营地在接待研学团时提供的一系列接待服务管理活动,包括布置餐饮场所、提供菜品和茶水服务等。

二、基地营地餐饮服务场所类型及要求

一般来讲,目前的研学基地营地餐饮场所主要有以下三种。

(一)基地营地自带的餐厅或学生食堂

此类餐饮场所要求取得食品经营许可证,同时应根据自身研学课程特点打造独具特色的餐饮、餐厅文化,营造健康、环保、安全、节俭的氛围。

(二)与基地营地有合作关系的餐饮接待单位

此类餐饮场所要求取得食品经营许可证,且位于基地营地周边,同时,双方有良好的合作关系,并事先签订了符合研学餐饮接待要求的合作协议,双方权责清晰,以此确保研学团成员用餐安全、卫生、及时、方便、快捷。

(三)基地营地内设的公共野炊场、烧烤场

此类餐饮场所通常设置在户外,要求与其他建筑物保持一定的安全距离;水、电、灯光等公共基础设施完备,提供烧烤炉具等必要的设备;周围设置安全警示标识物;提供的烧烤食材要经过严格的检测,确保符合相关食品卫生安全标准。

三、基地营地餐饮标准

研学基地营地餐饮标准应符合《学生餐营养指南》(WS/T 554—2017)的有关规定。一日三餐应提供谷薯类、新鲜蔬菜水果、鱼禽肉蛋类、奶类及大豆类四类食物中的

Note

知识活页

▼

中小学生
每人每天
食物种类、
数量及
食谱

三类以上。早餐提供的能量应占全天总能量的占25％—30％,午餐占30％—40％、晚餐占30％—35％。

四、基地营地餐饮服务的关键原则

（一）安全卫生

安全是所有接待任务必须坚持的第一原则,是做好其他工作的最基本的前提。研学基地营地要研制《研学旅行餐饮安全管理办法》,需重点做好以下三方面的工作。

1. 餐饮场所安全

基地营地餐饮场所(含周边合作关系的餐饮接待单位)要选址科学、布局合理,取得食品经营许可证,就餐设施设备符合接待要求,用餐环境要干净整洁,餐具要经常消毒,确保卫生。

2. 餐饮食材安全

选用食材要新鲜,符合国家健康食品要求,确保饮食卫生、膳食合理、营养均衡。同时,还要做好食品安全管理,使食品质检经常化、常态化,并做好食品留样工作,防患于未然。

3. 餐饮人员安全

要配备专职的食品安全检验检测人员,同时,餐饮一线服务人员要定期体检,持有健康证方可上岗。

（二）方便快捷

基地营地在确认承接研学团接待任务后,应尽早启动餐饮接待方案。若需要在合作餐饮接待单位用餐,则应尽快同合作单位完成对接工作(如签订用餐协议等),提前采购食材,并根据研学团用餐偏好选择合适的厨师,做好烹饪准备工作。当研学团抵达基地营地需要用餐时,应高效完成烹制、传菜和上菜等任务,避免出现人等菜的情况。

（三）以人为本

研学团成员一般为未成年,自理能力较差,需要我们给予更多的人文关怀。在菜品上,要符合青少年的用餐习惯,尽量满足他们的饮食偏好,是重口味还是口味清淡,均需提前做好相应的准备,原则上不提供鱼类菜品,避免发生意外;在用餐区域上,应尽量将研学团成员与其他用餐群体分隔开,打造相对独立、封闭的用餐空间,保障用餐安全;在用餐过程中,要安排工作人员定期巡查研学团成员的用餐情况,以便在第一时间解决他们在用餐过程中出现的各种问题。此外,若接待的研学团成员为少数民族,则必须尊重其民族的饮食风俗和文化。

Note

五、基地营地餐饮服务的接待流程

基地营地接到已确认的研学接待任务后,需迅速组织相关人员,制定餐饮接待方案并做好接待工作。

（一）制定餐饮接待方案

根据餐饮接待场所的不同,接待方案有所差别,下面分别进行介绍。

1. 基地营地内设餐饮部门

此类餐饮接待方案主要包括以下内容。

（1）研学团基础信息:研学团名称,带队教师姓名和电话,来自地区,学校,人数(含师生),年级,年龄,饮食偏好,餐标和用餐方式(围餐、自助餐或其他特色用餐体验等),用餐地点和用餐时间(天数和时段)等。

（2）具体分工:与后厨进行沟通,营造良好的用餐环境,提供用餐服务(含餐前、餐中和餐后),结算用餐费用等。

（3）其他注意事项:是否为标准围餐(十人一桌),是否有特色用餐体验,带队教师是单独用餐还是与学生共同进餐,是否有特殊人员需要照顾等。

2. 与基地营地合作的餐饮接待单位

此类餐饮接待方案主要包括以下内容。

（1）用餐协议:协议内容含研学团基本情况,如研学团名称、带队教师姓名和电话、来自地区、学校、人数(含师生)、年级、年龄、饮食偏好、餐标和用餐方式(围餐或自助餐等)、具体用餐时间(天数和时段)、基地营地联系人姓名和电话等。

（2）具体分工:与合作餐饮单位进行沟通,营造良好的用餐环境,提供用餐服务(含餐前、餐中和餐后),结算用餐费用,撤场等。

（3）其他注意事项:比如带队教师是单独用餐还是与学生共同进餐,是否有特殊人员需要照顾等。

3. 基地营地内设的公共野炊、烧烤场地

此类餐饮接待方案主要包括以下内容。

（1）使用公共野炊场、烧烤场申请书,申请书内容含研学团基本情况,如研学团名称、来自地区、学校、年级、年龄、人数、使用时间等。

（2）具体分工:与后厨沟通需要采购的野炊、烧烤使用的食材,实地检查烧烤、野炊场地的环境状况与设施设备(含器具、水电等),做好研学团野炊、烧烤期间的服务接待及后续的场地清洁卫生工作等。

（3）其他注意事项:比如环境是否需要特别布置等。

（二）落实餐饮接待服务工作

完整的餐饮接待服务包含用餐前、用餐过程中和用餐后三个部分。

1.用餐前

接待人员需要提前在餐厅分好桌号,以便研学团到达餐厅后依次安排座位;同时,检查用餐桌椅是否摆放整齐、餐具是否齐全;还可以在餐厅入口上方的显示屏播放欢迎标语,也可以在研学团用餐餐厅内悬挂欢迎横幅,以体现基地营地的热情及对研学团成员的诚挚欢迎。当研学团成员即将抵达用餐地点时,接待人员需提前在门口等候。待研学团成员抵达后,一位接待人员应主动上前迎接,热烈欢迎研学团成员到餐厅用餐,并引领他们到餐厅就座;另一位接待人员仍需在门口继续恭迎未到人员,待所有人抵达后方可进入餐厅(需和带队教师确认,避免遗漏)。

2.用餐过程中

待到所有研学团成员就座完毕后,接待人员代表基地营地发表简短的致辞,内容一般包括:欢迎各位到本餐厅用餐,介绍本次用餐的菜品及特色,倡导大家文明用餐、拒绝浪费,用实际行动践行"光盘行动",欢迎大家在用餐过程中随时提出用餐意见和建议,最后祝大家用餐愉快。话毕,基地营地接待人员(每2至3桌安排一位)应第一时间帮助研学团成员拆开一次性餐具并进行清洗(如需要),同时安排餐饮部尽快上菜;菜品上完之后,应检查是否与用餐协议的菜品一致并确保已点菜品和饮料全部上齐。在研学团成员用餐过程中,接待人员要巡视其用餐情况1至2次,及时解答他们在用餐中提出的问题,并监督、检查餐厅是否按照用餐协议标准提供服务以及解决可能发生的问题。

3.用餐后

成员用餐完毕后,接待人员要提醒他们拿好行李物品,以免丢失;同时做好用餐后的服务工作,认真听取他们对本次用餐体验的意见和建议,并做好相关记录。接待人员也可以在服务台旁边摆放研学团成员用餐情况反馈记录本,以便他们能随时写下用餐体验和建议。基地营地应及时整理相关用餐反馈意见,并加以归纳和总结,发扬优点、改正不足之处。

(三)做好餐饮接待结束阶段工作

当研学团所有成员用餐完毕离开餐饮场所之后,基地营地餐饮接待人员要严格核实实际用餐人数、标准和饮料数量,如实填写餐饮费结算单,与基地营地内的餐饮部门或食宿合作单位结账。另外,餐厅内布置的相关欢迎标语、横幅要及时撤下。

第三节　基地营地住宿服务

在"吃、住、行、游、购、娱"旅游六要素中,"住"的重要性仅次于"吃"。研究表明,一个人休息不好比吃不好产生的后果更严重。特别是研学团成员尚未成年,对睡眠质量的要求更高,因此,基地营地的住宿接待尤为重要。目前,基地营地的住宿接待场所主要有基地营地内设住宿场所及基地营地合作酒店。在进行住宿接待时,基地营地需要根据不同的住宿场所类型及要求,制定相应的住宿接待方案,并依据方案落实接待流程,完成服务工作;同时了解在住宿接待过程中可能出现的一些特殊问题,并掌握相关处理技能。

一、基地营地住宿服务的基本含义

研学基地营地住宿服务指研学基地营地在接待研学团时提供的一系列住宿服务管理活动,包括落实住宿场所、提供多样化的住宿产品和全方位的入住服务等。

二、基地营地住宿场所类型及标准

根据住宿场所所在的位置,目前的研学基地营地住宿场所大体可以分为以下类型,不同类型住宿场所的标准也有所差异。

(一)基地营地内设住宿场所

目前,基地营地内设住宿场所主要有以下三种。

1. 酒店客房(含民宿)

随着研学市场的兴起,当前有不少研学基地营地建造三星级及以上酒店,以满足对住宿要求较高的研学团的需要。另外,有些基地营地还根据自身特色打造民宿,提供高标准的服务接待。对于此类住宿,研学团需要承担较高的研学费用。

2. 学生宿舍或营房

为节约研学成本以及契合研学目标中关于节俭的教育原则,目前绝大部分基地营地提供学生宿舍或营房。此类住宿场所要选址科学、布局合理,便于集中管理;集体住宿应男女分室,保证设施安全、卫生洁净;房内要配有淋浴设施、床铺及床上用品、空调、存储柜等,以满足学生的基本住宿需要;同时,还要配有专职管理人员负责学生安全,安排保安人员昼夜值班巡逻,保障学生的财产和人身安全。

3. 帐篷露营区

帐篷露营区的选址要科学合理,符合国标《休闲露营地建设与服务规范 第3部分:帐篷露营地》的相关要求:主要设施应包括高架帐篷床、露营帐篷、集合场等;高架帐篷床场地应有一定的坡度,地质条件稳定,植被覆盖率高,卫生条件好,每个高架帐篷床最小面积16平方米;露营帐篷应选址于坡度在4%以内平坦场地,与营地其他区域分隔,能满足至少100人的露营要求;集合场面积不少于400平方米,并适合各类无固定设施的活动项目的开展。帐篷露营区适合接待高中及以上年级的研学团成员,初中及以下年级的学生不建议安排。

（二）基地营地合作酒店

原则上，基地营地合作酒店需要位于基地营地附近，近年来经营状况良好，总体服务质量和安全管理符合《旅游饭店星级的划分与评定》的相关标准。基地营地与其签订了合作协议，双方合作关系良好，能及时处理研学团成员在住宿期间遇到的各种问题。

三、基地营地住宿客房功能区及设施设备

由于很大一部分的研学团被安排入住相关酒店，为了加深对酒店客房的认识，下面以标准间为例，对其功能区划分及主要设施设备做简要介绍。

（一）睡眠休息区

此区域配备的主要家具是床和床头柜。为了让人有舒适的睡眠环境，床应当稳固、美观。作为与床相配套的床头柜，能让人放置小件物品，大多数酒店客房的电话放置在床头柜之上。床头柜上方往往安装了开关，方便客人开关房内的照明设备等。

（二）起居活动区

此区域主要配备小圆桌（咖啡台）、扶手椅（圈椅）等家具，供客人休息、会客、饮食、娱乐使用，透过窗户可以欣赏外面的景象。若客房有阳台，则阳台也属于起居活动区。

（三）书写整理区

此区域大都安排在床的对面，一般会放置写字台（梳妆台）、软座椅（琴凳），台面上有台灯、服务指南等。若无独立的电视柜，电视则放置在写字台一侧的台面上。

（四）物品储存区

此区域一般安排在卫生间的对面，进出房间的过道旁，通常会摆放衣柜、行李柜、小酒柜和小冰箱等。

（五）个人洗漱区

此区域即客房的卫生间。其主要设施有浴缸、面盆、便器等。与浴缸配套的用品有淋浴喷头、浴帘、防滑扶手、毛巾架、晒衣绳等。面盆装在大理石台面上，台面上方的墙壁上装有大型的梳妆镜，台面上摆放着供人使用的卫生清洁用品。台面旁配有面巾纸架，便器旁边装有卷纸架。此外，卫生间内还配有吹风机、通风设施、地漏等。

四、基地营地住宿服务接待流程

基地营地接到已确认的研学接待任务后，要尽快组织相关人员，制定住宿接待方案并做好接待工作。

Note

（一）制定接待方案

前文介绍了住宿场所的种类，基地营地要根据订单任务，在确定好住宿场所的前提下，尽快完成接待方案的制定。除野外帐篷露营外，其他住宿场所的接待工作大同小异，接待方案均含有以下内容。

1.研学团基本情况

这主要包括研学团名称、带队教师姓名和电话、来自地区、学校、人数、年级、年龄、住宿地点（是在基地营地内设住宿场所还是在合作酒店）、住房类型和标准（几人间），以及入住、退房和离店时间等。

2.具体分工

这主要包括办理入住登记（提供入住学生信息、分好房间），提供研学团住宿服务接待（含入住前、入住和退房），处理特殊问题，结算房费等。

3.其他需要注意的事项

例如，是否有需要特别照顾的学生、带队教师住宿安排、房卡的分发等。

（二）落实住宿接待服务工作

完整的住宿接待服务包含入住前的抵店服务、住宿过程中的住店服务和离店服务三个部分，下面以基地营地内部和合作住宿单位的客房服务为例，进行简要介绍。

1.入住前的抵店服务

基地营地接待人员需要提前确认研学团的入住信息，核实分房名单，将房间号和房卡（钥匙）准备好，并把分房名单复印一份带在身上，以便掌握研学团成员的房间号。当研学团成员即将抵达住处时，接待人员要提前在门口等候，主动上前迎接，热烈欢迎研学团成员入住，可以在酒店大门上方的显示屏或大堂显眼位置循环播放欢迎标语，也可以悬挂欢迎横幅，以营造隆重、宾至如归的氛围。当研学团成员抵达后，一位接待人员引领成员到酒店大堂集中，另一位接待人员仍需在门口继续恭迎未到人员。此外，为确保无遗漏，接待人员需与带队教师确认人员是否到齐。

2.住宿过程中的住店服务

待所有研学团成员在大堂统一集合后，一位接待人员代表基地营地发表简短的致辞，内容可包括：欢迎各位到本基地营地入住，简单地介绍本酒店的主要设施（含餐厅、商店、公共卫生间等的位置以及如何连接酒店 Wi-Fi 等），并讲清楚相关注意事项，提醒成员将贵重物品存放至前台，告知客房内收费项目、固有设施设备（提醒学生不能带走）、饭店安全通道位置以及房间安全注意事项（如睡觉前锁好门窗、遇陌生人不要开门、规范使用电器等），欢迎大家在入住期间随时提出宝贵的意见和建议，最后祝大家居住愉快。

Note

致辞结束后，要提醒学生带齐行李，安排学生有序进入房间。若学生进入房间后遇到门锁打不开、浴室没有热水、房间（含床上用品）不干净或有虫害、电话或网络不通等问题，基地营地接待人员要及时与酒店前台联系，要求迅速解决问题，并向学生说明情况，表达歉意。

基地营地接待人员若留宿酒店，应将自己的房间号告知带队教师，也需保存带队教师的联系电话；若不留宿酒店，在离开酒店前需将自己的手机号码告知带队教师，以便联系。

基地营地应安排专职管理人员昼夜值班巡逻，保持手机畅通，以便随时、快速、妥善解决学生遇到的各种问题。

3. 离店服务

基地营地接待人员在研学团退房当日，应事先与带队教师核实退房时间，提前抵达酒店大堂，帮助研学团办好退房手续。若在退房过程中遇到客房物品丢失或损毁等问题，应积极协助解决。同时提醒研学团成员带齐随身携带的行李物品（含存放在前台的），以免丢失。此外，应认真听取他们对本次住宿的意见和建议，并做好相关记录工作。基地营地应及时整理相关住宿反馈意见，并加以总结，不断提高服务管理水平。

（三）做好住宿接待结束阶段工作

当研学团所有成员离开之后，基地营地接待人员要严格核实实际住宿人数和住宿标准，如实填写房费结算单，与基地营地内设住宿场所或基地营地合作酒店结账。此外，若酒店大堂内悬挂了相关欢迎横幅，接待人员要及时撤下。

五、基地营地住宿服务特殊问题处理

（一）学生患病

在住宿期间，若接到学生患病的消息，应第一时间启动相关应急预案，基地营地相关负责人和医生要第一时间赶赴现场，与带队教师共同处理，同时要电话告知学生家长。

首先，医生要礼貌询问学生病情，了解病因，确定是否有相关病史。

其次，医生要根据病情的严重程度，及时采取相应措施：对于病情较轻的学生，可以建议服用相关药物；对于病情严重的学生，要及时送往医务室或附近医院就诊，基地营地医生、带队教师和相关接待人员要随同前往；对于病情十分严重、有生命危险的学生，则需要在第一时间拨打120急救电话，在120救护车到达之前，医生应全力抢救，并立刻通知其家长。

再次，做好其他学生的安抚工作。

最后，患病学生若无大碍，基地营地负责人要亲自慰问，并送鲜花、水果等，以示关怀;若学生意外病逝,则需要根据相关保险协议,配合有关部门妥善做好善后工作,同时需要向有关部门及时且如实报告。

(二)外来人员到访

研学基地营地内设住宿场所一般实行全封闭管理,原则上不允许外来人员到访;若有特殊原因,确实需要到访的,基地营地接待人员需要先征求带队教师和相关学生及其家长的意见,待他们同意后再核实到访人员身份,并做好到访登记。

(三)客房物品丢失

客房服务员在检查学生退房过程中,若发现客房物品丢失,基地营地接待人员要和带队教师一起协助客房服务员全面清查客房,可以先询问学生是否错拿客房物品,若学生发现错拿并主动归还,将不予追究责任,也不会对该生进行公开批评。若再次查房时仍未找到物品,则需要配合有关部门启动索赔程序。

(四)外卖订餐

在入住酒店之前,基地营地接待人员要就入住酒店的安排和住宿纪律向研学团成员进行详细说明,特别要强调他们入住酒店后严禁私自外出和叫外卖。及时对违规叫外卖的学生进行严肃的批评和教育,了解其下单购买外卖的具体原因,对外卖出货单和食物进行严格检查,确认食物安全后才能让学生食用。在用餐前,可再次向学生强调研学旅行中餐饮体验的重要性,并详细说明研学旅行服务机构在餐饮安排上的用心。此外,要更加细心地关注每一位学生的需要,做好夜间酒店大堂值班巡查工作,以确保学生安全。

总的来说,一名合格的基地营地接待人员需要具备高度的职业责任感和无私的奉献精神。他们既是研学团队的管理者,又是学生的生活监护人,因此,要了解每个学段学生的心理特点、成长特点,学会与学生进行沟通和交流,以言行引领他们。遇到问题时,要问清楚事情发生的原因和经过;处理问题时,要用柔性方法,以理服人。

第四节 基地营地购物服务

在接待研学团时,基地营地切忌主动向研学团提出购物要求。然而,如果研学团成员有购物意愿,基地营地可以安排其参观商场、工坊等地,向其介绍文旅产品,为有需求的研学团成员提供购物服务。有条件的基地营地还可以开发具有自身特色的文旅产品,或者与附近的购物场所(如文创店铺)合作,满足研学团的购物需求。例如,小赵在了解到研学团有购物意愿后,立即组建服务团队,组织团队成员开展讨论,迅速制定接待方案,然后根据方案执行购物服务接待任务。

一、基地营地购物服务的基本含义

研学基地营地购物服务指的是研学基地营地在接待研学团时为他们提供的一系列接待服务管理活动,包括购物场所指引、商品介绍、购物指导和售后服务等。

二、正确认识基地营地购物服务的重要作用

在研学旅行过程中,基地营地一般不主动向研学团提出购物要求,研学团要坚决抵制任何形式的强迫或变相强迫购物行为。如果研学团有购物需求,基地营地需要做的是尽量提供足够丰富的、契合研学主题的、符合中小学生消费特点的商品,同时为有购物需求的学生提供高质量的购物服务。基地营地购物服务具有以下几个方面的作用。

(一)增加研学活动的体验

购物作为旅游六要素之一,也是研学旅行的一项重要活动内容。学生在挑选商品、了解功能、对比价格的过程中,能够显著提升其综合体验、丰富其生活阅历。

(二)增进研学内容的理解

研学购物的范围比较广泛,其中,购买高科技模型或玩具等研学主题纪念品,不仅能让学生回想研学课程内容,还能加深他们对研学课程知识的理解,并巩固其所学的操作技能。

(三)促进研学目标的实现

中国是礼仪之邦,人们常通过赠送礼品的方式来增进与亲友之间的感情。学生在研学活动中选购的商品,不仅可以作为珍贵的纪念,还可以作为馈赠亲友的礼品,以此加深彼此的情谊,促进家庭关系和谐。

(四)拓展研学活动的价值

部分研学基地营地与当地农户或合作社建立了战略合作,这有助于推广和销售当地高质量的农产品、土特产及手工制品,从而增加农户收入,助力当地的扶贫工作,提升研学活动的附加值和综合效益。

(五)增加研学基地的收入

购物服务是基地营地的重要业务之一,学生购物在一定程度上可以增加基地营地的经营收入,推动基地营地研学专业化发展的同时,实现多元化运营。

三、基地营地购物场所及主要销售的商品

（一）基地营地购物场所

一般来讲，目前的研学基地营地购物场所主要有以下两种：一种是基地营地内设的自营商店，另一种是基地营地周边的大型商场、购物中心、特色商店等。由于基地营地实行封闭式管理，加之周边大型商场、购物中心等客流量大、人员复杂，存在安全隐患，原则上不会大规模组织学生前往这些场所购物。这里仅介绍基地营地内设的购物场所及主要商品。

（二）主要销售的商品

随着研学旅行的迅猛发展，基地营地内设的商店除经营一般的日用品外，其所销售的商品也日趋丰富，以满足研学团多样化的购物需求。主要销售的商品有以下几种。

1. 研学主题纪念品

研学主题纪念品指的是与基地营地开展的研学主题教育有关的小商品，一般包括玩具、挂件、书签、各种高科技产品模型等。

2. 手工艺品

手工艺品指的是具有较强的观赏性、艺术性和纪念性，以纯手工制作为主的商品，一般包括有雕塑工艺品、织绣工艺品、编织工艺品、漆器工艺品、木器工艺品、金属工艺品、陶瓷工艺品、玉石制品和美术字画等。

3. 土特产

土特产指的是以当地原材料或当地传统制作工艺生产加工的传统特色产品，往往具有浓郁的地方特色，一般包括种植农作物或特色养殖产品及其加工制品，如田间地头的新鲜水果、蔬菜，以及养殖的家禽牲畜的制品等。

4. 旅游休闲食品

旅游休闲食品指的是供旅游者在旅行途中购买或消费的特色食品，一般包括糖果糕点、风味食品、方便食品等。

四、旅游商品开发策略

通过深挖地域文化与自然资源、注重产品创新与设计、打造品牌形象与故事、强化市场调研与需求分析、整合产业链与跨界合作、注重品质与环保等措施，基地营地可以有效提升旅游商品的吸引力和竞争力，进而推动旅游业的发展。

（一）深挖地域文化与自然资源

利用当地的自然风光、历史遗迹、民俗风情等独特资源，开发出具有地域特色的旅

游商品;将地方特有的物产资源转化为商品,如特产食品、手工艺品等,这些商品往往能直接反映当地的风土人情。

（二）注重产品创新与设计

在保留传统特色的基础上,融入现代元素和创意设计,使旅游商品既具有文化底蕴又不失时尚感。通过微创意的方式,对现有产品进行小幅度的创新改进,提升其吸引力和实用性。

（三）打造品牌形象与故事

为旅游商品赋予独特的品牌名称和形象,使其更具辨识度和记忆点。讲述与商品相关的故事或传说,增加商品的文化内涵和情感价值,让旅游者产生共鸣。

（四）强化市场调研与需求分析

深入了解旅游者的需求和偏好,确保开发的旅游商品能够满足市场需求并具有竞争力。针对不同的人群开发符合其需求的旅游商品。

（五）整合产业链与跨界合作

推动第一、第二、第三产业的深度融合,将农产品、工业品转化为具有地方特色的旅游商品,与当地景区、酒店等进行合作,共同推广和销售旅游商品,形成产业链闭环。

（六）注重品质与环保

确保旅游商品品质优良、安全可靠,赢得游客的信任和好评。在开发过程中注重环保问题,采用环保材料和环保工艺,减少对环境的影响。

五、基地营地购物服务接待流程

基地营地接到已确认的购物服务任务后,要尽快组织相关人员制定购物接待方案并做好接待工作。

（一）制定购物接待方案

1.确定具体购物地点

如果有购物意愿的学生较多,那么可以将学生分为几组,分别由不同接待人员带至不同购物地点。

2.明确具体分工

组建接待服务小组(4—5人),任命组长,负责本次购物服务接待工作的统筹协调和组织管理,其他人员的具体分工内容如下。

（1）负责提前与商店联系,确定研学团具体到达时间和人数。

（2）负责到指定地点迎接学生，集合队伍，告知购物注意事项，并带队前往指定购物地点。

（3）负责管理队伍、维持秩序，防止学生走失。

（4）负责介绍商品（需要提前准备相关商品知识）或协助商家介绍商品。

（5）负责在购物过程中处理突发事件、解决买卖纠纷。

（6）负责协助处理售后事宜等。

3. 其他注意事项

其他注意事项包括研学团带队教师是否一同前往，购物停留时间的长短等。

（二）落实接待任务

基地营地接待人员要按照制定的方案进行具体分工，各司其职，协同合作，确保顺利完成接待任务。在队伍集合完毕后，接待人员要告知学生购物注意事项，例如：在商店内不要拥挤、不要嬉戏、不要碰触贵重物品，要认真聆听商家对商品的介绍；遇到心仪的商品，可以先咨询接待人员或其他同学的意见，然后礼貌地与商家讨价还价，切忌与商家发生纠纷；在购买贵重物品时要慎重考虑，确保符合自身需求，购买后要向商家索取并保留好正规发票；在购物过程中，若遇到任何问题，要及时联系基地营地接待人员，不要擅作主张。此外，接待人员还要如实向学生介绍商品内容与特色，重点介绍商品的历史、艺术和文化价值等属性；要视具体情况，快速处理各种突发事件；待学生购物结束后，要集中、有序、安全地将学生带到指定地点。

延伸阅读

▼

研学旅行进入暑假高峰时期，餐饮安全隐患渐显

（三）做好购物接待结束阶段工作

处理好遗留问题，若遇到要求退货的，要积极协助学生进行退货处理。同时，对本次购物服务接待工作进行总结。此外，若遇突发事件，要如实向基地营地负责人汇报；对于学生的意见和建议，也要如实反馈。

本章小结　　本章主要对研学基地营地配套服务管理的内容进行了介绍，重点阐述了交通服务、餐饮服务、住宿服务、购物服务的基本含义、接待流程等，并就服务过程中出现的一些特殊问题进行了剖析并提出了解决思路。

第七章
研学基地营地市场营销管理

知识框架

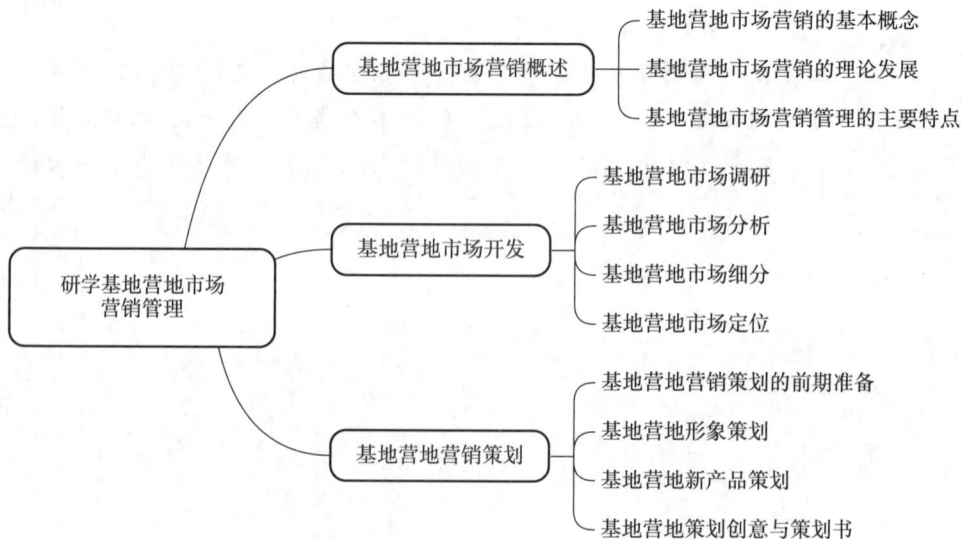

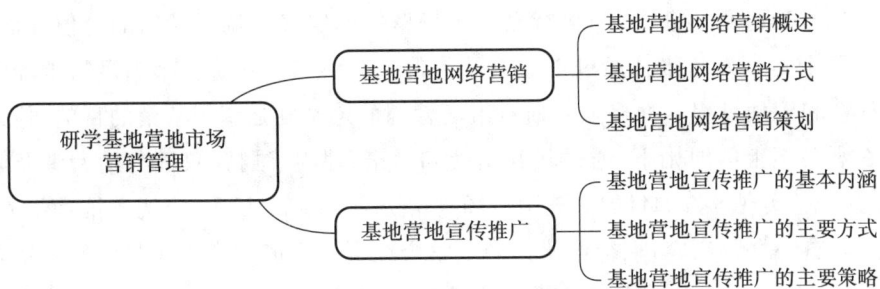

```
                                              ┌─ 基地营地网络营销概述
                         ┌─ 基地营地网络营销 ──┼─ 基地营地网络营销方式
                         │                    └─ 基地营地网络营销策划
  研学基地营地市场 ──────┤
     营销管理            │                    ┌─ 基地营地宣传推广的基本内涵
                         └─ 基地营地宣传推广 ──┼─ 基地营地宣传推广的主要方式
                                              └─ 基地营地宣传推广的主要策略
```

教学重点

（1）研学基地营地营销策划书的撰写。

（2）研学基地营地营销策略的具体运用。

（3）研学基地营地品牌营销的理念与策略。

教学难点

（1）研学基地营地市场细分和定位。

（2）研学基地营地营销策划创意与策划书。

启发思考

（1）成都大熊猫繁育研究基地举办了哪些营销活动？主要目的是什么？

（2）成都大熊猫繁育研究基地是如何开展营销活动的？有什么规律吗？

学前导入
▼

成都大熊猫繁育研究基地再次上热门

第一节　基地营地市场营销概述

一、基地营地市场营销的基本概念

（一）市场营销的定义

英国特许营销协会（CIM）将市场营销定义为，以盈利为目的，进行区分、预测和满足顾客需求的管理过程。菲利普·科特勒对市场营销的定义强调了营销的价值导向，他认为市场营销是个人和集体通过创造以及与他人交换产品和价值来满足需求和欲望的一种社会和管理过程。而格隆罗斯对市场营销的定义则强调了营销的目的，他认为营销是在利益至上的原则下，通过相互交换和承诺，建立、维持、巩固与消费者及其他参与者的关系，实现各方的目的。美国市场营销协会（AMA）认为，市场营销是创造、传播、传递和交换对顾客、客户、合作伙伴乃至整个社会有价值的产品或服务的一系列活动、机制和过程。实际上，市场营销是指企业以顾客需求为中心，从规划和设计有价值的产品或服务开始，综合利用各种营销方式，获得顾客满意和忠诚，最终实现企业目标的全过程。

（二）基地营地市场营销的定义

根据市场营销的定义，研学基地营地营销的概念如下：以研学者需求为导向，通过对研学产品的规划、设计和开发以及定价、渠道和促销等手段，向研学者提供所需的研学产品，从而实现研学基地营地的经营目标的过程。其重点是把适当的研学产品（Product），以适当的价格（Price），在适当的时间和地点（Place），用适当的方法销售（Promotion）给尽可能多的顾客，以最大限度地满足研学市场需要。

二、基地营地市场营销的理论发展

（一）市场营销理论的发展历程

市场营销理论是企业把市场营销活动作为研究对象的一门应用科学，而市场营销管理的实质就是公司创造性地制定适应环境变化的市场营销战略。随着人类文明不断发展，商业竞争日趋激烈，市场营销领域也不断发展，形成了新兴的营销观念。部分国家和地区不同时期的营销观念发展历程如表7-1所示。

表7-1　部分国家和地区不同时期的营销观念发展历程

发展历程	重点	特征和目标	时期		
			美国	西欧	中国
生产导向阶段	制造	·提高产量 ·削减成本 ·通过提高销量获利	20世纪40年代	20世纪50年代	20世纪90年代
产品导向阶段	产品	·质量就是一切 ·提高质量标准 ·通过提高销量获利	20世纪40年代	20世纪60年代	跳过了此阶段
销售导向阶段	卖方需求	·积极销售和促销 ·通过大批量周转而获利	20世纪40年代至50年代	20世纪50年代至60年代	20世纪90年代初

Note

续表

发展历程	重点	特征和目标	时期		
			美国	西欧	中国
营销导向阶段	买方需求	·整合营销 ·在生产前就明确需求 ·通过顾客满意度和忠诚度来获利	20世纪60年代至今	20世纪70年代至今	20世纪90年代中期至今，并非完全实施
可持续营销导向阶段	既满足顾客需求，又实现社会经济与环境的协调发展	·提高营销道德 ·明确需求，设计和生产对环境危害较少的产品 ·通过顾客满意度、忠诚度及社会认可度来获利	20世纪90年代末至今	21世纪至今	刚刚开始

（二）代表性市场营销理论

市场营销策略是指企业以顾客需要为出发点，根据经验获得关于顾客需求量及购买力的信息和业界期望值，有计划地组织各项经营活动，通过相互协调一致的产品策略、价格策略、渠道策略和促销策略，为顾客提供满意的商品和服务而实现企业目标的过程。进入21世纪，市场有很大的不同，无论是竞争格局，还是消费者的思想和行为，都发生了很大的变化。然而，随着环境的变化，营销理念也随之发生了几次改变，其中有三种典型的营销理念，即以满足市场需求为目标的4P营销理论、以追求顾客满意为目标的4C营销理论、以建立顾客忠诚为目标的4R营销理论。下面重点介绍4C营销理论和4R营销理论。

1.4C营销理论

4C营销理论是由美国营销专家罗伯特·劳特朋教授针对4P营销理论的不足之处而提出的新的理论。4C分别指代Customer（顾客）、Cost（成本）、Convenience（便捷）、Communication（沟通）。4C营销理论以消费者需求为导向，重新设定了市场营销组合的四个基本要素：①瞄准消费者的需求和期望（Customer），即要了解、研究、分析消费者的需求，而不是先考虑企业能生产什么产品。②消费者所愿意支付的成本（Cost），即要了解消费者为满足需求，愿意付出多少钱（成本），而不是先给产品定价。③消费者购买的方便性（Convenience），即要考虑在消费者购物等交易过程中如何给消费者方便，而不是先考虑销售渠道的选择和策略。④与消费者沟通（Communication），即以消费者为中心实施营销沟通是十分重要的，通过互动、沟通等方式，将企业内外营销资源不断进行整合，把消费者和企业双方的利益无形地整合在一起。此外，4C营销理论加上机会（Chance）和市场变化（Change），就是6C营销理论。

4C营销理论的优点体现在以下几个方面：①不销售单纯制造出来的产品，而是致力于销售满足消费者需求的产品；②不基于竞争者或者自身的盈利策略定价，而是通过一系列测试手段了解消费者为满足需求所愿意付出的成本；③不以自身为出发点，而是侧重于如何优化网点布局和通路策略，以及关注消费者购买产品的便利性；④不是单纯依赖媒体传播来增加销量，而是注重与消费者的互动和沟通。

2. 4R 营销理论

4R营销理论是由美国学者唐·舒尔茨在4C营销理论的基础上提出的新营销理论。4R分别指Relevance（关联）、Reaction（反应）、Relationship（关系）和Reward（回报）。4R营销理论认为，随着市场的发展，企业需要从更高层次，以更有效的方式，在企业与顾客之间建立起有别于传统的新型的主动性关系。

4R营销理论的操作要点如下：①紧密联系顾客，即企业必须通过某些有效的方式，在业务、需求等方面与顾客建立关联，形成一种互助、互求、互需的关系，将顾客与企业联系在一起，减少顾客的流失，以此来提高顾客的忠诚度，从而获得长期稳定的市场。②提高企业对市场的反应速度，即关注并倾听客户的声音。在相互渗透、相互影响的市场中，对企业来说，最现实的问题不在于如何制订、实施计划和控制，而在于如何及时地倾听顾客的期望和需求，并及时做出反应来满足顾客的需求，这样才利于市场的发展。③重视与顾客的互动关系，即当前抢占市场的关键已转变为与顾客建立长期而稳固的关系。这需要将交易转变成一种责任，建立起和顾客的互动关系，而沟通是建立这种互动关系的重要手段。④回报是营销的源泉，因为营销目标必须注重产出，注重企业在营销活动中的回报，所以企业要满足客户需求，为客户提供价值，不能做无用的事情。一方面，回报是维持市场关系的必要条件；另一方面，追求回报是营销发展的动力，营销的最终价值在于其能否给企业带来短期或长期的收益。

4R营销理论的突出特点包括：①4R营销理论以竞争为导向，提出了营销新思路。根据市场日趋激烈的竞争形势，4R营销理论着眼于企业与顾客之间建立的互动与双赢的关系，不仅积极满足顾客的需求，还主动创造需求，通过关联、关系、反应等要素将企业与顾客联系在一起，形成独特的竞争优势。②4R营销理论真正体现并落实了关系营销的思想，提出了建立关系、长期拥有客户、保证长期利益的具体操作方式，这是关系营销发展史上的一大进步。③4R营销理论是实现互动与双赢的保证，反应机制为实现企业与顾客的关联、互动与双赢提供了基础和保障，同时也增强了营销的便利性。④4R营销理论的回报要素使企业能够兼顾成本和双赢两个方面的内容。为了追求利润，企业必然会实施低成本战略，同时充分考虑顾客愿意支付的成本，实现成本的最小化，并在此基础上获得更多的市场份额，形成规模效益。这样一来，企业为顾客提供的产品与追求回报之间就会形成相互促进的良性循环，从而达到双赢的目的。

三、基地营地市场营销管理的主要特点

（一）需求导向

尽管在市场营销的发展过程中，经历了各种不同的营销观念，但满足顾客需求这

一前提始终是存在的,尤其是在竞争日趋激烈的当前,能够比竞争对手更好地满足顾客需求是企业生存的基础。因此,研学基地营地的一切经营活动都必须将综合学生、家长、教师、学校等多方需求作为出发点和归宿。

（二）管理导向

研学基地营地的营销环境由诸多因素(如人口、政治、文化、经济、社会和技术等)构成,这些因素随着时间和空间不断变化。研学基地营地市场营销的实质在于基地营地对动态环境的创造性适应,即运用一切可利用的资源,通过产品、渠道、价格和促销等实现基地营地对环境的适应。

（三）信息导向

研学基地营地营销的最终目的是满足研学者的需求,而这离不开信息的传递。由于学生的年龄不等、性格差异及教育背景不同等,研学基地营地产品不能一成不变。对复杂、多样的需求进行深入、细致的调查显得尤为重要。

（四）战略导向

研学基地营地市场营销对研学旅行行业的长远发展有着十分重要的影响,这就要求研学基地营地必须具备对市场环境的长期适应性。因此,研学基地营地要紧扣国家研学发展战略和研学政策文件,围绕"立德树人"的教育理念,创新研学产品,打造基地营地的特色研学课程,以保障研学者、研学基地营地和社会的长远利益。

第二节　基地营地市场开发

一、基地营地市场调研

基地营地市场营销调研是指运用科学的方法,有目的、有计划、有步骤、系统地收集和分析有关基地营地营销活动方面的信息,以了解基地营地营销环境与市场状况,为基地营地经营决策提供依据的活动。

（一）基地营地市场调研内容

一般情况下,研学基地营地市场调研内容包括环境调研、需求调研、供给调研、竞争者调研、运营状况及效果调研五个方面(见表7-2)。

表7-2　基地营地市场调研内容

	含义	对于基地营地企业不可控制的宏观环境的调研
环境调研	内容	政治环境:政府有关方针政策、有关法令及政局情况
		经济环境:人口、国内生产总值、消费者收入及消费水平、物价水平、通货膨胀率等
		科技环境:先进科学技术对基地营地的促进和支撑情况
		社会文化环境:教育文化水平、职业习惯、宗教信仰、民族分布和家庭状况等
需求调研	含义	基地营地市场营销调研的核心部分,即对特定需求进行量化分析
	内容	市场上现有的和潜在的最大销售量和最大需求量
		产品在研学基地营地市场上的最大销售量和最大需求量
		研学者购买研学产品时,对产品种类、价格的具体要求,以及研学者的兴趣爱好、生活习惯和需求结构变化等方面的深入调研
供给调研	含义	一定时期内研学基地营地市场提供的产品的总量
	内容	基地营地吸引物调研
		基地营地设施调研
		可进入性调研
		基地营地服务调研
		基地营地形象调研
		基地营地容量调研
竞争者调研	含义	对主要竞争对手进行的调研
	内容	可分为一般竞争状况调研和主要竞争对手调研,具体包括主要竞争者产品状况、价格状况、利润状况、市场占有率及其发展趋势、竞争策略和手段等
运营状况及效果调研	含义	对于影响运营状况及效果的基地营地可控制的因素的调研
	内容	主要包括对产品、价格、分销渠道、促销及其运行状况的调研

(二)基地营地市场调研的程序

　　为保证基地营地市场调研的系统性与准确性,营销调研活动应根据一定的科学程序进行。一般来说,营销调研要经过以下五个步骤。

1. 确定调研内容

在基地营地市场营销决策过程中,会存在很多不确定的因素,而需要调研的问题很多,因此要从中找出最关键、最核心、最迫切、最重要的问题作为调研的主要内容。

2. 制订调研计划

调研计划是基地营地市场营销调研的行动纲领,一般包括调研时间、信息来源、调研方法、调研工具、调研方式、调研对象、经费预算、人员培训和作业进度等(见表7-3)。

表7-3　基地营地市场调研计划设计

内容	设计调研计划
调研时间	调研日期及安排
信息来源	二手资料(间接资料)、一手资料(直接资料)
调研方法	文案调研法、询问法、观察法、实验法
调研工具	问卷调查表、抽样调查表、机械设备
调研方式	全面调研、抽样调研、典型调研、重点调研
调研对象	基地营地市场环境、行业环境、宏观政策
经费预算	财务平衡
人员培训	调研组织者、调研员
作业进度	调研计划的完成情况

3. 实施调研计划

调研计划的实施包括收集数据资料、加工整理分析和提出结论三个阶段。数据资料有二手资料,也有一手资料。二手资料可通过内部的客户订单和销售资料获取,也可通过外部的统计机构来收集。一手资料可通过询问法、观察法、实验法或问卷法来获取。所获取的、大量的、庞杂的、分散的信息要经过加工和筛选,以保证资料的系统性、完整性和真实性。

4. 撰写调研报告

调研人员要根据调研情况和分析结论写出调研报告,以供决策者参考。调研报告的内容主要包括三部分:一是引言,论述调研目的、调研对象和过程;二是正文,着重叙述调研方法、分析调研结果并提出对策建议;三是附录,如图表、公式及参考资料等。

5. 跟踪补充调研

将调研的结论进行实际应用,并对市场反应进行跟踪,以便总结经验,修正调研结论,提高决策的准确性。

（三）基地营地市场调研的技术方法

1. 抽样技术

1）市场普查

市场普查是对全部调查对象所进行的无一遗漏的逐一调查。普查是一种一次性调查，其目的是把握在某时间点上、一定范围内所有调查对象的基本情况，以获取全面而准确的统计资料。

2）个案调查

个案调查包括重点调查和典型调查两种。重点调查是在全体调查对象中选取少数具有关键影响的样本进行调查的方法。典型调查是在全体调查对象中选取那些具有代表性的样本进行调查的方法。

3）抽样调查

抽样调查是从全体调查对象中抽取部分对象作为样本进行调查，并用所得到的调查结果来判断、说明总体的调查方法。抽样调查可分为随机抽样和非随机抽样两大类。随机抽样与非随机抽样的分类及特征如表7-4所示。

表7-4　随机抽样与非随机抽样的分类及特征

类型	分类	特征
随机抽样	简单随机抽样	在总体单位中不进行任何有目的的选择和变动，而是按随机原则抽取样本。它适用于总体中各单位之间差异较小或难以分组、分类的情况
	分层随机抽样	将总体中所有单位按一定属性分为若干层次，然后在每层中随机抽取部分单位构成样本。它适用于总体各单位之间差异较大的情况
	等距抽样	先按一定标准将总体的全部单位排序，然后按一定的间距随机抽取部分样本单位。它适用于能按某种标志排序的总体
	分群随机抽样	将调查总体分为若干群体，然后按随机原则选取一个或几个群体作为样本。它适用于总体能分群的情况
非随机抽样	偶遇抽样	街头随机访问或拦截访问、邮寄式调查、杂志问卷调查、网上调查等都属于偶遇抽样
	判断抽样	判断抽样的具体做法有两种：一种是由专家判断选择样本，通常以平均型或众数型的样本为调查单位；另一种是利用统计判断选择样本。它适用于调查总体构成单位极不相同、调查单位比较少、样本数很小的情况

续表

类型	分类	特征
非随机抽样	配额抽样	根据一定标准对总体进行分层或分类后,从各层或各类中主观地选取一定比例的调查单位。它是根据总体的结构特征来确定样本分配定额或分配比例,以获得一个与总体结构特征大体相似的样本
	滚雪球抽样	先选择一组调查对象,通常是随机选取的,访问这些调查对象后,提供另外一些调查对象,根据所提供的线索继续对另外这些对象进行调查,此过程持续进行,最终产生滚雪球的效果。它适用于被调查对象在总体中十分稀少的情况

2. 问卷技术

询问调查法是收集第一手资料的主要方法之一,问卷是询问调查法的常用的工具。

1)问卷的基本结构

(1)问卷标题:标题应简明扼要,易于理解,并能引起被调查者的兴趣。

(2)问卷说明(开场白):向被调查者说明调查的目的和意义,包括填表要求、调查项目必要的解释说明等事项。

(3)被调查者基本情况:如性别、年龄、民族、文化程度、职业、单位和收入等。

(4)调查主体内容:它是问卷的主体和核心部分,通常是以一系列问句的形式提供给被调查者。

(5)编码:以便分类整理和统计分析。

2)问卷调查法的问题类型

问卷调查法的问题类型分为封闭式问题和开放式问题。其具体分类及含义如表7-5所示。

表7-5 问卷调查法的分类及含义

名称		含义	举例
封闭式问题	两分法	提供两个备选答案的问题	在选择基地营地时,您亲自给基地营地打电话吗? □是 □否
	多项选择	提供三个或更多备选答案的问题	本次您与谁同行前往基地: □同学 □老师 □孩子 □配偶 □同事/朋友
	语义差异量表	在两个意义完全相反的词语间提供不同的尺度让被调查者选择,以表示自己的判断	您认为该基地营地: □规模大 □规模小 □有特色 □无特色

续表

名称		含义	举例
封闭式问题	重要程度量表	将某项内容从"极重要"到"不重要"加以排列的一种量表形式	基地的研学导师服务对我而言： □极重要　□重要　□较重要　□一般 □不重要
	等级量表	将某种属性依照"差"到"极好"的顺序加以排列	基地的服务： □差　□一般　□好　□很好　□极好
开放式问题	完全无结构	被调查者几乎可以毫无限制地回答问题	您对基地营地有什么看法？
	文字联想	提供一个词，询问被调查者看到该词后联想到的第一个词	当您听到以下词汇时，最先想到的一个词语是什么？ □研学　□基地　□营地
	补足句子	提供一些不完整的句子，由被调查者补充	当我选择一家研学旅行基地时，我考虑得最多的是

二、基地营地市场分析

（一）基地营地消费者分析

1. 消费者行为模式

研学基地营地作为校外教育和学校教育融合的实践教育场所，其消费者具有特殊性。研学基地营地的选择权掌握在学校或教育单位手中，而支付研学旅行费用的消费者是学生家长，享受和评价研学基地营地的消费者是学生。消费者行为模式如图7-1所示。

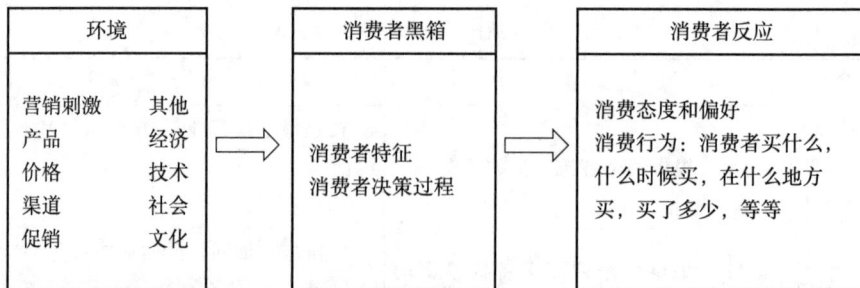

图7-1　消费者行为模式

根据消费者行为模式，研学基地营地将一系列营销刺激因素作用于消费者，使研学消费者产生相应的消费反应，从而产生良好的营销效果。

2. 影响消费者行为的因素

影响消费者行为的因素包括文化因素、社会因素、个人因素、心理因素等(见图 7-2)。

文化因素	社会因素	个人因素	心理因素
文化 亚文化 社会阶层	参照群体 家庭 角色与地位	年龄和生命周期阶段 职业 经济状况 生活方式 个性及自我观念	动机 感知 学习 信念与态度

图 7-2 影响消费者行为的因素

3. 消费者的购买决策过程

1) 识别研学需求

研学消费者只有在意识到某种需求的时候,才会产生消费行为。研学基地营地营销者必须发现消费者有什么需求,从而设计相应的、能满足其需求的研学产品。

2) 收集研学产品信息

研学消费者主要从商业来源(广告或销售人员),个人来源(家庭、朋友或邻居),公共来源(大众媒体或消费者组织)和经验来源等途径获得产品信息。从不同渠道获得的信息对研学消费者会产生不同的影响和作用,其中,研学基地营地最看重的是个人来源的信息。

3) 评估可供选择的方案

研学消费者在获得各类信息以后,就开始对各类信息进行评价和比较,最终根据自己的评价标准选出要购买的产品。研学消费者在对各类方案进行评估的过程中,会使用不同的评价标准,并综合考虑家长意愿、学生偏好和学校特色等因素,给各标准制定不同的权重,最终选出符合自己要求的产品,形成购买意向。

4) 做出购买决策

经过对可供选择的方案的评估,研学消费者产生了对某种产品的购买意向,在这种情况下,研学消费者就会做出购买决策。

5) 进行购后评价

研学消费者购买产品以后,就会开始对产品进行一系列的评价,最终得出非常满意、满意或不满意的评价,而这些评价会影响消费者后续的购买决策。

(二)基地营地竞争者分析

基地营地竞争者基本可以划分为四个导向,如表 7-6 所示。

表7-6   竞争者划分导向及含义

导向	含义	适用条件
产品导向	企业仅把生产同一品种或规格的产品的企业视为竞争对手	市场上的产品供不应求,现有产品不愁销路;企业实力较弱,无力进行产品更新
技术导向	企业把所有使用同一技术、生产同类产品的企业视为竞争对手	某一具体产品已供过于求,但不同花色、品种的同类产品仍然有良好前景
需求导向	企业把满足顾客同一需求的企业都视为竞争者,不论它们采用何种技术、提供何种产品	市场上的产品供过于求,企业具有强大的投资能力、运用多种不同技术的能力和经营各类产品的能力
顾客导向	企业把所有选择了相同顾客群体作为自己目标市场的企业都视为竞争对手	企业在某类顾客群体中享有盛誉,并具有广泛的销售网络等优势,且能够将优势转移到企业的新增业务上

三、基地营地市场细分

(一)基地营地市场细分的重要性及依据

在商业环境中,市场细分指的是将大市场分割为若干个小的、特定的子市场或者细分市场,每个细分市场都由具有相似需求或偏好的消费者组成。通过对市场的精细划分,企业可以更有针对性地进行产品开发、制定营销策略,以提高资源利用效率并优化顾客体验。研学基地营地市场细分指基地营地将一个完整的研学市场按照消费者的需求差异性,划分和归纳为若干个不同子市场的过程。

1.市场细分的重要性

市场细分对研学基地营地的长期发展和竞争优势至关重要。

(1)满足特定需求:不同的群体有不同的需求和偏好,市场细分有助于企业更精确地满足这些需求,提供符合消费者期望的产品或服务。

(2)提高营销效果:通过精准的市场细分,企业可以更有针对性地制定营销策略,增强广告和促销活动的效果,减少浪费。

(3)增加市场份额:通过更好地满足目标市场的需求,企业可以在该市场中塑造更强大的品牌形象,扩大市场份额。

(4)改善客户体验:通过深入了解目标市场,企业可以更好地定制产品或服务,提升客户体验,增强客户满意度和忠诚度。

(5)优化资源利用:避免将资源浪费在不太可能产生回报的市场上,专注于具有潜在增长机会的市场,优化资源的利用。

2.市场细分的依据

(1)地理标准的细分:根据消费者所在的地理位置进行市场划分,包括国家、地区、城市、乡镇等。这类标准有助于企业了解消费者的地理分布,开展针对性的营销活动。

（2）人口统计学标准的细分:基于消费者的年龄、性别、教育程度、收入水平、职业等人口属性进行市场划分。

（3）行为标准的细分:既可以根据消费者的购买行为、使用行为、对产品的态度和知识进行市场划分,又可以根据消费者的购买习惯、品牌忠诚度等进行细分,以提供更加个性化的服务。

（4）心理标准的细分:侧重于消费者的心理特征,如生活方式、价值观、性格特征等。

此外,还存在多重变量细分,即在市场细分过程中,同时采用两个或两个以上的细分变量进行组合分析。对营销来说,使用多重变量细分方式更加有效。将哪几种相关变量组合成一种细分方式,具体取决于实际的研学产品和其所服务的研学市场。

（二）基地营地目标市场的选择策略

基地营地目标市场的选择策略通常有集中性营销策略、差异化营销策略、无差异性营销策略等。这些策略各有利弊,企业到底应采取哪一种策略,应综合考虑基地营地的资源或实力、研学产品的同质性、研学市场的同质性、研学产品所处生命周期的不同阶段、竞争者的市场营销策略、竞争者的数量等多方面因素。

1. 集中性营销策略的适用范围

采用差异性营销策略和无差异营销策略的企业均将整体市场作为营销目标,试图满足所有消费者在某一方面的需要,而集中性营销策略则是集中力量进入一个或少数几个细分市场,实行专业化生产和销售。采用这一策略,企业不是追求在一个大市场中角逐,而是力求在一个或几个子市场占有较大份额。

2. 差异性营销策略的适用范围

采用这种策略的多为资源有限的中小型企业,它们追求的目标不是在较大的市场上占有一个较小的市场份额,而是在一个或几个较小的市场上占有较大的,甚至最大的市场份额。

3. 无差异性营销策略的适用范围

处于起步阶段的企业可以在刚开始采用无差异化营销策略,等到取得一定发展成果后,再选择其他营销策略。

四、基地营地市场定位

（一）基地营地市场定位的影响因素

基地营地市场定位与其长期战略密切相关,它通常需要很长时间来完成。影响基

知识活页
▼

目标市场
的选择
策略

地营地市场定位的因素主要有以下几点。

1. 目标市场

基地营地认为其研学产品在市场中具有明确的定位,但值得注意的是,不同的研学者可能对其产品具有不同的看法和定位。

2. 对研学产品的要求

研学产品定位所包含的利益必须对所瞄准的目标研学者极为重要。如果目标市场是一个对价格不敏感的细分市场,那么只考虑旅游产品价格的高低是毫无意义的。

3. 研学产品的优势

研学产品的优势以及用于创造产品优势的核心功能组合,能够使基地营地同其他研学产品相互区分。

4. 研学市场定位的可沟通性

研学市场定位应当能够与目标市场沟通,这意味着定位简单明确,并且能够在同研学决策者的相互沟通中加以修正。

(二)基地营地市场定位的方法

1. 确定基地营地研学产品的目前定位

选择定位策略的首要步骤是了解研学产品在学校、学生、家长等心中的目前定位。具体流程如下:①确定研学产品竞争对手;②确定替代的研学产品;③评估研学产品的重要职能;④确定竞争研学产品的重要属性;⑤确认研学者的要求。

2. 确定基地营地的定位目标

一旦研学者对理想研学产品的定位选择有了明确的要求,接下来就应对基地营地进行定位。最有吸引力的定位策略是,将那些有吸引力的细分市场与当前或潜在的显著优势组合起来。当不存在此类组合时,则应寻求在其他因素上具有优势的定位。

3. 实施基地营地定位策略

研学产品的差异性是影响市场定位的核心因素。在基地营地确定了自己目前的市场定位和发展目标后,就应当打造自己与竞争对手之间产品的差异。这种差异化主要通过产品、从业人员、营销渠道和品牌形象四个方面来体现。产品的差异化主要体现在研学产品的特色上;基地营地可以通过雇佣更专业的人员来体现差异化;营销渠道的差异化体现在选择独特的销售渠道或合作方式上;品牌形象的差异化使得基地营地在提供同类服务时,能形成独特的市场影响力。

第三节 基地营地营销策划

一、基地营地营销策划的前期准备

(一)收集信息

信息收集是营销策划的第一个环节,是营销策划的基础和前提。所谓信息收集,即策划人员针对与策划相关的市场信息所进行的了解、发掘、收集和处理等一系列活动。收集信息的基本工作步骤如下。

1. 明确信息收集思路

收集信息首先要明确信息收集的目的、基本途径、主要渠道、基本方法等。

2. 细化信息收集点

为了更全面、更快速地找到营销策划所需要的信息资料,应对信息资料收集方向进行细分,使之细化成一个个"信息收集点"。

3. 记录信息资料

在查阅信息资料的过程中,最好根据细化的"信息收集点"制作一张表格,以便系统地记录有价值的信息。

4. 整合分析信息资料

完成信息资料的收集、记录后,就需要对其进行整理、归纳及分析,重新整合各种观点,探究信息之间的内在联系等。

(二)综合分析

对于基地营地的营销策划,要进行内外部环境的综合分析,常用的方法之一就是SWOT分析法。

1. SWOT分析的含义

S表示优势(Strengths)、W表示劣势(Weaknesses)、O表示机会(Opportunities)、T则表示威胁(Threats),将机会、威胁、优势和劣势综合起来全面分析和评估营销环境就是SWOT分析。利用SWOT分析法全面地分析基地营地的内部环境和外部环境,能够为基地营地的营销计划的制订提供参考。

2. SWOT分析的步骤

(1)收集信息。

SWOT分析实质上是机会、威胁分析与优势、劣势分析的综合信息的收集,也就是外部环境资料和内部环境资料两方面的收集。它可以分为三个部分：①宏观环境信息的收集；②行业(中观)环境信息的收集；③微观环境信息的收集。

（2）信息的整理与分析。

将收集到的信息分别归类到宏观环境、行业环境和微观环境后，再分析基地营地面临的是机会还是威胁，以及这些信息反映的是基地营地的优势还是劣势。

（3）确定企业具体业务所处的市场地位。

当资料收集整理完毕后，再看基地营地某一项具体业务面临的环境是机会多于威胁还是威胁多于机会，基地营地在这项业务上是处于优势还是处于劣势，并在SWOT分析图中标出其市场地位。

（4）拟定营销战略。

基地营地某项业务的市场位置确定后，就可以根据具体情况制定相应的营销战略和策划方案，判断企业是否应加大对这项业务的投资，以及产品组合、促销组合等方面有哪些内容需要改进。

二、基地营地形象策划

（一）基地营地形象策划概述

基地营地形象是指人们通过基地营地的各种标志而建立起来的对基地营地的总体印象。基地营地形象是精神文化的外在表现形式，在竞争中具有重要作用。基地营地形象识别系统与其他企业形象识别系统(Corporate Identity System,CIS)一样，包括三个方面：理念识别(Mind Identity,MI)系统、行为识别(Behavior Identity,BI)系统和视觉识别(Visual Identity,VI)系统。

（二）基地营地理念识别系统

1.基地营地理念识别系统的含义

基地营地理念识别系统是基地营地识别系统的基本精神所在，也是基地营地识别系统运作的原动力。其基本内容包括价值观念、经营哲学、发展目标、精神风尚、道德观念和规章制度等。

2.基地营地理念识别系统的功能

（1）导向功能。

基地营地通过能够体现员工经济利益的发展方向来引导员工的价值取向和行为选择，确保员工的一切行为都朝着基地营地所设定的目标迈进。

（2）约束功能。

每个基地营地都会有一些不成文的规定，这是基地营地价值观念、道德观念、行为准则的具体表现，对员工的思想和行为起着约束作用。但这种约束往往不是"硬"约束,而是一种"软"约束,即通过心理层面的引导与规范,促使员工实现对自身行为的自我管理。

（3）凝聚功能。

基地营地理念识别以作为基地营地文化核心的基地营地精神、基地营地价值观为基础,可使整个基地营地团结一致,产生奋发向上的群体意识和强大的集体合力,从而形成基地营地的凝聚力,进而推动基地营地的发展。这种凝聚力是基地营地与员工之间、员工与员工之间关系的反映。

（4）融合功能。

不同的基地营地,员工构成不一样,其兴趣爱好、资历、阅历、文化程度、思想觉悟、性格和气质等千差万别,而基地营地理念能对员工产生潜移默化的影响,在不同的层次上满足不同人的共同需要,最大限度地缩小员工之间的差别。

（5）激励功能。

基地营地理念应提倡理解人、关心人、尊重人、爱护人,强调个人自由而全面的发展,强调自我管理、自我启发,强调员工的精神需要,使员工产生尊重感、自由感、愉悦感,在基地营地内营造信任、尊重、融洽的工作环境和氛围。

3. 基地营地理念识别系统的策划方法

要将新的理念融入基地营地,并使其成为所有人共同的价值观,基地营地必须采取多样化的方法。

（1）反复表达。

反复表达时需要考虑时机、频率、对象等,还要注意不能伤害员工的自尊心。

（2）阐述理念。

对基地营地理念进行系统阐述时,应将基地营地理念和员工理念融为一体,使员工在基地营地理念的引导下,重新思考自己在工作岗位上应当如何表现,并寻找自己以后努力的方向。

（3）环境化。

环境化指通过具有象征意义的图案来诠释基地营地的核心理念,并将其置于办公室或其他工作场所的合适位置。这些反映基地营地理念的艺术性图案,能够激发员工的自豪感和责任感。

（4）象征性活动。

象征性活动包括定期举办大规模的庆祝会和表彰会、主题鲜明的报告会和演讲会等典礼仪式,以及员工旅行、运动会、团建活动等,以传达基地营地理念,鼓舞员工士气。象征性活动能缓和紧张气氛和激发创新精神,并能减少员工之间的冲突,创造新观念和文化价值。

（5）塑造典范。

塑造典范的目的在于鼓励员工向典范学习,将基地营地的理念内化为自己的价值观。从某种意义上讲,构筑基地营地理念就是塑造能够体现这一理念的典范人物的过程。

(三)基地营地行为识别系统

1.基地营地行为识别系统的含义

基地营地行为识别系统是理念识别系统的外化和表现。行为识别是指将基地营地理念动态地融入基地营地内部的组织建设、教育培训、管理方法、制度建设等方面,同时将这一理念延伸至基地营地外部的市场调查、产品开发、促销措施、公益活动、公共关系等方面的过程。

2.基地营地行为识别系统的特点

行为识别系统具有强烈的实践色彩,它与基地营地的业务活动有着密切的关系。任何行为规范或制度的提出,都离不开对企业所属行业的特征及其发展历史的分析研究。换言之,行为识别系统的设计并无统一模式可供套用。

3.基地营地行为识别系统的构建

(1)员工教育是将基地营地理念贯穿于行为的基础。行为识别系统的建设必须开展多种形式的教育培训,让全体员工知道本基地营地导入行为识别系统的目的、意义和背景,了解甚至参与基地营地行为识别系统的设计,熟悉并认同基地营地的理念,清楚地认识到每一位员工都是基地营地形象的塑造者。通过教育培训,员工不仅能掌握相关知识,还能在情感上内化这些理念,并最终在日常行为中自然体现。

(2)制度和规范是建立行为识别系统的有力工具。基地营地建立行为识别系统,还需要制定和完善一系列具有可操作性的制度和规范。制度和规范使员工的行为有章可循,具有一定的强制性。制度和规范的设计必须以正确的理念为指导,必须有助于员工在宽松的环境中准确无误、积极主动地完成自身的工作。

(3)卓越的管理是行为识别系统顺利实施的保证。行为识别系统的规范化管理是基地营地形象系统导入过程中的关键环节,同时也是最难把握的一环。要在组织上和制度上进行管理革新;要有计划地开展员工培训,重视人才的引进,提高员工的整体素质;要特别注重管理人员的培养,打造一支高素质的现代经理人队伍,从而保证基地营地整体经营水平的提高和管理革新战略的有效实施。

(四)基地营地视觉识别系统

1.基地营地视觉识别系统的含义

基地营地视觉识别系统是基地营地形象识别系统的视觉符号,是基地营地形象的视觉传递形式,是基地营地形象识别系统最有效、最直接的表达。它包括两大部分:一是基础部分,包括基地营地名称、基地营地标志、标准字体、专用印刷字体、基地营地标准用色、基地营地建筑造型或基地营地象征图案,以及各要素相互之间的规范组合;二是应用部分,即上述要素经规范组合后,在基地营地各个领域中的应用示例。

2. 基地营地视觉识别系统的设计原则

(1)同一性。

为确保一致性,基地营地形象应统一设计、统一传播,对各种识别要素进行标准化处理,采用统一的规范设计,对外传播均使用同一模式,并坚持长期应用。

(2)差异性。

其一体现在不同行业的区别上。在大众心目中,不同行业的企业往往具有各自行业的形象特征,因此在设计企业形象时必须突出行业特点,这样才能区别于其他行业,从而便于大众识别与认同。其二必须突出与同行业其他企业的差别,才能独具风采,脱颖而出。

(3)民族性。

企业形象的塑造与传播还应考虑民族性问题。

(4)可实施性。

可实施性指基地营地视觉识别系统能够有效运行。基地营地视觉识别系统旨在解决实际问题,因此,可实施性是十分重要的。

3. 基地营地视觉识别系统的发展阶段

(1)调查研究阶段。

在确定导入视觉识别系统的方针和目的后,有必要对基地营地进行调查。这是对基地营地的历史回顾和现状分析,旨在为开发设计提供可靠的依据。主要内容包括市场调查、竞争者研究、消费者调研、产品自身研究及广告策略研究。

(2)设计开发阶段。

由于科学技术的不断发展,商品的质量、生产技术、销售价格均趋向同质化,唯一的差别就体现在形象好坏上。基地营地需要利用信息传递来保持和加强外界对它的好感度,通过企业形象策划来塑造良好形象,以增强竞争力。

(3)实施管理阶段。

基地营地视觉识别系统的设计与管理,必须从开发设计系统做起,对各项基本要素进行精心设计并制定规范,包括标准范例和禁止使用范例,再运用到实际项目中。一般的方法是,首先确定具有代表性的应用项目和设计范例,其次进行规格化处理并制作基地营地识别手册,最后以手册为标准,实施内部管理。

三、基地营地新产品策划

(一)新产品开发策划

新产品开发策划是指根据基地营地目标和市场需求,制订新产品开发计划。

1. 新产品的内涵及类型

1）新产品的内涵

新产品是指在产品整体概念中对任何一部分进行变革或创新，并能给消费者带来新的利益和满足的产品。新产品策划是指基地营地为使开发的新产品与消费者的需求相适应而进行的系统性谋划。

2）新产品的类型

（1）全新产品，是指应用科技成果（新原理、新技术、新工艺和新材料）制造的，市场上前所未有的产品。全新产品开发通常需要大量的资金、先进的技术，并且要有一定的需求潜力，故基地营地承担的市场风险较大。全新产品在创新产品中只占很小的比例。

（2）换代新产品，是指在原有产品的基础上，完全或部分采用新技术、新材料、新工艺研制出来的产品。它适应了时代发展的步伐，有利于满足消费者日益增长的物质需求。

（3）改良新产品，是指对老产品加以改进，使其性能、结构、功能、用途有所变化的产品。与换代新产品相比，改良新产品虽然受技术限制较小，且成本相对较低，便于市场推广和消费者接受，但是容易被竞争者模仿。

（4）仿制新产品，是指对市场上已经出现的产品进行引进或模仿，研制生产出的产品。开发这种产品不需要太多的资金和尖端的技术，因此相较于研制全新产品，其难度要低很多。不过，基地营地应注意对原产品的某些缺陷和不足加以改进和优化，而不应全盘照抄。

除此之外，企业将现有产品投向新市场，对产品进行市场再定位，或者通过降低成本，生产出同样性能的产品，对市场或企业而言，这样的产品也可称为新产品。在实践中，基地营地开发新产品一般是推出上述产品的某种组合。

2. 新产品开发过程策划

新产品开发是一个涉及全局的系统工程，遵循有规律的开发程序是降低产品开发失败率和减少失误的有效途径。基地营地开发新产品的过程一般由八个阶段构成。

（1）寻求创意。

新产品开发过程是从寻求创意开始的，一个好的创意是新产品开发成功的关键。通常可从基地营地内外部组织和人员中寻找新的构思来源。

（2）甄别创意。

甄别创意是指运用一系列评价标准，对各种构思进行比较、判断和评估，研究其可行性，并挑选出可行性较强的创意。甄别创意时，一般要考虑两个因素：一是创意是否与基地营地的策略、目标相适应；二是基地营地是否具备足够的能力（如资金实力、技术能力、人力资源、销售能力等）来开发此创意。

（3）形成产品概念。

形成产品概念就是把粗略的产品构思转化为详细的产品概念。经过甄别后保留下来的产品创意需进一步深化为产品概念，在此过程中，首先应当明确产品创意、产品概念和产品形象之间的区别。产品创意，是指基地营地从自身角度出发，对可能向市场提供的产品的初步构想。产品概念，是指基地营地从消费者的角度出发，对产品创意所进行的详尽描述，也就是将新产品构思具体化，描述出产品的性能、具体用途、优点、外形、价格、名称等，让消费者能直观地识别出新产品的特征。产品形象，是指消费者对某种现有产品或潜在产品所形成的特定印象。

（4）制定市场营销策略。

形成产品概念之后，需要制定市场营销策略，基地营地的有关人员要拟定一个将新产品投放市场的初步的市场营销策略报告书。报告书由三部分内容组成：①目标市场的规模、结构、行为，以及新产品在目标市场上的定位、最初的销售额、市场占有率、利润目标等；②新产品的计划价格、分销策略、市场营销预算；③长期（一般为3—5年）销售额和目标利润，以及不同时间的市场营销组合等。

（5）商业分析。

在这一阶段，市场营销人员需重新审查对新产品未来销售额、成本和利润的预估，看看它们是否符合基地营地的目标。若符合，就可以进行开发。

（6）产品开发。

如果产品概念通过了商业分析，研究与开发部门及工程技术部门就可以尝试将产品概念转化为实际产品，即进入试制阶段。在这一阶段，我们需要明确的核心问题是，产品概念能否转化为技术和商业上切实可行的产品。

（7）市场试销。

如果企业的高层管理者对某种新产品的开发试验结果感到满意，接下来就可实施初步市场营销方案，精心包装这种新产品，将其推向真正的消费市场进行检验，其目的在于了解经销商的经营反馈，以及消费者使用和复购的实际情况，同时评估市场规模，进而制定适当对策。

（8）面向市场。

在这一阶段，基地营地高层管理者应当做以下决策：何时推出新产品；在何地推出新产品；向谁推出新产品；如何推出新产品。只有这些问题得到解决，基地营地才能真正实现将新产品推向市场的目标。

（二）现有产品营销策划

1. 改变现有产品形象

改变现有产品的形象，主要通过调整产品的定位来实现。基地营地在开发市场和将产品投放市场时，应当首先识别并锁定市场上尚未被占据的"空位"，对产品进行准确定位。然后通过各种传播手段迅速"占位",以赢得目标市场消费者的认可和接纳,从而稳定地占据一定的市场份额。

2.调整现有产品组合

所谓产品组合,是指一个企业生产或经营的全部产品线、产品项目的组合方式。企业主要通过三个问题来确定最佳的产品组合:其一,是否增加、修改或剔除产品项目;其二,是否扩展、填充和删除产品线;其三,需要增设、加强、简化或淘汰哪些产品线。

3.淘汰现有产品

分析现有产品的市场处境,一般可采用波士顿咨询公司提出的销售增长率—相对市场占有率矩阵(简称波士顿矩阵)来进行剖析。

波士顿矩阵可以为基地营地优化产品种类和项目服务。它的分析指标有两个:销售增长率和相对市场占有率。根据这两个指标,产品组合中的各类产品和项目服务可分别归入不同的象限(见图7-3)。

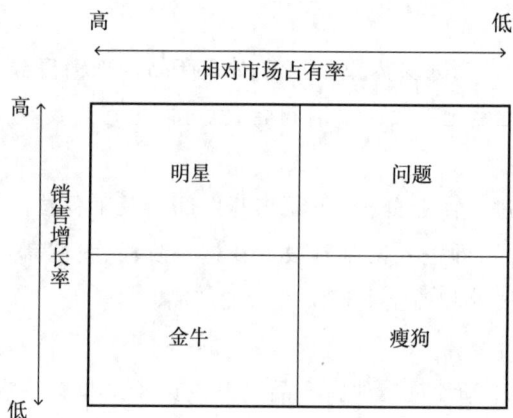

高　　　　　　　　　　　　　低

相对市场占有率 →

	高		
销售增长率	明星	问题
	金牛	瘦狗
低		

图7-3　波士顿矩阵

销售增长率是指基地营地本年销售增长额与上年销售额之间的比率,反映销售的增减变动情况。销售增长率是衡量基地营地经营状况和市场占有能力、预测基地营地经营业务拓展趋势的重要指标,也是基地营地优化增量资本和存量资本配置的重要前提。其计算公式如下:

$$销售增长率=本年销售增长额/上年销售额$$
$$=(本年销售额-上年销售额)/上年销售额$$

相对市场占有率是本基地营地某项业务的市场份额与同行业中最大竞争者的市场份额之比。当本基地营地的市场份额最大时,相对市场份额就是本基地营地市场份额与市场中第二大基地营地市场份额之比。

波士顿矩阵对于企业产品所处的四个象限具有不同的定义和相应的战略对策。

一是问题产品。问题产品指处于高销售增长率、低相对市场占有率象限内的产品。这类产品的市场机会大、前景好,但在市场营销上存在问题。对于问题产品,应采取选择性投资战略,对于那些经过改进可能会成为明星产品的,应进行重点投资,提高市场占有率,使之转变成明星产品;对于其他将来有希望成为明星产品的,则在一段时期内采取扶持策略。因此,问题产品的管理组织,最好是采取智囊团或项目组织等形式,选拔有规划能力、敢于冒风险、有才干的人负责。

二是明星产品。明星产品是指处于高销售增长率、高相对市场占有率象限内的产品。这类产品可能成为基地营地的金牛产品,需要加大投资以支持其迅速发展。应采用的发展策略是积极扩大经济规模和市场机会,以长远利益为目标,提高市场占有率,增强竞争力。管理明星产品最好采用事业部形式,由对生产技术和销售两方面都很内行的经营者负责。

三是金牛产品。金牛产品又称厚利产品,是指处于低销售增长率、高相对市场占有率象限内的产品,已进入成熟期。对于这一象限内的大多数产品,市场占有率的下跌已成不可阻挡之势,因此可采用收获战略,即所投入资源以达到短期收益最大化为限。对于这一象限内的销售增长率仍有所增长的产品,应进一步进行市场细分,维持当前市场增长率或延缓其下降速度。金牛产品适合用事业部制进行管理,其经营者最好是市场营销型人物。

四是瘦狗产品。瘦狗产品也称衰退类产品,是处在低销售增长率、低相对市场占有率象限内的产品。对于这类产品,应采用撤退战略。首先应减少批量,逐渐撤退,如那些销售增长率和相对市场占有率均极低的产品应立即淘汰;其次是将剩余资源向其他产品转移;最后是整顿产品系列,最好将瘦狗产品与其他产品合并,统一管理。

四、基地营地策划创意与策划书

(一)基地营地策划创意

1.创意的概述

1)创意的内涵

创意包含三个方面的内涵:①创意来源于独特的心智,竞争者难以模仿。创意是思想库、智囊团的能量释放,是思维的碰撞、智慧的交融,是创造性的系统工程。②创意是用新的方法组合旧的要素的过程。创意其实是在不断寻找各种事物、事实存在的一般或不一般的关系(要素之间的关系),然后将这些关系重新组合、搭配,使其产生奇妙且富有变化的创意。③真正决定营销策划方案实施效果、影响消费者购买与否的是创意的内容,而不是它的形式。策划创意并非投机取巧,而是一条通向消费者、打动消费者的捷径。

2)创意的要求

创意作为一种创造性辩证思维,具有不同于其他思维的要求,主要体现在以下几个方面。

（1）积极的求异性。创意思维实为求异思维。求异性贯穿于创意形成的整个过程之中，表现为对司空见惯的现象和人们已有的认知持怀疑、分析和批判的态度，并在此基础上探索符合实际的客观规律。

（2）迸发的灵感。灵感是人们受外界的触动而闪现出的智慧之光，是人们在平时知识积累的基础上，于特殊情况下受到触动而迸发出来的创造力。虽然灵感具有随机性，无法刻意追求，但它本质上是思维的沉淀。唯有持续积累知识，方能促使灵感的迸发。

（3）敏锐的洞察力。洞察力是以批判的眼光，准确且深入地观察并认知复杂多变的事物之间相互关系的能力。敏锐的洞察力是创意者提出构想、成功解决问题的基础。

（4）丰富的想象力。想象是表象的深化，想象力是人们凭借感知而产生的预见、设想。想象力是知识更新的驱动力，也是推动创意发展的源泉。

2. 创意的产生过程

（1）创意的构想。一个好的创意是从联想开始的，通过联想，众多创意便会涌现出来。这种联想常被称为创意暗示、灵感、模糊的印象或灵机一动等。

（2）创意线索的寻找。当有了创意灵感后，就要试着设定策划主题。当策划主题设定完毕后，主要考虑的是通过什么样的创意来策划，以及作为策划核心的创意又该如何想出来。这时就要设法收集创意的线索，让创意灵感不断迸发，并整理成可能实现的构想，然后将其融入策划方案中。因此，从探寻创意线索（暗示）、激发创意到形成策划方案的一连串作业，也就是信息的探索、变形、加工、组合的过程。

（3）创意的产生。人脑并不会凭空产生创意，只有在充分获得外界信息的前提下，对信息进行整理、加工、组合后，才能产生暗示、灵感、突发念头，并逐步形成可能实现的构想，最后经过整理、琢磨出来的，便是创意。

3. 创意的方法

（1）组合，指将旧元素进行新的组合。以组合的观点来分析创意，可概括为"创意＝A＋B"，如"创意＝情报＋情报""创意＝情报＋物""创意＝物＋物"。

（2）改良，指将旧产品或旧事物加以改进，使其具有新的功能。改良是创意的重要来源。创造性模仿不是仿冒，而是将原有的产品变得更加完善。

（3）用途创新，指开发产品的新用途，或者改变产品的用途，但产品本身无任何改变，只是换一种角度或眼光去看待产品。

（二）基地营地策划书

策划书作为创意和策划的物质载体，是策划内容的文字或图表的呈现形式，它使得策划方案能够被他人所知道并接纳，使策划由一种思想逐步变成现实。策划书作为创意与策划的物化载体,是策划内容的文字或图表呈现形式,它使得策划方案得以被他人理解和接纳,从而使策划从一种理念逐步转化为现实。

1. 策划书的框架要素

无论哪个层次或哪个部门的营销策划书,其基本框架均应包括下列内容,通常可以概括为"5W3H1E":

(1) What(什么)——策划的目标、内容;

(2) Who(谁)——策划的相关人员;

(3) Where(何处)——策划的场所;

(4) When(何时)——策划的日程计划;

(5) Why(为什么)——策划的假设、原因;

(6) How(怎样)——策划的方法和整体系统运转;

(7) How(怎样)——策划的表现形式;

(8) How(多少)——策划的预算;

(9) Evaluation(评估)——效益评估。

这里需要特别指出的是,"5W3H1E"是策划书的框架内容,这几个要素缺一不可,但这并不意味着它们是策划书的全部内容。不同专题的策划书,其目标和要求各异,因此,具体内容也千差万别。

2. 策划书的框架及内容

1) 策划书的框架

策划者要先依据创意灵感和策划意图勾勒出营销策划书的主体框架,再着手撰写具体内容。框架不仅是策划的总体思路的体现,还是找到具体问题的切入点,能使人及时发现不足和遗漏之处。

图7-4所列举的策划书框架可以为我们提供一般性指导和写作格式参考,但在具体的编写过程中要灵活运用,不必拘泥于形式。

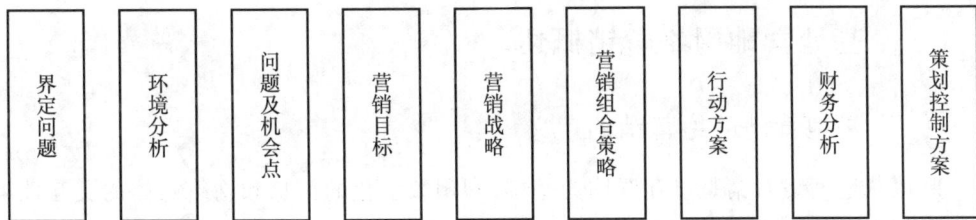

界定问题	环境分析	问题及机会点	营销目标	营销战略	营销组合策略	行动方案	财务分析	策划控制方案

图7-4　策划书框架

2) 策划书的内容

营销策划书是研学基地营地根据自身营销目标对基地营地的市场环境、营销战略、营销方案等方面进行设计和规划的文书。策划者需要了解和掌握一份完整的营销策划书应该包括的内容,以便其明确此次活动涉及的关键信息,从而为基地营地的整

知识活页

营销策划书的基本内容

体营销活动提供科学有效的营销指南。

（1）合理使用理论依据。要提高营销策划内容的可信度，并增强其对阅读者的说服力，就要为策划者的观点寻找理论依据。合理运用理论依据虽能起到事半功倍的效果，但需避免纯粹的理论堆砌。

（2）适当举例说明。在营销策划书中，加入适当的成功与失败的例子既可以充实内容，又可以增强说服力。

（3）充分利用数字说明问题。撰写策划书是为了指导基地营地营销实践，因此必须确保其可靠性。营销策划书的内容应有理有据，任何一个论点最好都有据可依，而数字正是最有力的依据。

（4）运用图表，使内容视觉化。图表具有直观效果，并且比较美观，有助于阅读者理解策划内容。利用图表进行比较分析、概括归纳、辅助说明等，往往能产生较好的呈现效果。

（5）突出重点，切勿面面俱到。在策划过程中，应突出重点，切勿目标过多。如果策划书中观点和想法太多，则容易分不清策划的焦点和主体。

（6）准备若干方案，未雨绸缪。无硬性规定一次只能制定一个策划方案，实际上，针对同一主题，可以同时制定两个或三个策划方案。

（7）有效利用版面设计，增强感染力。策划书视觉效果的优劣在一定程度上取决于版面设计，因此，有效利用版面也是策划书撰写的技巧之一。优秀的版面设计能使策划书突出重点、层次分明、严谨而又不失活泼。

（8）重视细节，完善策划书。细节往往容易被人忽视，但对策划书来说，这些细节十分重要，因此，撰写策划书时应注意错字、漏字、专用词汇、纸张等细节问题。

第四节　基地营地网络营销

一、基地营地网络营销概述

（一）基地营地网络营销的定义

基地营地网络营销是以互联网为基础，利用数字化的信息和网络媒体的交互性来辅助实现基地营地营销目标的一种新型的市场营销方式。如何用一根"线"把零散的研学推广元素串成"珍珠项链"，是网络营销的核心。

（二）基地营地网络营销的特点

1. 交互性

网络是一个双向沟通的媒体，对每个人而言都是平等的。在网络营销中，顾客可以在基地营地的网站上浏览,在线提交表单,在留言本上写下意见,从常见问题解答中找到问题的解决方案,或者通过微信公众号、微信小程序、微博等渠道与基地营地营销人员进行在线沟通。

2. 个性化

在研学产品与服务更为发达的今天,顾客有了更多的选择机会。每位顾客都愿意选择那些最能满足自身研学需求的产品。

3. 竞争度

网络极大地拓展了人们的思维空间,几乎所有想知道的信息都可以通过网络获得。基地营地要想生存,就必须不停地创新,开发新产品,以满足细分市场中顾客的需求。

(三)基地营地网络营销策划的原则

基地营地网络营销策划是为了达成特定的网络营销目标而进行的策略思考和方案规划,网络营销策划有以下原则。

1. 系统性原则

网络营销是以网络为工具的系统性的基地营地经营活动,是在网络环境下对基地营地市场营销的信息流、商流、制造流、物流、资金流和服务流进行的管理。

2. 创新性原则

网络为顾客比较不同基地营地的产品和服务所带来的效用和价值提供了极大的便利。在个性化消费需求日益凸显的网络营销环境中,通过创新打造与顾客的个性化研学需求相适应的产品特色和服务特色,是提高效用和价值的关键。

3. 操作性原则

网络营销策划的第一个结果是形成网络营销方案。网络营销方案必须具有可操作性。这种可操作性,表现为在网络营销方案中,策划者根据企业网络营销的目标和环境条件,就企业在未来的网络营销活动中做什么、何时做、何地做、何人做、如何做等问题都进行了周密的部署、详细的阐述和具体的安排。

4. 经济性原则

网络营销策划必须以经济效益为核心。网络营销策划本身会消耗一定的资源,通过实施网络营销方案,基地营地经营资源的配置状态和利用效率可以得到有效提升。网络营销策划的经济效益,是策划所产生的经济收益与实施成本之间的比率。

5. 协同性原则

网络营销策划应该是各种营销手段的组合应用,而不是各种方法的单独使用。只有论坛、博客、贴吧、微信、微博、抖音等网络资源协同应用,才能真正达到网络营销的目的。

二、基地营地网络营销方式

随着互联网技术的发展,基地营地网络营销方式不是一成不变的,而是不断创新和改进的,按照目前的新媒体发展态势,它可以分为以下几类。

(一)社群营销

通俗地讲,社群营销就是将顾客变成粉丝,再将粉丝变成朋友的一个过程。社群营销是指具有相同或相似的兴趣爱好或者一定的利益关系的一群人,借助某种平台聚集在一起,通过产品销售或者服务,满足不同群体需求而产生的一种有着独特优势的营销方式。社群营销所依托的平台并不局限于网络领域,各种平台和社区都可以开展社群营销。比如线上的论坛、微博、QQ群、贴吧等,以及线下的社区,都可以作为社群营销的平台。研学基地营地可以通过社交平台建立群聊(即社群),利用社群来吸引粉丝、引流,以及宣传基地营地基本情况、新产品、新课程、新活动、新导师、新服务等。

(二)短视频营销

所谓的短视频营销,就是将品牌或者产品融入视频,通过剧情和段子的形式将其演绎出来,类似于广告,但又与传统广告不同,关键在于用户观看的过程中,不知不觉将产品推荐给用户,使用户产生共鸣并主动下单和分享,从而达到裂变引流的目的。短视频是当前极为火爆的网络营销方式,一段好的短视频、一场好的直播所能产生的宣传效果是极好的。目前,市场上比较火的短视频APP有抖音、快手、微视等。要想做好短视频营销,走心的内容是必不可少的,唯有凭借优质内容,方能赢得人心。

(三)自媒体平台营销

所谓自媒体营销,是指企业或个人利用自媒体进行的营销。企业或个人主要利用社会化网络、在线社区、博客、百科、短视频、微博、微信等平台发布和传播信息。自媒体时代,每个人都具备获取和接收信息的能力,同时也可以发布和传播信息,人人都可以成为主角。研学基地营地可以利用自媒体平台所具有的,打破时空界限、口碑效应强、交互性强、个性化强、成本低的特点,在自媒体上发布主打内容,提升影响力和吸引粉丝,进而收获忠实客户。

(四)微博营销

微博营销是指商家、个人等借助微博平台创造价值而开展的营销活动,也是指商家或个人通过微博平台发现并满足用户的各类需求的商业行为方式。微博营销以微博为营销平台,每一位粉丝都是潜在的营销对象。研学基地营地可通过更新微博,向网友传播基地营地信息,树立良好的基地营地形象。每天更新内容就可以跟网友交流互动,或者发布网友感兴趣的话题,从而达到营销的目的,这样的方式就是微博营销。此营销方式注重价值的传递、内容的互动、系统的布局、准确的定位,微博的蓬勃发展使得其营销效果尤为显著。微博营销涉及的内容包括账号认证、粉丝运营、话题策划等。

(五)网站营销

网站营销是指在互联网上推广网站。开展网站营销的主要目的是吸引更多目标访问者并促使其转化为消费者。为了成功地在互联网上推广研学基地营地网站,通常需要制定可靠且可执行的策略,其内容具体包括:进行网站设计审查、针对网站做SEO优化、针对社交媒体优化网站、制订内容营销计划、在社交媒体上推广网站、使用付费广告吸引更多消费者、利用电子邮件营销与受众互动、利用再营销使消费者回到网站、保持网站内容不断更新等。此外,基地营地还可以选择适合的门户网站去发帖投稿,做自己的专题。

三、基地营地网络营销策划

网络营销策划是策划要做的具体工作,要解决的具体问题。一般而言,它包括以下工作内容。

(一)目标策划

目标策划是指在制定目标时,结合市场营销的多方面因素,对活动能够达成的目标进行规定和策划。目标策划有三方面的要求。

1. 时间要求

有目的、有计划的活动如果没有时间限制势必是空洞和不切实际的。

2. 多重性要求

企业营销应有远期目标、近期目标、即时目标等,即目标是多重的,不止一个。

3. 量度要求

无论是心理目标还是经济目标,都要求以数量化的形态表现出来,力求精确,越精确越会给人以信心。

(二)对象策划

营销对象是指基地营地在市场营销战略中确定的目标市场,也就是产品的潜在顾客,它是细分市场的结果。基地营地要找到属于自己的营销对象,就要认真研究市场。经过市场细分,基本确定了对象之后,就要深入调查和分析这些顾客的相关情况及平时接触媒体的习惯等,然后将所得的结果用文字明确表述出来。

（三）地区策划

地区策划是指基地营地准备在哪些地区面向顾客开展营销活动,或者说营销活动要覆盖哪些地区。地区策划与营销市场密切相关,两者之间最好是一一对应的关系。

（四）时间策划

1.时段策划

时段策划的范畴包括:从什么时间开始,到什么时候为止;是集中时间迅速造成声势,还是细水长流、着眼长远;是抓住销售旺季,还是利用节假日;等等。

2.时序策划

时序策划的范畴包括:营销活动是安排在商品进入市场之前或进入市场之后,还是尽量与进入和退出市场保持同步;是先投放提示性广告,还是投放详情广告;是通过影视渠道进行推广,还是通过微信、微博进行推广;等等。

3.时点策划

时点即开始的具体时间。

4.频率策划

频率即在一定时限内计划开展营销活动的次数。

（五）营销战略

营销战略是对活动的全局性指导思想的谋划,因此,基地营地应充分注意营销战略的策划。根据目标市场情况运用的战略有市场开发战略、市场渗透战略和集中优势战略;根据产品分析运用的战略有优势产品战略、产品生命周期战略和产品系列化战略;根据实际情况运用的战略有全方位战略、多媒体战略和集中战略。

（六）主题策划

主题要尽可能明确清晰,在内涵把握上要深入准确,在表述形式上要明快清晰。主题还应该是统一的,其一指主题要和产品定位、市场定位相吻合,其二指同一产品或同一企业需保持主题上的一致性或系列性。

（七）媒体策划

媒体策划不仅涵盖网络媒体,还涉及与其他媒体的配合。一般而言,目前必须考虑网络媒体与其他媒体的组合运用,只有网络媒体与其他媒体配合起来,才能达到最佳的营销效果。

（八）预算

预算是指策划者对策划活动所需费用提前做出的规划与安排。它是策划的重要组成部分,实际操作中有两种情况,一种是根据预算来制订计划,另一种是根据计划来确定预算。

（九）效果测评策划

在策划阶段,策划者应提前向基地营地说明如何测评营销策划的效果。

第五节　基地营地宣传推广

一、基地营地宣传推广的基本内涵

（一）基地营地宣传

基地营地宣传是指在营销策划文案实施前和实施过程中,根据产品的特色和个性,按计划全面展开的对外宣传攻势,其目的在于实现营销策划的目标。基地营地宣传应遵循准确性、及时性、针对性、适度性、反馈性和创造性等基本原则。

（二）基地营地推广

推广是将组织与产品信息传播给目标市场的活动,它的主要焦点在于沟通。通过推广,基地营地能够让消费者知晓、了解、喜爱或购买该产品,进而影响产品的知名度、形象、销售量,甚至对基地营地的长期生存与发展产生影响。

所有推广活动的最终目标是希望促使消费者购买,但消费者的购买行为无法一蹴而就,必须经历一连串的心理反应。这一连串的心理反应包含知晓、了解、好感、偏好、信念与购买,它们统称为消费者反应层级或效果层级。这六种反应之间具有前后连接的关系,共同构成了推广的目标。

二、基地营地宣传推广的主要方式

（一）新闻宣传推广

新闻宣传推广是指由新闻工作者将有新闻价值的信息,通过大众传播媒介告知社会公众的一种传播形式。其立足点是基地营地通过开展具有新闻价值的营销公关活动,展现其对社会公众的关心、对社会整体利益的追求,进而获得社会公众的信赖与支持。

（二）广告宣传推广

广告包括产品形象广告、企业形象广告等多种类型。广告传播活动是通过一定媒介,有计划地将组织提升自身公众形象的信息传递给社会公众的一种宣传手段。广告策划的立足点是通过这种传播方式,让社会公众了解组织的情况,获得公众对组织的信赖与支持,树立组织的声誉与形象。

(三)人员宣传推广

人员宣传推广主要是指基地营地在有计划、有目标地选派推销人员,向用户介绍、宣传、推广和销售产品的过程中所采取的宣传行为。

(四)网络自媒体宣传推广

近年来,随着网络自媒体的发展,营销形式也发生了较大的改变。基地营地会通过微博、微信公众号、微信小程序、抖音、快手等平台进行文字或视频宣传推广,同时不断创新宣传内容,以此扩大影响力,吸引更多消费者。

三、基地营地宣传推广的主要策略

宣传推广的策略主要包括造势策略和借势策略两种。

(一)造势策略

造势营销是指基地营地通过大众传播媒介的报道,引起社会大众或特定对象的注意,营造对自身有利的声势,达到扬名的目的,进而提高其品牌知名度,同时在公众心中树立良好的企业形象,并扭转那些对基地营地不友善的态度或者不利的看法。当表面看似不具备开展营销策划宣传的时机时,组织应积极分析环境信息,将各种潜在的有利因素组合起来,创造出适宜活动开展的时机,并据此策划专项营销公关活动,进而通过活动营造有利于组织发展的积极态势。在造势时,基地营地应注意把握好"度",既要达到既定的营销目的,又不能过度刺激公众,以免公众产生反感情绪。

延伸阅读
▼
文昌航天
超算中心

(二)借势策略

借势营销是指基地营地将品牌与社会热点事件进行关联,借助公众对热点话题的关注,引导其将注意力转向基地品牌的一种营销策略。具体而言,借势营销依托人们关注的焦点顺势而为,让更多的人认识和关注基地营地,以此提高基地营地及其产品的知名度,实现公众从关注热点话题到关注基地营地的转变。

本章小结　　本章从市场营销的基本概念和一般理论出发,界定了基地营地市场营销的基本概念、主要特点;阐述了市场调研、市场分析、市场细分和市场定位;从前期准备、形象策划、新产品策划和创意与策划书等方面介绍了基地营地营销策划;从定义与特点、方式与策划等几个方面介绍了网络营销在基地营地中的应用;在宣传推广方面,着重探讨了基本内涵、主要方式和主要策略。

第八章
研学基地营地质量管理

学习目标

知识目标：

（1）了解研学基地营地质量管理的主要内容。

（2）熟悉研学基地营地质量的控制要点与改进措施。

（3）了解研学基地营地质量管理体系认证的相关知识。

能力目标：

（1）熟悉研学基地营地质量评价的相关内容。

（2）熟悉研学基地营地质量认证的工作流程。

素养目标：

（1）掌握研学基地营地质量管理的重要性和必要性。

（2）掌握研学基地营地质量管理体系认证的条件和流程。

知识框架

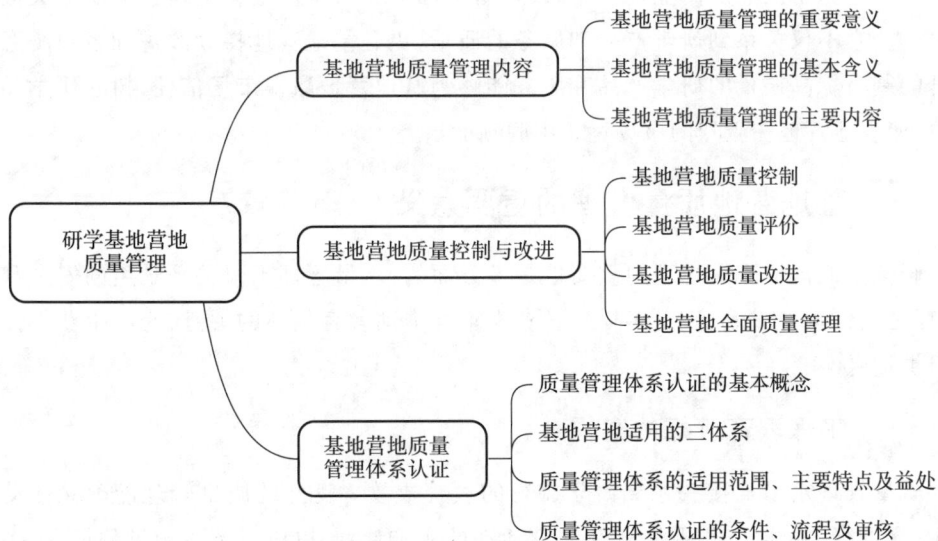

教学重点

（1）研学基地营地质量管理的含义和内容。

（2）研学基地营地质量控制与改进。

（3）研学基地营地质量管理体系认证。

教学难点

（1）研学基地营地质量控制内容及改进策略。

（2）ISO质量管理体系认证的适用范围。

启发思考

（1）PDCA循环在研学基地营地质量管理中是如何应用的？

（2）研学基地营地在质量管理方面应考虑哪些内容？

学前导入

PDCA循环——研学基地营地质量管理的有效方法

第一节　基地营地质量管理内容

在当今竞争激烈的商业环境中，质量管理已成为研学基地营地运营成功的关键因素之一。它不仅关系到研学产品和服务的质量，更是基地营地持续改进和客户满意度提升的基石。高质量的研学产品和服务能够为基地营地赢得市场信任，树立研学品牌形象，使基地营地在激烈的市场竞争中脱颖而出。

一、基地营地质量管理的重要意义

研学基地营地质量管理的重要性是多方面的，质量管理不仅关乎学生的安全和健康，更是确保教育成效、满足多样化教育需求并推动教育创新的关键，为学生获得知识的提供重要保障。

（一）确保教育目标的实现

质量管理水平直接关系到研学旅行的教育成效。良好的质量管理能确保活动安全、有序进行，并能实时调整、优化教育活动的实施计划，以应对不可预见的情况，满足

Note

参与学生的个性化需求。有效的质量管理能够保证研学旅行中教育资源(如师资、教材和方法论)的质量,从而促进教育成果的达成。

(二)提升研学安全保障

安全是研学旅行中极为重要的考量因素之一。良好的质量管理体系能够为参加研学旅行的学生提供全方位的安全保障(包括食品安全、住宿安全、交通安全等),同时有效预防和控制各类安全风险。此外,必要的质量管理还包括对学生开展事前安全教育及紧急情况下的应对训练,这能有效提高学生的自我保护能力和危机处理能力。

(三)增强学生实践能力

研学旅行为学生提供了实际操作的机会,有利于学生将理论知识与实际操作相结合,增强解决实际问题的能力。例如,通过科学实验、历史实地考察等,学生能够获得更为直观和深刻的学习体验。质量管理能保障这些实践活动的安全性与有效性,通过规范的操作程序和严格的监督机制,确保每一个实践环节都能达到教育目标的要求。

二、基地营地质量管理的基本含义

(一)质量与质量管理

朱兰认为,质量就是适用性的管理、市场化的管理。费根堡姆认为,质量管理是为了能够在最经济的水平上,充分满足顾客需求的条件下,进行市场研究、设计、制造和售后服务,集企业内各部门的研制质量、维持质量和提高质量的活动于一体的有效体系。国际标准和国家标准将质量管理定义为在质量方面指挥和控制组织的协调活动。

(二)基地营地质量管理

本章借用 ISO(国际标准化组织)关于质量管理的定义来对研学基地营地质量管理进行定义。ISO 认为,质量管理是确定质量方针、目标和职责,并在质量体系中通过诸如质量策划、质量控制、质量保证和质量改进,使质量得以实现的所有活动。因此,研学基地营地质量管理是指基地营地确定质量方针、目标和职责,并通过质量体系中的质量策划、质量控制、质量保证和质量改进,使基地营地的质量得以实现的全部活动。

(三)质量管理的百年历程

1875年以前,质量由工人自己控制,此时为放任管理阶段。

19世纪末20世纪初,泰勒提出科学管理理论,主张制定标准的作业方法、作业时间和日工作量,以及检验活动与其他职能分离,设置专职检验人员及检验部门。

1925年,休哈特提出统计过程控制理论,应用统计技术对生产过程进行监控,以减少对检验的依赖。

1930年,道奇和罗明提出统计抽样的检验方法。

20世纪40年代,美国贝尔电话公司应用统计质量控制技术取得成效;美国军方要求物资供应商推行统计质量控制方法,并以休哈特、道奇和罗明的理论为基础,制定了最初的质量管理标准。

20世纪50年代,戴明提出质量改进的观点,主张利用统计技术进行质量和生产力的持续改进,认为大部分的质量问题是生产和经营系统的问题,强调最高管理者对质量管理的责任,并不断完善其理论,最终形成了戴明质量管理十四法,并开始开发提高可靠性的专门方法。

1958年,美国军方制定了MIL-Q-9858A等系列军用质量管理标准,并在MIL-Q-9858A中提出了质量保证的概念,对西方工业社会产生了巨大影响。

20世纪60年代初,朱兰、费根堡姆提出全面质量管理的概念,强调对覆盖所有职能部门的质量活动进行策划。戴明、朱兰、费根堡姆的质量管理理论在日本被普遍接受,并且因果图、流程图、直方图、检查单、散点图、排列图、控制图这七种工具被广泛用于质量改进。

20世纪60年代中期,北大西洋公约组织制定了AQAP质量管理系列标准,它以MIL-Q-9858A为蓝本,引入了设计质量控制的要求。

20世纪70年代,TQC使日本的企业竞争力极大地提高,日本企业的成功,使全面质量管理理论在世界范围内产生了巨大的影响,同时涌现出石川馨、田口玄一等世界著名的质量管理专家。

1979年,英国制定了国家质量管理标准BS 5750。

20世纪80年代,菲利浦·克劳士比提出零缺陷的概念,认为只要缺陷为零,就不会产生与质量低劣问题相关的成本,质量会变得"免费"。许多国家设立质量管理奖进行激励,此外,许多企业高层也十分重视质量管理,将全面质量管理作为一种战略管理模式引入企业。

1987年,ISO 9000族标准问世,基于BS 5750,开始对世界范围内经济活动和贸易产生影响。

1994年,ISO 9000族标准改版,第三方质量认证普遍开展。

20世纪90年代末,全面质量管理已为许多世界级企业的成功经验所证明,它是一种使企业获得核心竞争力的管理战略,同时,质量的概念也从狭义的符合规范发展到以顾客满意为目标。

21世纪,知识创新和管理创新极大地推动了质量的提升,同时,质量管理呈现出标准化、网络化、数字化的迅猛发展态势。

三、基地营地质量管理的主要内容

质量管理的主要内容可以概括为四个部分:质量策划(Quality Planning)、质量控制

（Quality Control）、质量保证（Quality Assurance）和质量改进（Quality Improvement）。这四个部分相互关联,共同构成了一个全面的质量管理体系。

（一）质量策划:奠定成功基石

1.定义与目的

质量策划是指在研学基地营地产品开发和服务提供的早期阶段,对质量目标进行明确设定,并确定实现这些目标的计划和方法。其目的是确保从源头上控制质量,避免后期出现重大质量问题,从而减少成本和时间的损失。例如,研学基地营地在设计新研学产品时,会进行详细的质量策划,包括选择符合安全标准的资源、设计满足研学要求的课程,以及制定严格的品控流程。

2.关键步骤与方法

质量策划的关键步骤包括市场调研、风险评估、目标设定、资源分配和流程设计。例如,研学基地营地在推出新产品前,会通过市场调研来确定消费者的需求和期望,然后根据这些信息设定具体的质量目标。接下来,基地营地会评估潜在的风险,并制定应对策略。在资源分配阶段,基地营地会根据项目的规模和复杂性,分配必要的人力和物力资源。在流程设计阶段,基地营地会编制详细的作业指导书和标准操作程序,确保每个环节都能达到预先设定的质量标准。

3.质量策划的成功案例

以丰田汽车公司的"精益生产"为例,该公司通过对生产过程的精心策划和优化,实现了高效率和高质量的生产。丰田采用了一系列质量策划工具,如5S(整理、整顿、清扫、清洁、素养）、JIT(准时制)和Kanban(看板)等。这些工具帮助公司减少了库存积压,提高了生产效率,同时保证了产品质量。据统计,丰田的缺陷率远低于行业平均水平,这在很大程度上得益于其出色的质量策划。

（二）质量控制:实时监控与纠正

1.定义与目的

质量控制是指研学基地营地在生产和服务过程中,通过一系列技术和活动来监测和评估质量,确保研学产品或服务符合预先设定的标准和规格。其目的是及时发现偏差,并采取措施来纠正偏差,防止不合格品进入下一生产环节或交付给客户。

2.实施方法与工具

质量控制的实施通常依赖于统计过程控制（SPC）、故障模式与影响分析（FMEA）、根本原因分析（RCA）等工具。SPC通过收集和分析数据来监控过程的稳定性,及时发现异常波动。FMEA则是一种预防性的分析方法,用于识别潜在的故障模式及其影响,以便采取预防措施。RCA是在问题发生后,追溯问题的根本原因,并制定相应的纠正措施。

3.质量控制的挑战与对策

质量控制的挑战包括不断变化的客户需求、新技术的应用以及全球化供应链的管理。对策包括持续的员工培训、采用先进的自动化检测设备,以及建立灵活的供应链管理系统。例如,为了应对全球化供应链的挑战,一家跨国研学机构建立了集中的质量管理信息系统,该系统能够实时跟踪全球范围内的供应商表现,确保所有成员都符合质量标准。通过这种方式,企业能够及时响应质量问题,减少生产延误和避免成本增加。

(三)质量保证:建立信任与信心

1.定义与目的

质量保证是指研学基地营地通过一系列的系统性活动,确保整个组织的质量体系能够稳定地满足内部和外部客户的需求。它不仅包括质量控制的活动,还涵盖了管理层面的责任、程序文件的编制,以及质量体系的审核。质量保证的目的在于建立信心,向客户证明基地营地有能力持续提供符合质量要求的产品或服务。

2.质量保证体系

质量保证体系通常基于ISO 9001进行构建,该标准提供了一套全面的质量管理原则和要求。基地营地需要制定质量政策、目标和程序,并通过内部和外部审核来验证这些程序的有效性。

3.质量保证的监督与评审

为了保证质量保证体系的有效性,基地营地需要定期进行监督和评审。这包括内部审核、管理评审以及第三方认证机构的审核。内部审核有助于识别体系中的潜在不足,而管理评审则是高层管理者对质量体系绩效的评价,第三方认证机构的审核则提供了一个独立的评价,增加了客户对组织质量承诺的信任。

(四)质量改进:追求卓越无止境

1.定义与目的

质量改进是一个持续的过程,旨在通过系统的方法和工具来提升研学产品或服务的质量水平。它不仅注重解决当前的问题,更注重预防未来的问题,并寻求在整个基地营地中推广最佳实践。质量改进的目的是提高效率、降低成本、提升客户满意度,并最终实现基地营地的长期成功。

2.改进工具与技术

质量改进常用的工具和技术包括PDCA(计划—执行—检查—行动)循环、六西格玛、精益生产以及持续改进小组等。PDCA循环提供了一个迭代的框架,用于持续改进过程和产品。六西格玛通过减少过程变异和缺陷来实现质量的提升。精益生产侧重于消除浪费,提高生产效率。持续改进小组则是跨部门的团队,专注于特定的改进项目。

3. 持续改进的策略

持续改进的策略需要一个明确的改进文化、员工的参与和承诺,以及对改进成果的认可。研学基地营地应该鼓励员工提出改进建议,并为实施这些建议提供资源和支持。此外,通过定期的培训和发展计划,员工可以获得必要的技能来支持改进活动。例如,研学基地营地实施了名为"创新星期五"的计划,鼓励员工每周五花一天的时间来探索新的解决方案和技术,以改进研学产品功能和提升用户体验。这种文化激发了创新思维,促使了一系列产品的成功改进和市场竞争力的提升。

质量管理的四个组成部分对基地营地具有深远的意义和重要的价值,它们不仅能帮助基地营地提高研学产品和服务的质量,还能增强基地营地的市场竞争力和提升客户满意度。通过有效的质量管理,基地营地能够减少浪费、优化资源配置、提高生产效率,并在市场上树立起良好的品牌形象,还能够推动基地营地的内部创新,为基地营地的长期可持续发展奠定基础。

基于研学基地营地质量管理的实际情况,接下来主要介绍质量控制、质量改进和质量认证三个部分的基本内容。

第二节　基地营地质量控制与改进

一、基地营地质量控制

基地营地质量控制显然不是只针对基地营地质量的某一个方面展开,这里仅对核心质量与诊断质量进行研究。

(一)核心质量控制

核心质量是研学活动的综合体验质量,换言之,研学团队对基地营地的质量评价往往是整体性的,因此,为了给研学团队提供高质量的基地营地服务,获得研学团队的好评,我们需要对核心质量进行综合质量控制。控制的主要作业技术和措施包括:设立专门机构负责基地营地的质量控制;制定基地营地质量控制操作手册与奖惩措施并颁布实施,使基地营地质量控制经常化、制度化;整合基地营地质量要素,重点关注那些对研学团队综合体验影响较大的要素;科学设置基地营地质量综合目标,为基地营地质量控制提供依据;实时监控研学团队质量评价,及时消除可能引起研学团队不满的因素。

（二）诊断质量控制

1. 规划与建设质量控制

不少基地营地在规划、建设之初便已埋下管理隐患，如与当地居民在权属、利益方面存在处理和分割不清的问题，缺乏长远的目标，项目策划和建设存在盲目性且质量低下等，结果导致基地营地质量管理混乱，研学团队体验感不佳且呈逐年下降趋势。针对这些问题，主要采取以下措施：动态调整基地营地规划，实时废除影响基地营地规划与建设质量的方针与政策；研究研学团队的心理需求，开展有针对性的基地营地项目策划；严格把控项目设计建设质量关，确保基地营地设施设备的人性化、完整性和可靠性。

2. 研学课程质量控制

无论何种类型的基地营地，研学课程质量都是影响研学团队对基地营地评价的关键因素。进行研学课程质量控制的主要措施包括：分解研学中心构成要素，明确研学中心控制目标；以科学和美学为指导，以研学团队为中心，构建基地营地；实时监控研学中心的动态变化，消除不利因素。

3. 环境质量控制

环境往往是影响基地营地质量的重要因素。随着研学团队数量的增加，不少基地营地的环境质量呈下降趋势。进行环境质量控制的主要措施包括：制定环境清洁与生态标准；科学设计并切实执行基地营地环境容量控制标准；组建基地营地环境控制队伍，开展常态化的环境清洁和生态维护工作。

4. 服务质量控制

服务是研学团队对基地营地质量体验的主要感知来源，优质的服务可以弥补基地营地在某些方面的不足。与旅游业其他服务相比，基地营地服务具有相对松散等特点，因此，进行服务质量控制的主要措施应包括：监督工作人员行为的友好程度；提升基地营地的安全性和便利性；控制和减少非基地营地自身服务项目的商业行为；强化基地营地服务行为的统一性。此外，如果基地营地提供住宿、餐饮、购物等服务项目，则应按照国家相关标准进行服务质量控制。

5. 文化质量控制

文化是一种客观存在，基地营地文化也是影响研学团队体验的重要因素，因此，基地营地管理者在文化质量控制方面的主要任务应包含两点：一是明确文化目标，二是丰富文化内容。文化目标在于构建基地营地文化的独特性与认同性；文化内容要服务于文化目标，它可包罗万象，但必须防止恶俗文化的入侵。继承与发掘、创新与再造、调适与发展，是文化质量控制的主要手段。由于基地营地接待对象主要是青少年，在文化方面应注重文化传承和文化自信的潜移默化影响，使青少年树立正确的人生观、世界观。

6. 形象质量控制

基地营地形象是研学团队对基地营地的总体印象与评价,其质量高低与基地营地核心质量具有很高的关联度,有时甚至可替代基地营地核心质量。不过,形象是研学团队在前往基地营地之前和到达基地营地之后,内心形成的综合感知,而游客对基地营地的评价往往是在接受基地营地服务之后,基于预期与实际体验的差异做出的评判。进行基地营地的形象质量控制应从形象特质入手,紧扣形象的信息性,有效地实施事前控制,确保形象与实际质量相符,以增强基地营地的吸引力和提高游客的信任度。

二、基地营地质量评价

在基地营地管理中,服务质量的评价是非常重要的一环,会对基地营地的发展、管理、决策都产生影响。在实际操作过程中,基地营地通过内部组织评价、研学团队评价和第三方评价等方式实现互相协调,共同发挥积极作用。

(一)内部组织评价

基地营地作为服务的提供者,服务质量是基地营地全体员工分工协作和管理水平的综合体现,同时服务质量也逐渐成为基地营地发展的生命线。对服务质量管理来说,基地营地评价自身服务水平是必不可少的环节。基地营地内部组织的评价主要包括以下几个方面。

1. 建立质量评价机构

基地营地应根据自身情况选择合适的组织形式来解决自身问题,比如可设立专门的评价小组,也可由各部门不定期抽调人员参与评价,并由相关人员按照质量文件的格式进行详细记录、分类和归档。

2. 对服务过程进行过程监测

为使服务活动更符合游客需求,基地营地应对关键服务环节进行测量、实地验证。首先要绘制出服务流程图,将每项服务工作的内容和具体步骤清晰地罗列出来。对服务流程中涉及部门衔接、较难控制的部分,采用员工自查与问题分析相结合的形式,对过程进行监测。

3. 基地内部质量标准与时俱进

基地营地需依据服务质量外部标准和内部标准,对安全、绿化、导览、游览设施等部门的员工及各项工作进行考察与内部评价,以了解实际服务水平,并在此基础上,不断对基地营地内部服务质量标准进行修正与完善,使其适应市场发展环境、符合基地营地的实际情况。

(二)研学团队评价

研学团队是基地营地的服务对象,对基地营地服务质量的评价较为直接和实际。

在服务过程中,研学团队的期望与实际体验之间的差距是基地营地服务质量存在的主要问题,因此,基地营地必须通过了解研学团队对基地营地各项服务的感知和意见,确认影响研学团队满意度的各项因素,并对基地营地服务质量、管理水平等进行评估,找出差距,进而明确质量管理改进的方向。

1. 研学团队满意度调查

设计研学团队意见调查表,并采用问卷调查法在基地营地广泛开展研学团队满意度评价工作。具体的操作流程如下:经过培训的工作人员将设计好的有关基地营地服务质量的调查问卷随机发放给研学团队成员,研学团队成员在不受干预的情况下自愿填写问卷,问卷填写完毕后由工作人员统一回收,随后,工作人员利用SPSS等统计软件进行数据分析。问卷调查法具有操作简单、参与度高、比较客观等优点。

2. 管理者现场随访调查

现场随访调查大多由基地营地管理者深入服务一线或是通过与研学团队短暂会面的机会,不着痕迹地获取研学团队对基地营地服务的看法与评价。这种调查方式具有较强的指向性、代表性与样本可控性。基地营地管理者可通过随访、解决问题、答复投诉等与研学团队接触的机会,展开现场访问调查。此外,基地营地的一线服务员工与研学团队面对面接触的机会较多,最有机会收集到研学团队对服务质量的反馈信息。采用这种调查方法时,应加强员工收集研学团队服务质量评价信息的技巧培训,以扩大基地营地服务质量评价指标的选取范围并增加信息量。然而,需注意的是,要避免服务人员为了业绩向研学团队"索要"好评或表扬的做法,以免适得其反。

3. 基地营地服务质量评价模型

消除研学团队对基地营地服务质量的期望与感知之间的差距,是基地营地提高研学团队满意度、提升基地营地服务质量的关键。Parasuraman、Zeithaml和Berry提出了服务质量差距分析模型,并对该模型进行了改进,提出了SERVQUAL模型。近年来,SERVQUAL模型已被管理者和学者们广泛接受和采用。SERVQUAL模型以差别理论为基础,即顾客对服务质量的期望,与顾客从组织实际得到的服务之间的差别。SERVQUAL模型从五个维度(有形性、可靠性、响应性、保证性、移情性)评价顾客所接受的不同服务的质量。每一个维度又被细分为若干个问题,以调查问卷的形式,让用户对每个问题的期望值、实际感受值及最低可接受值进行评分,然后通过数据收集和综合计算得出服务质量的分数。研究表明,SERVQUAL模型不仅适用于测量信息系统服务质量,还是评价和提升服务质量的有效工具。基地营地定期使用SERVQUAL模型制作调查问卷,进行研学团队调查,可以更好地理解研学团队的服务期望和感知,从而帮助基地营地的管理者明确服务质量的提升方向。

(三) 第三方评价

除内部因素外,旅游行业组织、社会环境、政府政策以及宏观调控等多方面因素,均会对基地营地的服务质量产生很大影响,其中,行业组织主要通过团体标准等对基地营地进行评价。

1. 团体标准

目前涉及研学基地营地质量管理的团体标准主要有中国旅行社协会与高校毕业生就业协会颁布的《研学旅行基地(营地)设施与服务规范》(T/CATS 002—2019),旨在提升基地营地服务质量,使基地营地有相对科学、规范的准入条件,引导旅行社正确选择合格的基地营地供应商,保证研学旅行线路产品的服务质量,推动研学旅行服务市场的健康发展。此外,还有郑州市旅游协会发布的《研学旅行基地(营地)建设、管理与服务规范》(T/ZTA 001—2019)和《研学旅行基地(营地)等级评价规范》(T/ZTA 002—2019),以及江苏省农学会发布的《乡村研学旅游基地建设与评估规范》(T/JAASS 23—2021),如表8-1所示。

表 8-1 基地营地现行主要团体标准名录

序号	标准名称	标准号	公布日期	颁布机构
1	研学旅行基地(营地)设施与服务规范	T/CATS 002—2019	2019-03-12	中国旅行社协会
2	研学旅行基地(营地)建设、管理与服务规范	T/ZTA 001—2019	2019-09-23	郑州市旅游协会
3	研学旅行基地(营地)等级评价规范	T/ZTA 002—2019	2019-09-23	郑州市旅游协会
4	乡村研学旅游基地建设与评估规范	T/JAASS 23—2021	2021-12-30	江苏省农学会

2. 地方标准

研学基地营地作为研学旅行过程中,学生学习与生活的主要场所,具备教育与游览、校园与景区的多重功能,是研学旅行的关键要素,在助力青少年健康成长和全面发展等方面具有重要的作用。我国研学基地营地处于初级发展阶段,尚未形成自己的特色,不过,在国家政策持续利好、用户规模庞大、投融资活跃等多重因素的驱动下,我国研学基地营地将迎来快速发展,需要在研学基地营地的选址布局、场所规划、教育设施、生活服务设施、专业人员及服务人员配置、环境卫生、安全保障、管理制度、服务监督等多个方面进行规范,因此,各地政府积极响应,纷纷制定相应的地方标准,以推动研学基地营地的高质量发展。

3. 媒体机构评价

为提高研学基地营地的知名度和美誉度,部分新闻媒体及市场研究机构会开展有关基地营地服务质量的相关评选活动。这些活动主要依据研学资源的丰富程度、研学活动形式的多样性、研学公共服务的完备性等进行评价,结果会对基地营地都会产生一定的影响,形成一定的市场号召力。例如,由中国研学旅行(厦门)论坛组委会推出的2018年中国十大知名研学品牌、中国十大知名研学营地网络评选活动,以及中国旅游研究院的研究报告中提到的2020年全国十大研学目的地城市等。

知识活页
▼

现行研学基地营地的地方标准名录

三、基地营地质量改进

（一）根据研学团队意见改进

基地营地服务质量是通过硬件设施质量和软件服务质量来体现的，但最终是由研学团队满意程度来评价的。基地营地应在试营业时，可提前对研学团队进行意见调查，并找出所有服务项目中研学团队普遍表示不满的地方，对照标准，进行整改，在内部将其解决掉。

（二）根据内部标准改进

基地营地内部标准的制定为各项服务的控制提供了目标，各个工作部门要严格按照操作标准来核对自身的工作，发现问题，及时更正，并且要及时修正内部标准，使之与研学团队的消费习惯、满意度相一致。同时，在利用标准检查各部门在各阶段的工作时，要对标准的客观性和有效性进行检验，以便更好地推进下一步的工作。

（三）引入质量管理体系改进

对于我国基地营地管理和建设等方面的问题，实施标准化无疑是一个比较有效的方式。《研学旅行基地（营地）设施与服务规范》是一套具有规范性、服务性、引导性、发展性的标准。通过落实规范，整个基地营地的运行能够井然有序。

四、基地营地全面质量管理

研学基地营地的质量管理与一般产品质量相比，除了具有一般产品质量的广义性、时效性和相对性，还具有基地营地自身特色，如质量构成的综合性、质量显现的短暂性、质量内容的关联性、对员工和顾客素质的依赖性等，这些特点与全面质量管理（TQM）的理念是一致的。基地营地全面质量管理，是指以质量为中心，以全员参与为基础，旨在让研学者满意，并使基地营地所有者、管理者、供应者、合作者及社会相关者受益而获得长期成功的一种管理途径。其主要观点包括全面质量的观点、为用户服务的观点、预防为主的观点、用数据说话的观点等，主要体现在全员参加质量管理、全过程的质量管理、管理对象的全面性、管理方法的全面性和经济效益的全面性等几个方面。

（一）全员参加质量管理

研学基地营地产品质量是由许多生产环节和各项管理工作综合决定的。研学基地营地中任何一个环节、任何一个人的工作质量，都会不同程度地直接或间接地影响产品质量。全面质量管理中的"全面"，其一意味着质量管理不是少数专职人员的责任，而是研学基地营地各部门、各层级的全体人员共同参加的活动。其二，全面质量管理也不是"大家分散地进行质量管理",而是"为实现共同的目标,大家系统地共同进行质量管理"。因此,质量管理活动必须是研学基地营地所有部门的人员都参加的系统性活动。同时,为了发挥全面质量管理的最大效用,还要加强研学基地营地内部各职能和业务部门之间的横向合作,并且这种合作已经逐渐拓展至研学基地营地外部。

（二）全过程的质量管理

研学基地营地产品质量最初形成于策划和设计过程之中,随后通过生产工序或流程制造出来,最后通过销售和服务传递到用户手中。在这一过程中,产品质量已从原来的制造和检验环节向前延伸至市场调研、设计、采购、生产准备等环节,向后延伸至包装、运输、销售及售后服务等环节,向上延伸至经营管理层面,向下延伸到辅助生产过程,从而形成一个从市场调查、设计开发、生产制造、销售直至售后服务的研学基地营地产品寿命循环周期。此外,为了实现研学基地营地全过程的质量管理,必须建立研学基地营地质量管理体系,将研学基地营地的所有员工和各个部门的质量管理活动有机地整合起来,将影响产品质量的各种因素和环节均纳入质量管理的范畴,只有这样才能在日益激烈的市场竞争中及时地满足用户的需求,不断提高研学基地营地的竞争力。

（三）管理对象的全面性

全面质量管理的对象是质量,并且是广义的质量,不仅包括研学基地营地产品和服务质量,还包括研学基地营地工作质量。只有提高工作质量,才能最终提高产品和服务质量。除此之外,管理对象的全面性还体现在对影响研学基地营地产品和服务质量因素的全面控制上。影响产品和服务质量的因素很多,主要涉及人员、机器设备、材料、工艺方法、检测手段和环境等方面。只有对这些因素进行全面控制,才能实现研学基地营地产品和服务质量与工作质量的协同提升。

（四）管理方法的全面性

尽管数理统计技术在质量管理的各个阶段都是非常有效,然而,由于影响研学基地营地产品质量因素的复杂性(既有物质层面的因素,又有人员方面的因素;既有生产技术的因素,又有管理方面的因素),要做好全面质量管理工作,就不能仅仅依赖数理统计技术,而应该根据不同的情况、针对不同的因素,灵活运用各种现代化管理方法和手段,系统地控制众多影响因素,实现统筹管理。在全面质量管理中,除统计方法外,还经常用到各种质量设计技术、工艺过程的反馈控制技术、最优化技术、网络计划技术、预测和决策技术,以及计算机辅助质量管理技术等。

（五）经济效益的全面性

在市场经济条件下,研学基地营地作为一个经济实体,其主要目标是实现经济效益的最大化。然而,全面质量管理中经济效益的全面性,要求除保证研学基地营地能获得经济效益外,还应从社会的角度和产品寿命循环全过程的角度全面考虑经济效益问题。这意味着,研学基地营地要以经济效益最大化为目标,并使供应链上的生产者、服务机构、销售公司、用户及其他利益相关者均能实现效益最大化。

第三节　基地营地质量管理体系认证

任何组织都需要管理,当管理与质量有关时,则为质量管理。质量管理是在质量方面指挥和控制组织的协调工作,通常包括制定质量方针和目标,以及开展质量策划、质量控制、质量保证和质量改进等活动。若要实现质量管理的方针目标,并有效推进各项质量管理工作,必须建立相应的管理体系,这个体系就叫质量管理体系。

一、质量管理体系认证的基本概念

质量管理体系认证是在质量方面指挥和控制组织的管理体系;是指由取得质量管理体系认证资格的第三方认证机构,依据正式发布的质量管理体系标准,对企业的质量管理体系进行评定。若评定合格,第三方机构将颁发质量管理体系认证证书,并予以注册公布,以此证明企业的质量管理和质量保证能力符合相应标准,或企业有能力按规定的质量要求提供产品。

质量管理体系认证由权威的、公正的、具有独立第三方法人资格的认证机构(由国家管理机构认可并授权的)负责。认证机构会派出由合格审核员组成的检查组,依据认证标准,对申请方质量管理体系的质量保证能力进行检查和评价。针对符合标准要求者,认证机构将授予合格证书并予以注册。质量管理体系认证能够提高竞争优势,提升企业绩效,吸引投资,精简运营流程,减少浪费,提高客户满意度。质量管理体系认证是自愿的,企业获得的质量管理体系认证证书可以用于宣传活动。

二、基地营地适用的三体系

国际标准化组织(ISO)是由各国标准化团体(ISO成员团体)组成的世界性的联合会。国际标准的制定工作通常由ISO的技术委员会负责。各成员团体若对某技术委员会确定的项目感兴趣,均有权参加该委员会的工作。

ISO标准是国际标准化组织制定的一系列管理体系标准,广泛应用于各行各业,旨在帮助企业提高管理水平和竞争力。其中,生产生活中较常见的包括ISO 9001质量管理体系、ISO 14001环境管理体系以及ISO 45001职业健康安全管理体系,它们通常合称为三体系(又称"三标"),适用于包括研学基地营地在内的各行各业。

（一）ISO 9001

ISO 9001是由质量管理和质量保证技术委员会质量体系分委员会制定的一套质量管理体系标准,旨在帮助企业建立、实施、运行、监控、审查、维护和持续改进其质量管理体系。该标准强调以客户为中心,以过程为基础,通过系统的管理方法,确保产品和服务的质量稳定、可靠、符合客户要求。ISO 9001是一个基础性的标准,是迄今为止世界上最成熟的一套管理体系和标准,是企业发展和成长的根本,适用于生产型企业、服务型企业等。

ISO 9001的核心内容包括:

(1)质量管理体系的策划。企业需明确其质量方针、目标以及实现这些目标所需的资源和过程。

(2)质量管理体系的实施。企业应按照策划的要求,确保质量管理体系的有效运行。

(3)质量管理体系的监控和审查。企业需对质量管理体系的运行情况进行持续的监控和定期的审查,以确保其符合标准要求并持续改进。

(4)持续改进。企业应根据监控和审查的结果,不断寻找改进的机会,以提升质量管理体系的有效性。

总的来说,无论企业规模大小或所属行业,目前所有企业都适合进行ISO 9001认证,其适用范围面很广,亦是所有企业发展壮大的基础。针对不同行业,ISO 9001又衍生出不同的细化标准,如汽车行业、医疗行业的质量体系标准等。

（二）ISO 14001

ISO 14001适用于任何组织,包括企业、事业单位及相关政府部门。通过认证后,可证明该组织在环境管理方面达到了国际水平,能够确保组织各环节、产品及活动中的污染物控制达到相关要求,为企业树立良好的社会形象。现在环境保护问题日益受到人们的关注,自从国际标准化组织发布了ISO 14001和其他几个相关标准以来,得到了世界各国的普遍响应和关注。越来越多注重环保节能的企业自愿推行了ISO 14001。一般来说,企业推行ISO 14001有以下几种情况。

(1)注重环境保护,希望通过推行环境管理体系,从根本上实现污染预防和持续改进,同时推动企业开发清洁产品、采用清洁工艺、使用高效设备、合理处置废物的进程。

(2)相关方有所要求,如供方、顾客、招投标等,要求企业提供ISO 14001认证证书。

(3)提高企业管理水平,推动企业管理模式转变。通过控制各种资源的消耗,全面优化企业的成本管理体系。

总而言之,ISO 14001认证是一项自愿性认证,凡是有提升需求的企业都可以推行此项认证,以提升企业的知名度,从根本上提高管理水平。

（三）ISO 45001

ISO 45001是由国际标准化组织（ISO）制定的职业健康安全管理体系，用于帮助全世界的组织确保其工作者的健康和安全，目的是通过管理避免和减少因意外而导致的生命、财产、时间损失以及对环境的破坏，从而提高职业健康和安全绩效。ISO 45001有助于提高企业和员工的安全意识，改善作业条件，提高劳动者身心健康水平和安全卫生技能，大幅减少企业成本投入，提高工作效率，产生直接和间接的经济效益，促进企业进一步与国际标准接轨，消除贸易壁垒，树立良好的形象，在招投标中帮助企业获得一定的加分优势，等等。

ISO 45001适用于所有组织。无论是高风险的大企业、低风险的小企业、非营利组织、学术科研机构，还是政府机关部门，只要组织有人员为其工作，或者因其活动而受到影响，那么就可以采用系统的方法来管理人员的职业健康和安全。

三、质量管理体系的适用范围、主要特点及益处

（一）适用范围

质量管理体系适合任何希望改进运营和管理方式的组织，无论其规模大小或所属行业。不过，要获得最佳的投资回报，企业需在整个组织中实施该体系，而不是只在特定场所、部门或分支机构内实施。

此外，质量管理体系可以与其他管理系统标准和规范（如环境管理体系）兼容。它们可以通过"整合管理"实现无缝衔接。它们具有许多共同的原则，因此，选择整合的管理体系能够显著提升经济效益。

（二）主要特点

质量管理体系的主要特点：①认证对象是供方的质量体系；②认证依据是质量保证标准；③认证机构是第三方质量体系评价机构；④认证获准的标识是注册和发放证书；⑤认证是企业的自主行为。具体内容如表8-2所示。

表8-2 质量管理体系的特点

特点	概述
认证对象是供方的质量体系	质量体系认证的对象不是企业的某一产品或服务，而是质量体系本身。当然，质量体系认证必然会涉及该体系覆盖的产品或服务，有的企业申请包括企业各类产品或服务在内的总的质量体系的认证，有的申请只包括某一（或部分）产品或服务的质量体系认证。涉及产品的范围虽有大有小，但认证的对象都是供方的质量体系

续表

特点	概述
认证依据是质量保证标准	进行质量体系认证,往往是供方为了满足对外提供质量保证的需要,因此,认证依据是有关质量保证模式标准。为了使质量体系认证能与国际惯例接轨并互认,供方最好采用 ISO 9001 标准
认证机构是第三方质量体系评价机构	要使供方质量体系认证能有公正性和可信度,认证必须由与被认证单位(供方)在经济上没有利害关系、在行政上没有隶属关系的第三方机构来承担。这一机构除必须拥有经验丰富、训练有素的人员,以及符合要求的资源和程序外,还必须以其优良的认证实践来赢得政府的支持和社会的信任,从而具有权威性和公正性
认证获准的标识是注册和发放证书	按规定程序申请认证的质量体系,在评定结果判定为合格后,由认证机构对认证企业予以注册,向其发放证书,同时将其列入质量体系认证企业名录,并公开发布。获准认证的企业可在宣传品、展销会和其他促销活动中使用注册标志,但不得将该标志直接用于产品或其包装上,以免与产品认证相混淆。注册标志受法律保护,不得冒用或伪造
认证是企业的自主行为	质量认证按认证的对象分为产品质量认证和质量体系认证;按认证的作用可分为安全认证和合格认证,其中安全认证通常属于强制性认证。质量体系认证主要是为了提高企业的质量信誉和增加销量,一般由企业自愿、主动地提出申请,这属于企业自主行为。然而,未申请认证的企业往往会面临市场自然形成的不信任压力或贸易壁垒的压力,进而不得不争取进入认证企业的行列,但这并非认证制度或政府法令的强制作用

(三) 主要益处

　　质量管理体系用于证实组织具有提供满足顾客需求和符合法规要求的产品的能力,目的在于提高顾客满意度。随着商品经济的不断发展,为提高产品的信誉、减少重复检验、消除贸易壁垒,以及维护生产者、经销商、顾客等各方权益,不受产销双方经济利益支配的,公正且科学的质量管理体系认证,成为各国对产品和企业进行质量评价和监督的通行证。它不仅是顾客对供方质量体系审核的依据,还表明企业有满足供方产品需求的能力。

　　凡是通过认证的企业,其各项管理系统整合均已达到国际标准,这表明企业能够持续稳定地向顾客提供符合预期且令人满意的合格产品。站在顾客的角度,这些企业以顾客为中心,能满足顾客需求,使顾客满意,并且不会诱导顾客。此外,通过认证的企业还能获得国际贸易领域的通行证,这有利于消除国际贸易壁垒,节省审核所需投入的精力和费用,使企业在产品品质竞争中立于不败之地,也有利于各国间的经济合作和技术交流。同时,还能强化企业内部管理,稳定经营运作,减少因员工离职造成的技术或质量波动,提升企业形象,规避法律风险等。实施质量管理体系认证对基地营地的益处如表8-3所示。

表8-3　实施质量管理体系认证对基地营地的益处

好处	概述
竞争优势	质量管理体系应当由最高管理层主导,同时确保高级管理层能够对质量管理体系采取战略性措施。通过评估和认证,业务目标能够持续纳入流程中,而工作实践能够实现资产最大化
改进企业绩效	质量管理体系有助于管理者提高组织绩效,将不使用管理体系的竞争对手抛于身后。通过质量管理体系认证,组织绩效可以得到精准衡量,并且运营风险也能够得到有效管控
吸引投资	通过质量管理体系认证,不仅可以提升组织的品牌信誉,还可以向所有利益相关方发出明确的信息——这家企业致力于以高标准引领高质量发展并持续改进
节约资金,提升效益	相关证据表明,投资质量管理体系并通过认证的公司,可以获得包括运营效率提高、销量增长、资产回报率上升及利润率提高在内的多项财务效益
精简运营,减少浪费	质量管理体系的评估侧重于运营流程,这能够激励组织不断提高产品和服务的质量,进而有助于减少浪费和客户投诉
鼓励内部沟通	质量管理体系有利于改善沟通,提高员工的参与意识。持续的评估访问能更快地暴露技能短缺问题,以及团队协作方面的问题
提高客户满意度	质量管理体系的"计划、执行、检查、行动"结构确保客户需求得到考虑和满足

四、质量管理体系认证的条件、流程及审核

(一)认证的条件

企业要取得质量管理体系认证,主要应做好两方面的工作:一是建立健全质量保证体系,二是做好与认证直接相关的各项工作。关于建立健全质量保证体系,企业应从质量职能分配入手,编写质量保证手册和程序文件,贯彻落实手册和文件,做到质量记录齐全。与认证直接相关的各项工作主要包括:

(1)全面策划,制订质量管理体系认证工作计划;

(2)掌握信息,选择合适的认证机构;

（3）与选定的认证机构洽谈，签订认证合同或协议；

（4）送审质量保证手册；

（5）做好现场检查的准备工作；

（6）接受现场检查，及时反馈信息；

（7）对不符合项进行整改；

（8）通过认证并取得认证证书；

（9）杜绝松懈思想，继续健全质量管理体系；

（10）进行整改，迎接跟踪检查。

企业取得认证的三项关键因素是领导重视、正确策划，以及部门和全体员工的积极参与。

（二）流程

质量管理体系认证一般要经过九个步骤：咨询过程策划、质量管理体系诊断、业务流程分析、质量管理体系设计、ISO 9001培训、文件编写辅导、质量管理体系运行指导、质量管理体系评价和改进、质量管理体系第三方认证。

（三）审核

（1）首次会议：主要介绍此次认证的目的、计划安排、保密条例及其他注意事项。

（2）审核过程：查看文件和记录、现场确认、员工访谈和管理者访谈。

（3）末次会议：总结审核中发现的问题并出具报告，公布审核结果并与被审核方确认。

本章小结　　本章主要介绍了研学基地营地质量管理方面的内容，包括质量管理的重要意义、基本含义和主要内容，重点阐述了基地营地质量控制、质量评价和质量改进、全面质量管理的相关内容，简要介绍了基地营地质量管理体系认证的相关内容。

知识活页
▼
质量管理体系认证的一般流程

延伸阅读
▼
三亚红色娘子军演艺公园

Note

第九章
研学基地营地财务管理

学习目标

知识目标:

(1) 了解基地营地财务管理的相关概念。

(2) 了解基地营地财务管理所涉及的筹资管理、收入与利润管理、财务分析等基本内容。

(3) 了解基地营地的收入来源。

能力目标

(1) 能看懂基地营地主要财务报表,并据此判断运营管理效果。

(2) 能理解基地营地财务收支平衡与盈利水平的关键指标。

素养目标

(1) 理解财务管理在基地营地运营管理中的重要地位。

(2) 具有财务管理方面的风险意识。

知识框架

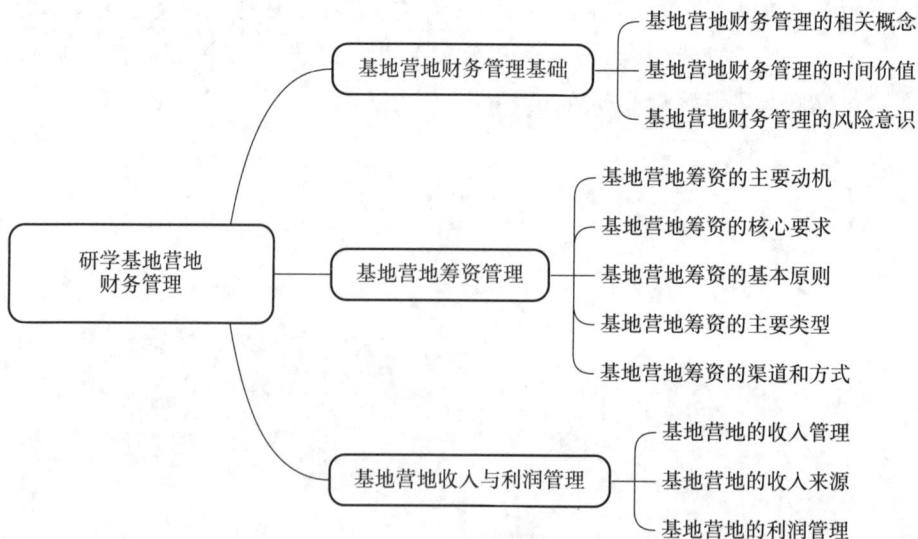

```
┌─────────────┐          ┌──────────────┐      ┌─ 财务分析的主要目的
│ 研学基地营地  │──────────│ 基地营地财务分析 │──────├─ 财务分析的基本内容
│  财务管理    │          └──────────────┘      └─ 财务分析的主要方法
└─────────────┘
```

教学重点

（1）基地营地财务管理的时间价值和风险意识。

（2）基地营地筹资、收入与利润的主要类型。

（3）基地营地财务分析的基本内容。

教学难点

（1）资金时间价值、利率和风险。

（2）基地营地财务分析的主要方法。

启发思考

（1）结合案例，你认为基地营地财务管理应该包括哪些工作？

（2）如果你是基地营地财务人员，你会如何为基地营地带来更多的收益？

学前导入

▼

某研学基地投资实施方案评估

第一节　基地营地财务管理基础

一、基地营地财务管理的相关概念

研学基地营地财务管理是指研学基地营地组织财务活动、处理财务关系的一项综合性经济管理工作。它涉及与研学基地营地钱财相关的业务，如与货币、资金、资本或价值相关的系列工作，主要包括财务活动和财务关系两个方面，因此，要想了解什么是研学基地营地的财务管理，就必须先分析研学基地营地的财务活动和财务关系。

（一）财务活动

研学基地营地的财务活动是指研学基地营地为了达到既定目标所进行的筹集资

Note

金、使用资金和分配收益的活动,是以现金为主的资金收支活动的总称。一般说来,财务活动涵盖筹资活动、投资活动、资金营运活动和资金分配活动四个方面。这四个方面相互联系、相互依存,共同构成了研学基地营地财务活动,同时也成为研学基地营地财务管理的基本内容。

(二)财务关系

研学基地营地的财务关系是指研学基地营地在组织财务活动过程中与各相关利益主体发生的经济利益关系,一般涉及研学基地营地与政府之间的财务关系、研学基地营地与投资者之间的财务关系、研学基地营地与债权人之间的财务关系、研学基地营地与受资者之间的财务关系、研学基地营地与债务人之间的财务关系、研学基地营地内部各部门之间的财务关系、研学基地营地与职工之间的财务关系、研学基地营地与其他相关利益者之间的财务关系八个方面的内容。研学基地营地只有正确处理好这些财务关系,各相关利益者才会继续参加研学基地营地组织,研学基地营地组织才能得以继续生存和发展。

二、基地营地财务管理的时间价值

(一)资金时间价值

资金时间价值是指一定量的资金在不同时点上价值量的差额,也称为货币时间价值。时间价值是财务管理的一个重要概念,也是评价研学基地营地投资方案的基本标准。时间价值的大小由两个因素决定:一是资本让渡的时间期限,二是利率水平。一笔资金投入使用的时间越早,时间价值就越大,因此,资金要及时、尽早投入使用,不要闲置。

因为不同时点的单位货币价值不相等,所以不同时点的货币不能直接进行比较,只有将其换算到同一时点上,才能进行比较。

资金时间价值有现值和终值两种表现形式。现值(Present Value)包括两方面的含义:一方面是指未来某一时点的一定量资本折合到现在的价值,另一方面是指现在的本金。终值(Future Value)又称将来值,是现在一定量的资本在未来某一时点的价值,即未来的本利和收益。

(二)利率

利率即利息率,是资金使用权的价格,也是一定时期内利息额与借款本金的比率。利息是资金所有者暂时让渡给使用者而收取的报酬。利率是国家对宏观经济实施调控的重要经济杠杆,也是影响研学基地营地财务活动决策的重要因素。利率由三部分组成:纯利率(即资金时间价值)、通货膨胀补偿率、风险附加率。

三、基地营地财务管理的风险意识

在市场经济环境下,研学基地营地的经营活动充满风险,风险与收益如影随形。如何防范和化解风险以达到风险和收益的均衡,是研学基地营地财务管理的重要内容。

(一)风险的定义

风险是指在一定条件下和一定时期内可能发生的各种结果的变动程度。风险是事件本身的不确定性,具有客观性。风险常常和不确定性联系在一起。具体到财务管理活动中,风险是指各种难以或无法预料、控制的因素产生作用,使投资者的实际收益和预计收益发生背离的可能性。

风险和收益是投资者必须考虑的两个因素。研学基地营地投资者都希望在较低风险的情况下获得相对较高的收益。那么,能否降低或分散风险呢?以投资证券市场为例,购买哪一家或哪几家公司的股票能够降低风险?这一问题便涉及风险的分类。

(二)风险的种类

在财务管理的过程中,风险是多种多样的,从不同角度看,风险有不同类型。

1. 系统风险和非系统风险

按照可分散特性的不同,风险可分为系统风险和非系统风险。

(1)系统风险。

系统风险是指由市场收益率整体变化所引起的市场上所有资产的收益率的变动性。它是由那些影响整个市场的风险因素引起的,因而又称为市场风险。这些因素包括战争、经济衰退、通货膨胀、税制改革、世界能源状况的改变等。

(2)非系统风险。

非系统风险是指由于某一特定原因对某一特定资产收益率造成影响的可能性。它是特定公司或行业所特有的风险,因而又称为可分散风险、公司特有风险。例如,公司的工人罢工、新产品开发失败、失去重要的销售合同、诉讼失败等。这类事件的发生是非预期的、随机的,它只影响一个或少数几个公司,不会对整个市场产生太大的影响。

2. 经营风险和财务风险

按照形成原因的不同,风险可以分为经营风险和财务风险。

(1)经营风险。

经营风险是指因生产经营因素的改变而对研学基地营地目标造成的可能影响。这些导致生产经营条件变化的因素,可能源自研学基地营地内部,也可能源自外部环境。例如,研学基地营地经营成本增加、组织结构不合理等内部因素,以及研学者购买力发生变化、竞争对手增加、研学产品不适销对路、市场份额减少、新研学产品更新跟不上潮流等外部因素。这些内外部因素会给研学基地营地的经营管理带来不确定性，最终引起收益波动。

（2）财务风险。

财务风险是指因借款而对研学基地营地目标造成的可能影响。它是筹资决策所带来的风险，故也叫作筹资风险。借款虽可以解决研学基地营地资金短缺的问题、提高自有资金的盈利能力，但也改变了研学基地营地的资金结构和自有资金利润率，还需还本付息，并且借入资金所获得的利润是否大于支付的利息额，具有不确定性，因此，借款有风险。在全部资金来源中，借入资金的占比大，研学基地营地的负担就重，风险也就会增大；借入资金的占比小，研学基地营地的负担就轻，风险也就会减小。因此，必须确定合理的资金结构，既提高资金盈利能力，又防止财务风险增大。

（三）风险控制对策

1. 规避风险

当资产风险所造成的损失无法由该资产可能获得的收益来抵消时，应当放弃该资产，以规避风险。例如，拒绝与不守信用的企业进行业务往来，放弃明显会导致亏损的投资项目。

2. 减小风险

减小风险主要有两种方式：一是控制风险因素，降低风险发生的可能性；二是控制风险发生的频率，减轻风险的危害程度。减小风险的常用方法包括：进行准确的预测；对决策进行多方案优选和替代；及时与政府部门沟通以获取政策信息；在开发新产品前，充分进行市场调研；采用多领域、多地域、多项目、多品种的经营或投资策略以分散风险。

3. 转移风险

对可能给研学基地营地带来灾难性损失的资产，研学基地营地应以一定的代价，采取某种方式转移风险。例如，向保险公司投保，采取合资、联营、联合开发等措施实现风险共担，通过租赁经营和业务外包等方式实现风险转移。

4. 接受风险

接受风险包括风险自担和风险自保。风险自担，是指风险发生时，直接将损失摊入成本或费用，或冲减利润。风险自保，是指基地营地预留一笔风险金或随着生产经营的进行，有计划地计提资产减值准备金等。

第二节 基地营地筹资管理

一、基地营地筹资的主要动机

基地营地筹资是指企业作为筹资主体,根据其生产经营、对外投资和调整资本结构等需要,通过各种筹资渠道和金融市场,运用各种筹资方式,经济有效地筹措和集中资本的活动。它是基地营地理财的起点。基地营地筹资的基本目的是生存和发展,而基地营地具体筹资活动通常受特定动机的驱使。具体来说,基地营地的筹资动机有以下几种。

(一)设立性筹资动机

这是基地营地设立时为取得资本金而产生的筹资动机。新基地营地的设立,必须准备充足的开业资金,以便购置或租用场地、设施设备,支付开办费等。作为基地营地设立的前提,筹资活动是财务活动的起点。

(二)扩张性筹资动机

扩张性筹资动机是基地营地为扩大经营规模或增加对外投资而产生的筹资动机。具有良好的前景且处于扩张期的基地营地一般具有这样的筹资动机。

(三)调整性筹资动机

调整性筹资动机是基地营地因调整现有资金结构的需要而产生的筹资动机。随着经营情况的变化,基地营地需要对资金结构进行相应的调整。资金结构的调整是指基地营地为降低筹资风险和资金成本,而对资本与负债的比例关系进行的调整。它属于基地营地重大的财务决策事项,也是基地营地筹资管理的重要内容。例如,为提高权益资本收益而增加负债,为负债安排合理期限结构而调整长、短期负债资金的比例等,这些都是为提高筹资效益而进行的筹资活动。

(四)混合性筹资动机

混合性筹资动机是基地营地为同时实现扩大规模及调整资金结构等目标而产生的筹资动机。

二、基地营地筹资的核心要求

为保证资金筹集及时、有效、合理、合法,基地营地应按照以下要求进行筹资。

Note

（一）筹放结合,提高筹资效益

基地营地筹资是为了满足投放的需要,筹资效果的好坏对投资效益有着决定性的影响。因此,基地营地在筹集资金时应以投资计划为基本依据,把筹资来源、筹资方式与资金投向结合起来,全面分析资金成本和投资效益,力求以较少的资金占用获得较大的投资收益,同时还要根据投资活动在数量和时间上的要求,采用科学的方法对基地营地未来资金的流入量和流出量进行测算,确定资金需要量或追加量,做到既保证投资所需又不至于因资金过多而闲置,并在此基础上制订筹资时间计划,以保证投资活动所需要的资金能够及时到位。

（二）认真选择筹资渠道与方式,力求降低资金成本

基地营地筹资渠道有多种,每一种渠道又可分别采用不同的筹资方式,但无论通过什么渠道、采用什么方式,筹集和占用资金总需要付出一定的代价,因此,在筹资时,必须对各个渠道、各种方式进行选择、比较,不断优化资金来源结构,力求把资金成本降至最低。

（三）适当调整自有资金比例,正确运用负债经营策略

基地营地的资金总量包括自有资金和借入资金两部分,即资本和负债。基地营地开展经营活动必须具备一定的自有资金才能保证其正常运营并维持相应权益。此外,借入资金并非越多越好,过度负债将严重影响基地营地的财务能力,甚至可能导致基地营地破产。因此,基地营地筹资时必须适当调整资本结构,正确运用负债经营策略。

（四）优化投资环境,积极创造吸引资金的条件

社会资金的投向往往取决于投资环境,因此,基地营地应不断优化投资环境,以吸引社会资金的投入。良好的经营作风、可靠的企业信誉、较强的盈利能力和良好的发展前景,是一个较好的投资环境所必须具备的基本条件。

（五）选择合适币种,最大限度地降低外汇风险

随着经济体制改革的不断深化,利用国际金融市场筹集资金将成为基地营地新的筹资途径,如境外发行股票、债券,以及组建涉外基地营地等。然而,这也给基地营地筹资带来了新的风险——外汇风险。因此,基地营地筹资时必须慎重选择币种,认真预测汇率走势,合理利用各种外汇风险防范措施,降低或消除外汇风险。

三、基地营地筹资的基本原则

基地营地筹资决策涉及筹资渠道与方式、筹资数量、筹资时机、筹资结构、筹资风

险、筹资成本等。筹资渠道受到筹资环境的制约,外部的筹资环境和基地营地的筹资能力共同决定了基地营地的筹资方式。筹资数量和筹资时机受到基地营地筹资战略的影响,反映了基地营地发展的战略目标。筹资结构取决于基地营地所处的发展阶段,是基地营地通过控制和利用财务风险来实现基地营地价值最大化的决策,与基地营地的经营风险、财务风险密切相关。基地营地筹资应当有利于实现基地营地发展和基地营地价值最大化。基地营地筹资制度受到国家金融制度的约束。具体来说,基地营地筹资应遵循以下基本原则。

(一)规模适当原则

基地营地筹资规模受到注册资本限额、债务契约约束、基地营地规模等因素的影响,并且不同时期基地营地的资金需求处于动态变化之中,因此必须认真分析经营状况,采用一定的方法确定合理的筹资规模。这样既能避免因资金筹集不足而影响正常的经营管理,又能防止资金筹集过多而造成的资金闲置。

(二)筹措及时原则

在筹集资金时,必须熟知货币时间价值的原理和计算方法,以便根据资金需求的实际情况合理安排资金的筹集时间,适时获取所需资金。这样既能避免过早筹集资金造成资金投放前的闲置,又能防止获得资金的时间滞后,错过资金投放的最佳时间。一般来说,期限越长、手续越复杂的筹款方式,其筹款时效越差。

(三)来源合理原则

资金的来源渠道和资金市场为基地营地提供了资金的源泉和筹资场所,它反映了资金的分布状况和供求关系,决定着筹资的难易程度。不同来源的资金,对基地营地的收益和成本有不同的影响,因此必须认真研究资金来源渠道和资金市场,合理选择资金来源。

(四)方式经济原则

在确定筹资数量、筹资时间、资金来源的基础上,基地营地还必须认真研究各种筹资方式。基地营地筹集资金必然要付出一定的代价,不同筹资方式产生的资金成本有高有低,因此必须对各种筹资方式进行分析、对比,选择最合适的筹资方式。与筹资方式相联系的问题是资金结构问题,基地营地应确定合理的资金结构,以便降低成本、减小风险。

四、基地营地筹资的主要类型

基地营地通过不同渠道和形式来筹集资金。依据筹集资金的性质,可以将其划分为不同类型。各种类型资金的有机组合构成了基地营地的筹资组合。为了确保基地营地筹资组合的有效性,我们必须清楚了解各种筹资方式的特性。

（一）权益筹资与债务筹资

根据资金性质,基地营地筹资可分为权益筹资和债务筹资。

1.权益筹资

权益筹资是指以发行股票支付股息等方式筹集资金。权益资金又称为主权资金或自有资金,是基地营地依法筹集、长期拥有,并且可以自主支配的资金,由投资者的原始投资及其积累形成,主要包括实收资本、资本公积、盈余公积和未分配利润等。它不仅反映了基地营地的资金实力,还在一定程度上反映出基地营地财务状况的稳定程度,以及基地营地适应生产经营客观环境变化的能力。

2.债务筹资

债务筹资是指通过负债筹集资金。债务资金又称为借入资金,是基地营地通过债务方式取得,依约使用并按期偿还的资金。这部分资金在一定期限内归基地营地使用,但到期后必须偿还,因此,偿债压力大。债务资金包括应付账款、应付票据、其他应付款项等,可通过银行借款、发行债券、融资租赁和商业信用等方式来筹措。

（二）长期筹资与短期筹资

根据期限,基地营地筹资可分为长期筹资和短期筹资。

1.长期筹资

长期筹资是指企业筹集使用期限在一年以上或一个经营周期以上的资金。企业一般通过吸收直接投资、发行股票、发行债券、长期借款、融资租赁和留存收益积累等方式来筹措长期资金。

2.短期筹资

短期筹资是指企业筹集使用期限不超过一年或一个经营周期以内的资金。企业一般通过短期借款、商业信用、发行融资债券等方式来筹措短期资金。

（三）内部筹资与外部筹资

根据资金来源,基地营地筹资可分为内部筹资和外部筹资。

1.内部筹资

内部筹资是指基地营地利用自身内部资源来融资,而不依赖外部债务或股权资本。内部筹资的主要形式包括利润留存、资产折旧、资产售卖等。

2. 外部筹资

外部筹资是指基地营地通过向外部投资者或金融机构融资来满足资金需求。外部筹资的主要形式包括债务融资（如银行贷款、债券发行）和股权融资（如发行股票）。

（四）直接筹资与间接筹资

根据是否以金融机构为媒介，基地营地筹资可分为直接筹资和间接筹资。

1. 直接筹资

直接筹资是指基地营地不通过金融机构，而是直接面向资金供应者开展的筹资活动，一般通过吸收直接投资、发行股票、发行债券等方式进行。随着金融法规的逐渐健全、证券市场的不断规范，我国居民、企业参与直接融资的机会大大增加，参与方式日益多样化，直接筹资的范围也越来越广。

2. 间接筹资

间接筹资是基地营地通过金融媒介（如银行或其他金融机构）开展的筹资活动。这种筹资具有筹资手续简单、效率高、费用低等优点，但筹资范围相对较窄、筹资渠道与方式相对单一。

五、基地营地筹资的渠道和方式

筹资渠道是指基地营地筹集资金的来源和方向，主要解决"向谁筹资"的问题；而筹资方式是基地营地筹集资金所采用的具体手段，主要解决"在筹资渠道既定的情况下，如何合理筹措资金"的问题。如果筹资渠道属于客观存在，那么筹资方式则体现了基地营地在筹资过程中的主观能动性。在一定情况下，某种筹资渠道只能采用特定的筹资方式，但在大多数情况下，一种筹资渠道可以采用不同的筹资方式，而同一筹资方式也可能适用多种筹资渠道。因此，基地营地在筹资过程中，应当实现筹资渠道和筹资方式的合理匹配。

（一）基地营地筹资的渠道

1. 银行信贷资金

间接融资是中国企业主要的融资方式，而银行信贷资金作为间接融资的典型代表，使得银行向基地营地发放的各类贷款成为我国基地营地目前最重要的资金来源。

2. 非银行金融机构的资金

非银行金融机构的资金是指各种从事金融业务的非银行机构，如信托投资公司、保险公司、融资租赁公司、证券公司、企业集团所属的财务公司、典当行等提供的资金。

虽然非银行金融机构的资金实力通常弱于银行,但其资金供应方式比较灵活,并且可以提供多种特定服务。

3. 基地营地自留资金

基地营地自留资金是指基地营地内部形成的资金,包括计提的折旧费和从税后利润中提取的盈余公积、未分配利润。这类资金的显著特征是,基地营地不需要通过特定的方式筹集,而是可以直接由基地营地内部自动生成或转移。

4. 其他基地营地资金

基地营地在生产经营过程中往往会形成部分暂时闲置的资金,并基于一定的目的进行相互投资;另外,基地营地间的购销业务也可以通过商业信用的方式来完成,从而形成基地营地间的债权债务关系,形成债务人对债权人的短期信用资金的占用。

5. 民间资金

居民手中的节余货币,是游离于银行和非银行金融机构之外的个人资金,这些资金汇聚起来便形成了民间资金。它可通过吸收直接投资、发行股票、发行债券等方式为基地营地所用。

6. 外商资金

外商资金是国外投资者,以及我国港澳台地区投资者投入的资金。通过吸收外商资金,基地营地可以获得多元化的资本支持,尤其在引入技术、管理经验和拓展国际市场等方面具有积极意义。

(二)基地营地筹资的方式

1. 吸收直接投资

吸收直接投资是指基地营地通过协议等形式吸收投资者直接投入资金的筹资方式,主要包括现金投资、实物投资、工业产权投资、土地使用权投资等。

2. 银行借款

银行借款是指基地营地按照借款合同向银行或非银行金融机构借入所需资金的一种筹资方式。

3. 商业信用

商业信用是指基地营地通过赊销商品、预收货款等商品交易行为而获得债务资金的一种筹资方式,它是基地营地筹集短期资金的重要方式。

4. 融资租赁

融资租赁是指基地营地按照租赁合同租入资产从而筹措资金的一种特殊的筹资方式。

第三节　基地营地收入与利润管理

一、基地营地的收入管理

（一）基地营地收入类型

基地营地收入（Revenue）是指基地营地在生产经营过程中,因销售商品、提供服务等取得的收入,它是基地营地业务经营活动的直接成果。按各项业务经营活动与业务经营的关系,基地营地收入可划分为营业收入、投资收益和营业外收入。其中,营业收入是基地营地收入的主要构成部分。

1. 营业收入

营业收入是基地营地业务经营活动的直接成果,包括主营业务收入和其他业务收入。主营业务收入是基地营地营业收入中的主要部分,如基地营地的住宿收入、项目体验收入、餐饮收入等。其他业务收入是指除基地营地主营业务外,不单独核算的其他业务收入,是营业收入中的次要部分,十分不稳定,如基地营地通过固定资产出租、无形资产转让和包装物出租等获得的收入。

2. 投资收益

投资收益是指基地营地对外投资获得的收益,包括对外投资分得的股利和债券利息等。

3. 营业外收入

营业外收入是指与基地营地业务经营无直接关系的各项收入,具体包括固定资产盘盈、处理固定资产净收益、罚没收入、无法支付的应付款项等。

根据现行制度,基地营地应当在售出商品、提供劳务,同时收讫或取得索取价款的凭据时,确认营业收入。由此可以看出,基地营地的营业收入有以下标志:

（1）商品、产品已经售出或者劳务已经提供。

（2）基地营地已经收到价款或者获得了收取价款的凭据。这意味着,营业收入的确认不应只以收到价款为标志,而应考量基地营地的责任是否全部履行,或者是否已经行使收取价款的权利。

（3）如果责任已经履行,或行使了收款的权利,就表明收入已经获得,营业收入已经确认。

（二）基地营地收入管理内容

随着市场竞争的日趋激烈,对营业收入的管理显得尤为重要。归纳起来,基地营地营业收入管理主要包括以下几方面内容。

1. 合理定价

价格是基地营地为顾客提供各项服务的收费标准,也是基地营地计算营业收入的依据之一。通过合理定价,基地营地能保证获得合理的营业收入。由于价格是基地营地赢得竞争的关键因素,合理定价有利于提升基地营地的竞争力,推动营业量增长,进而实现营业收入的最大化。

2. 制定合理的营业收入标准

制定合理的营业收入标准,关键在于做好营业收入预测等工作。基地营地应通过营业收入预测,了解和掌握市场供求关系的变化趋势和价格的变化规律,努力满足市场的需求,增加营业收入,同时降低成本费用;此外,还应调动各个部门以及每位员工的积极性,确保其完成预算任务。基地营地只有做好营业收入标准控制,才能营造良好的运营环境,从而增加营业收入。

3. 做好营业收入日常控制

基地营地往往为研学者提供多项服务。在营业收入中,应收账款所占的比重较大。应收账款如不能及时收回,将占用基地营地过多的资金,甚至会造成坏账损失。只有将赊销收入对应的现金收回,营业收入才算真正实现。因此,做好营业收入日常控制,就是要做好营业收入结算和应收账款的控制,努力减少营业收入损失,尤其是坏账损失,保证营业收入能够切实收回。

二、基地营地的收入来源

（一）课程收入

课程是研学基地营地的核心产品,课程收入是其主要的收入来源。研学基地营地可以根据当地的自然资源、历史文化、科技产业等,开发出独具特色的研学课程。通过收取学生的课程费用,研学基地营地可以实现盈利。在制定课程收费标准时,研学基地营地要充分考虑学生和家长的消费能力,以及课程的质量和特色,确保价格合理,既能吸引学生和家长,又能保证自身的利润空间。

（二）住宿与餐饮服务收入

住宿与餐饮服务是研学基地营地的基本服务项目,也是其重要的收入来源。研学基地营地要提供舒适、卫生的住宿环境,以及营养均衡、口味丰富的餐食。通过向学生和家长收取住宿费和餐费,研学基地营地可以实现盈利。

（三）活动与培训服务收入

活动与培训服务是研学基地营地的特色服务项目,也是其重要的收入来源。研学基地营地可以根据市场需求,开展各类主题活动和培训课程。例如,可以举办夏令营、冬令营、亲子活动等,让学生和家长在参与活动的过程中,亲身感受研学基地营地的魅力。

（四）合作与赞助收入

合作与赞助收入是研学基地营地的辅助收入来源。研学基地营地可以与企业、机构等进行合作,共同开发课程、活动等。通过合作方的投资和支持,研学基地营地可以获得一定的收入。此外,研学基地营地还可以寻求企业、机构的赞助,以降低运营成本、提高盈利能力。在寻求合作与赞助时,研学基地营地要充分考虑合作方的利益诉求,确保实现双方共赢。

（五）增值服务收入

增值服务收入是研学基地营地的潜在收入来源。研学基地营地可以根据学生和家长的需求,提供各类增值服务。例如,可以提供托管、教育培训等服务,帮助学生和家长解决实际问题。通过向学生和家长收取增值服务费,研学基地营地可以实现盈利。

三、基地营地的利润管理

（一）基地营地的利润总额

利润总额是基地营地生产经营的最终财务成果,是考核基地营地经营效果的一项综合性经济指标。基地营地在增加服务项目、提高服务质量、降低经营成本、增加营业收入及提高管理水平等方面所取得的成绩,都会综合地表现在利润总额这项指标上。

基地营地的利润总额是基地营地在一定时期内产生的财务成果,是营业收入减去成本费用,再向国家上缴营业税等流转税后的余额。利润总额由营业利润、投资净收益和营业外收支净额三部分构成。其计算公式如下:

利润总额＝营业利润＋投资净收益＋营业外收支净额

1. 营业利润

营业利润是基地营地开展正常业务活动所取得的利润,是基地营地利润的主要组成部分。其计算公式如下:

经营利润＝营业收入－营业成本－税金及附加－销售费用－管理费用－财务费用　－信用减值损失－资产减值损失＋公允价值变动收益（－公允价值变动损失）＋投资收益（－投资损失）＋其他收益＋资产处置收益（－资产处置损失）

2. 投资净收益

投资净收益是基地营地对外进行的股票投资、债券投资及其他投资所取得的净收益，即投资收益扣除投资损失后所得的数额。

3. 营业外收支净额

营业外收支净额是指营业外收入减营业外支出的净额。营业外收入主要包括固定资产盘盈、处置固定资产净收益、处置无形资产净收益、罚款净收入、因债权人原因确实无法支付而按规定程序转入营业外收入的应付账款、礼品折价收入等。营业外支出主要包括固定资产盘亏、处置固定资产净损失、处置无形资产净损失、债务重组损失、计提的无形资产减值准备、计提的固定资产减值准备、计提的在建工程减值准备、罚款支出、捐赠支出、非常损失等。

（二）基地营地利润管理的控制要点

基地营地的利润受多方面因素影响，综合考虑这些因素，基地营地利润管理的控制要点如下。

（1）决策正确。各项经营决策要求达到预期的资金利润率。

（2）计划平衡。按照预期的资金利润率进行指标分解，反复进行综合平衡。

（3）财务责任。按照各项任务、财务指标和收支预算实行归口管理。例如，销售部对销售费用负责，行政部对管理费用负责，采购部对采购资金负责等。

（4）责任中心。在财务责任制的基础上，合理划分利润中心、费用中心和收入中心，并制定相应的考核办法。

（5）预算控制。针对资产与负债、收入与支出、收益及分配等认真编制并严格执行预算。

（6）认真做好会计、统计、业务核算工作，确保能够准确、及时、全面、系统地反映基地营地的经济活动。

（7）检查分析。严格、仔细地检查基地营地生产经营活动的合法性、合理性，找出存在的问题并分析产生问题的原因。

（8）考核结果。按照既定的考核办法，对各部门的财务任务的完成情况进行考核，并对有关人员进行奖励或惩罚。

（三）利润分配程序

基地营地利润分配一般按下列程序进行。

1. 弥补以前年度的亏损

若基地营地发生年度亏损，可用下一年度的税前利润弥补，不足弥补的，可在五年内继续用税前利润弥补。若5年后仍未弥补完，则超出部分应该用税后利润弥补。

2. 缴纳税费

税前利润按国家规定做出相应调整后,依法缴纳所得税。

3. 支付被没收的财产损失,支付各种税收的滞纳金和罚款

基地营地因违反各种法律法规而被没收的财产损失,因违反税收征管条例而须缴纳的滞纳金和罚款,只能由税后利润承担,不能在税前列支。

4. 提取法定盈余公积

基地营地的法定盈余公积是指按照国家法律规定,从税后利润中提取的盈余公积。其目的是防范基地营地经营风险,提高基地营地应对各种意外事件的能力,保护债权人的利益。法定盈余公积按税后利润的10%提取,但当法定盈余公积累计金额为注册资本的50%以上时,可不再提取。

5. 提取公益金

基地营地公益金是指企业从税后利润中提取的用于集体福利的资金。

6. 提取任意盈余公积

任意盈余公积是指由基地营地董事会决定的,从基地营地税后利润中提取的盈余公积。任意盈余公积的提取没有明确的法律限制,基地营地可以多提,也可以少提,还可以不提。

7. 向所有者分配利润

基地营地的税后利润在按上述顺序分配后,可以向所有者进行分配。股份制基地营地在提取公益金后按照下列顺序分配利润:①支付优先股股利;②提取任意盈余公积;③支付普通股股利。

第四节 基地营地财务分析

财务分析是财务管理的一个重要方法。它是运用基地营地的有关财务报表和资料,通过一定的财务指标进行对比分析,以评价基地营地的财务状况及经营成果,并揭示其未来的财务活动趋势及规律的一种方法。它所提供的财务分析信息,不仅能说明基地营地目前的财务状况和经营业绩,还能为未来编制财务预算和做出财务决策提供重要的依据。因此,无论是基地营地投资者、管理者,还是基地营地的政府主管部门、债权人,都需要对基地营地进行财务分析。

一、财务分析的主要目的

基地营地进行财务分析的主要目的概括起来包括以下两个方面。

（一）了解基地营地的经营状况

了解基地营地经营状况，是基地营地进行财务分析的直接目的。在竞争日益激烈、供求关系急剧变化的市场经济条件下，分析基地营地自身的经营状况，总结财务管理工作，并据此调整市场定位和行为目标，对基地营地的经营管理来说尤为重要。因此，财务指标的设置和分析必须首先满足基地营地内部管理决策的需要，并通过财务信息的分析与披露，树立良好的市场形象。

（二）推动基地营地财富最大化目标的实现

财务指标的设置与分析，应在揭示与披露基地营地经营状况的基础上，进一步发挥其推动财富最大化的作用。科学设置与分析财务指标，不仅可以发现基地营地经营管理中的问题，还有利于及时采取措施，克服短期行为，引导财务活动的顺利开展，进而实现财富最大化的目标。此外，通过财务分析，相关人员可检查财务规章制度的执行情况，同时促进基地营地正确处理与投资者、债权人、协作单位等各方面的财务关系，维护各方的合法权益。

二、财务分析的基本内容

基地营地财务分析的基本内容由其主要目的决定，具体包括以下几个方面。

（一）偿债能力分析

偿债能力是指基地营地偿还到期债务的能力，包括对短期债务的偿还能力和对长期债务的偿还能力。分析指标包括流动比率、速动比率、资产负债率、利息保障倍数等。通过偿债能力分析，相关人员可以判断基地营地的财务和经营状况，分析基地营地对债务资金的利用程度，进而为基地营地制订筹资计划提供依据，同时也为债权人进行债权投资决策提供依据。

（二）盈利能力及社会贡献能力分析

盈利能力是指基地营地获取利润的能力，社会贡献力是指基地营地为国家和社会做出贡献和提供积累的能力。分析指标包括销售利润率、投资报酬率、资本保值增值率、社会贡献率、社会积累率等。通过盈利能力及社会贡献能力分析，相关人员可将基地营地的资产、负债、所有者权益、营业收入、成本费用、税金及利润情况有机地结合起来，从不同角度判断基地营地的盈利能力和社会贡献力的大小，为未来的盈利预测、业绩评价提供依据。

（三）资金周转情况分析

资金周转情况分析是对基地营地各项资产的周转情况进行的全面分析。分析指标包括应收账款周转率、存货周转率、固定资产周转率等。通过资金周转情况分析，相关人员可以判断基地营地各项资产的周转速度,衡量资金使用效率和经营管理人员的水平,为基地营地制定投资决策和改善经营管理提供依据。

(四)发展能力和其他财务指标分析

发展能力是基地营地的生命力所在,是基地营地偿债能力、盈利能力、社会贡献能力等的综合体现。通过发展能力分析,相关人员可以展望基地营地的未来,这对基地营地经营战略的制定具有重要的意义。

三、财务分析的主要方法

对基地营地的财务报告进行分析,必须借助一定的指标与分析方法。财务分析的方法主要有比较分析法、比率分析法、因素分析法、趋势分析法等。

(一)比较分析法

比较分析法就是将同一个财务指标在不同时期或不同情况下的执行结果进行对比,从而分析差异的一种方法。财务指标之间存在着某种数量关系,能在一定程度上反映基地营地生产经营的状况,从而反映基地营地在经营过程中存在的问题。比较分析法能够帮助经营者找出存在的问题,并进行适当调整,从而改善基地营地的经营状况。比较的结果有绝对数分析与相对数分析两种形式,根据分析的目的和要求,常用的比较方式有以下几种。

1. 实际指标与计划(或定额)指标进行比较

根据实际指标与计划(或定额)指标之间的差异,了解该指标的完成情况。

2. 本期指标与上期指标或历史最高水平等指标进行比较

确定该指标的变动情况,了解本基地营地的经营活动的发展趋势。

3. 本企业指标与同行业先进水平或平均水平进行比较

通过对比分析,可以明确本企业与其他企业之间的差距,了解本企业在行业中所处的位置,从而推动企业优化经营管理,提高经济效益。

【例9-1】　某研学基地2019年实现营业收入1005000元,与同期计划数900000元相比,比较结果如下:

$$实际营业收入比计划营业收入增加=1005000-900000=105000(元)$$

$$完成计划相对程度=1005000/900000×100\%≈111.67\%$$

$$超额完成计划百分比=111.67\%-100\%=11.67\%$$

(二)比率分析法

比率分析法是应用较为广泛的财务分析方法,是指将两个或两个以上的相关指标进行对比,得到一定的财务指标,通过一系列的财务指标来分析和评价基地营地的财务状况与经营成果的一种方法。比率分析法用的指标较多,主要有短期偿债能力比率、长期偿债能力比率、盈利能力比率、资产管理比率等。

1.短期偿债能力比率

短期偿债能力是指企业偿还其短期债务的能力。在进行财务分析时,必须十分重视对短期偿债能力的分析。如果基地营地的短期偿债能力不足,无法满足债权人的要求,可能会引起破产或生产经营的混乱。基地营地的短期偿债能力可以通过以下指标来分析。

1) 流动比率

流动比率是指流动资产与流动负债之比。其计算公式如下:

$$流动比率＝流动资产/流动负债$$

其中,流动资产是指企业在一个营业周期内能够变现或运用的资产,主要包括现金、短期投资、应收账款及预付款项和存货;流动负债是指企业在一个营业周期内需要偿还的债务,主要包括短期借款、应付及预收款、应付票据、应交税费、应付股利以及短期内到期的长期负债等。流动资产是短期内能变成现金的资产,而流动负债则是在短期内需要用现金来偿付的各种债务。流动资产与流动负债之比可以揭示短期内可转化为现金的资产对短期内偿还负债的保障水平,从而较好地反映基地营地的短期偿债能力。

【例 9-2】 某研学基地 2019 年末的流动资产为 5697432.64 元,流动负债为 2293387.96元,则其流动比率如下:

$$流动比率＝5697432.64/2293387.96≈2.48:1$$

计算结果说明该研学基地 2019 年末每 1 元流动负债就有 2.48 元的流动资产作为还款保证。根据惯例,流动比率等于 2 时为最佳。流动比率太低,说明企业的短期偿债能力较弱;流动比率太高,说明其短期偿债能力较强,但也表明企业存在存货、应收账款等流动资产闲置或流动负债利用不足的问题。

2) 速动比率

速动比率是指速动资产与流动负债之比。速动资产是指流动资产中易变现的一部分资产,流动资产扣除存货即为速动资产。该指标用以衡量基地营地在短期内运用随时可变现的资产偿还短期负债的能力。其计算公式如下:

$$速动比率＝速动资产/流动负债$$
$$＝(流动资产－存货)/流动负债$$

【例 9-3】 【例 9-2】中,该研学基地 2019 年末的存货为 1987867 元,则其速动比率如下:

$$速动比率＝(5697432.64－1987867)/2293387.96≈1.62:1$$

计算结果说明该研学基地 2019 年末每 1 元流动负债就有 1.62 元的速动资产作为还款保证。

计算速动比率时将存货从流动资产中剔除的主要原因有三点:第一,流动资产中存货的变现速度较差;第二,由于某些原因,部分存货可能已经过时、损毁,但还未进行报废处理;第三,存货的账面价值可能与市场价值相差悬殊。

因此,当基地营地的流动资产变现时,存货就极有可能产生损失,用流动比率来反映偿债能力有时会出现失误;而速动比率因为在计算时不包括存货,所以能更好地反映基地营地的短期偿债能力。

2. 长期偿债能力比率

长期偿债能力是指基地营地偿还长期债务的能力。分析和评价基地营地的长期偿债能力,可从基地营地资金结构是否合理、资金链是否稳定、通过盈利偿还债务是否有保证等方面来考虑。基地营地长期偿债能力分析主要使用的指标有资产负债率、负债权益比率、利息保障倍数等。

1) 资产负债率

资产负债率是指负债总额与资产总额之比。其计算公式如下:
$$资产负债率=负债总额/资产总额×100\%$$

如果资产负债率过高,那么意味着投资者的投入在基地营地的总资产中所占的比重很小,借入资金所占的比重很大,基地营地的风险主要由债权人承担。因此,资产负债率越高,说明基地营地的长期偿债能力越弱;反之,则说明基地营地的偿债能力越强。当然,资产负债率并非越低越好。

2) 负债权益比率

负债权益比率又称产权比率,是基地营地负债总额与所有者权益之比。它主要反映基地营地举债取得的资产和投资者投资形成的资产之间的关系。其计算公式为
$$负债权益比率=负债总额/所有者权益总额$$

负债权益比率越小,说明基地营地长期偿债能力越强,债权人的安全感就越高;反之,该比率越大,说明基地营地的长期偿债能力越弱,债权人的安全感就越低。一般认为,负债产权比率小于1为好,此时基地营地的资金结构比较稳定。

3) 利息保障倍数

利息保障倍数是基地营地的息税前利润与利息费用之比。其计算公式如下:
$$利息保障倍数=息税前利润/利息费用$$
$$=(税后利润+所得税+利息费用)/利息费用$$

这一指标反映的是基地营地用自身的利润支付利息费用的能力。利息保障倍数越大,说明企业支付利息的能力越强;反之,则说明基地营地支付利息的能力较弱。此指标若小于1,则说明基地营地实现的利润不足以支付其当期的利息,这表明基地营地面临较大的财务风险。

3. 盈利能力比率

盈利能力比率反映基地营地正常经营时获得利润的能力,主要包括销售净利率、

资产净利率、权益净利率等指标。

1）销售净利率

销售净利率是指基地营地的净利润与销售收入之比，其计算公式如下：

$$营业净利率＝净利润/销售收入×100\%$$

销售净利率体现了基地营地的收益水平，这一指标越高，说明基地营地的盈利能力越强。

2）资产净利率

资产净利率是指基地营地净利润与平均资产总额之比，其计算公式如下：

$$资产净利率＝净利润/平均资产总额×100\%$$

$$平均资产总额＝（期初资产总额＋期末资产总额）/2$$

资产净利率反映了基地营地投入全部资产的盈利能力。指标数值越高，说明资产的利用率越高，基地营地的获利能力越强。

3）权益净利率

权益净利率是指基地营地净利润与平均股东权益之比，其计算公式如下：

$$权益净利率＝净利润/平均股东权益×100\%$$

$$平均股东权益＝（期初股东权益＋期末股东权益）/2$$

权益净利率反映了股东财富的增长速度，是基地营地投资者较为关注的一个重要指标。

4．资产管理比率

资产管理比率是用来衡量基地营地资产管理效率的财务比率，主要包括存货周转率、应收账款周转率、总资产周转率和固定资产周转率等。

1）存货周转率

存货周转率是指营业成本与平均存货余额之比。此指标用来衡量基地营地在一定时期内存货的周转速度。周转速度越快，说明存货的占用水平越低，流动性越强，存货转换为现金或应收账款的速度越快。其计算公式如下：

$$存货周转率＝营业成本/平均存货余额×100\%$$

2）应收账款周转率

应收账款周转率是指赊销收入净额与应收账款平均余额之比。此指标用来衡量基地营地在一定时期内应收账款的周转速度。周转速度越快，说明应收账款回收速度越快，资金流动性越强。其计算公式如下：

$$应收账款周转率＝赊销收入净额/应收账款平均余额×100\%$$

3）总资产周转率

总资产周转率是指销售收入与平均资产总额之比。此指标用来衡量基地营地在一定时期内总资产的周转速度。周转速度越快，说明销售能力越强，投资效益越好。其计算公式如下：

$$总资产周转率＝销售收入/平均资产总额×100\%$$

4）固定资产周转率

固定资产周转率是指销售收入净额与平均固定资产净值之比。它是反映基地营地固定资产周转情况,衡量固定资产利用效率的一项指标。其计算公式如下:

$$固定资产周转率＝销售收入净额/平均固定资产净值×100\%$$

（三）因素分析法

因素分析法就是将综合指标分解为多个因素,并确定各个因素变动对综合指标的影响程度的一种方法。具体步骤:首先,将综合指标分解为多个因素,每次按顺序替代一个因素;其次,将替代结果与前一结果相比较,依次计算出每个因素对总指标的影响;最后,通过分析各因素变动对总指标的影响,有针对性地采取相应措施,以解决经营过程中存在的问题。

因素分析法的具体应用有不同的形式。其中,差额计算是比较常见的一种,它通过各个因素实际数与标准数之间的差异来量化各因素变动所产生的影响。

假设某财务指标 E 受 a、b、c 三个因素的影响,且 E 为三个因素的乘积,则 E 的实际数与计划数及有关因素的关系为

计划指标: $\qquad E_0=a_0b_0c_0$

实际指标: $\qquad E_n=a_nb_nc_n$

分析实际指标与计划指标所产生的差异,其计算公式为

a 因素变动产生的影响: $\qquad (a_n-a_0)b_0c_0=A$

b 因素变动产生的影响: $\qquad a_n(b_n-b_0)c_0=B$

c 因素变动产生的影响: $\qquad a_nb_n(c_n-c_0)=C$

三个因素变动产生的影响: $\qquad E_n-E_0=A+B+C$

【例9-4】　某研学基地餐厅,本月使用原料(浓缩果汁,需加水稀释)计划总额为4250元,实际为5184元,超支934元。计划加工饮品100份,实际加工数量为120份。原料使用情况如表9-1所示。

表9-1　某研学基地餐厅原料使用情况

单位	计划数	实际数	差额(实际数减去计划数)
产量/份	100	120	20
单耗/千克	5	4.8	−0.2
原料单价/元	0.85	0.9	0.05
成本总额/元	4250	5184	934

利用因素分析法,对成本总额的变动进行如下分析。

产量变动对成本总额的影响:$(120-100)×5×0.85=85$(元)

单耗变动对成本总额的影响:$120×(4.8-5)×0.85=-20.4$(元)

原料单价变动对成本总额的影响：120×4.8×(0.9-0.85)=28.8(元)

三个因素对成本总额的影响：85+(-20.4)+28.8=93.4(元)

因素分析法在财务分析中的应用很广泛，既可用来进行全面分析，也可以分析各因素对某一经济指标的影响。

（四）趋势分析法

趋势分析法是指通过比较基地营地连续数期财务报表有关项目的金额，以揭示其财务状况和经营成果变动趋势的一种分析方法。它从动态的角度反映基地营地的财务状况，揭示各财务指标的发展趋势，有利于基地营地对未来的经营状况做出准确的预测。

根据比较指标的不同，趋势分析法可分为绝对数趋势分析法和相对数趋势分析法。

1.绝对数趋势分析法

绝对数趋势分析法是指将同一指标的数据按时间先后顺序排列，据此计算逐期的增减量，以反映逐期财务指标的变化趋势的分析方法。

【例9-5】 某研学基地2015—2019年营业收入如表9-2所示。

表9-2   某研学基地2015—2019年营业收入

时间		2015年	2016年	2017年	2018年	2019年
营业收入/万元		80	89	110	128	130
增长量/万元	逐期	—	9	21	18	2
	累计	—	9	30	48	50

由表9-2中的数据可以看出，该研学基地连续5年的营业收入呈连续增长趋势。

2.相对数趋势分析法

相对数趋势分析法是指将同一指标连续数期的指标数值与基期对比，计算增减率，以观察指标的变化趋势的分析方法。

延伸阅读 ▼

某研学基地资产负债表和利润表

【例9-6】 某研学基地2015—2019年营业收入增长率如表9-3所示。

表9-3   某研学基地2015—2019年营业收入增长率

时间		2015年	2016年	2017年	2018年	2019年
增长率/(%)	定基	—	11.25	37.50	60.00	62.50
	环比	—	11.25	23.60	16.36	1.56

由表9-3中的数据可以看出，该研学基地连续5年的营业收入一直保持着持续增长态势，但2019年的增长速度有所放缓。

本章小结

通过学习本章知识,学生能从理论上理解研学基地营地财务管理的概念,理解资金时间价值和风险的概念,了解研学基地营地筹资的类型、渠道和方式,以及收入与利润管理等内容,能看懂研学基地营地财务报表的各项指标,并做简单的财务分析,能为企业规避或者减少相应风险。

Note

第十章
研学基地营地安全管理

学习目标

知识目标：

（1）了解基地营地安全管理的制度基础。

（2）了解基地营地的安全系统构建。

能力目标：

（1）能明确相关方安全责任。

（2）能组织开展安全教育活动。

（3）能制定应急预案。

素养目标：

（1）提升安全意识，始终把安全放在第一位。

（2）提升识别、判断和处理安全事故的能力。

知识框架

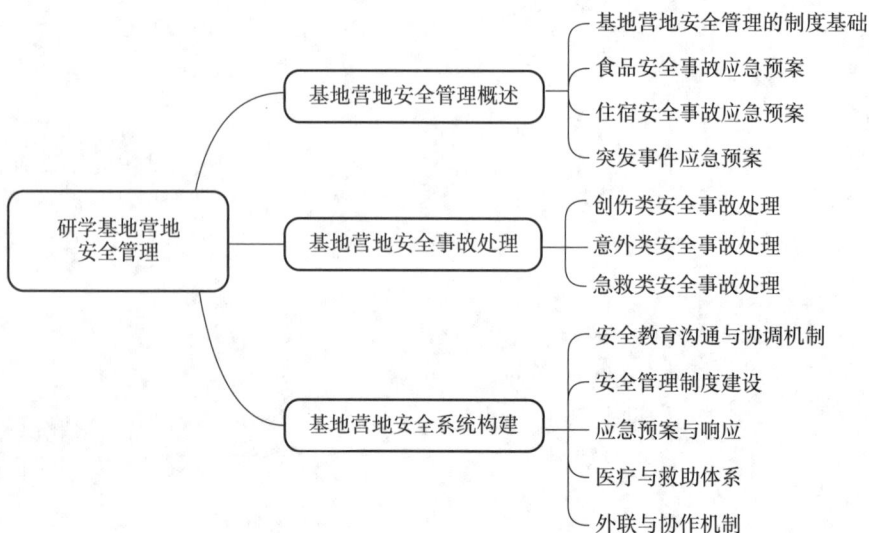

教学重点

（1）各类应急预案。

（2）各类安全事故的处理。

（3）基地营地安全系统的构建。

教学难点

（1）创伤类安全事故处理。

（2）意外类安全事故处理。

（3）急救类安全事故处理。

启发思考

（1）结合案例,请阐述"安全创建未来"带给我们的启示。

（2）如果让你设计一堂关于安全教育的课,你会如何设计?

学前导入
▼

安全创建
未来——
贵州起点
鹰极安全
科普教育
基地(研学
营地)

第一节　基地营地安全管理概述

　　为保障全体出行师生的生命安全,确保研学旅行在安全的前提下顺利进行,每次研学旅行活动的开展都应该根据其中可预见及不可预见的突发情况,就所涉及的全部环节,制定出严谨有效的应急预案,在组织方的协同配合下,保证研学旅行活动的顺利进行。

一、基地营地安全管理的制度基础

（一）《教育部等11部门关于推进中小学生研学旅行的意见》相关安全要点

　　《教育部等11部门关于推进中小学生研学旅行的意见》明确提出,"研学旅行要坚持安全第一,建立安全保障机制,明确安全保障责任,落实安全保障措施,确保学生安全",要做到"活动有方案,行前有备案,应急有预案"。具体要求如下:

（1）学校组织开展研学旅行可采取自行开展或委托开展的形式，提前拟订活动计划。

（2）通过家长委员会、致家长的一封信或召开家长会等形式告知家长活动意义、时间安排、出行线路、费用收支、注意事项等信息。

（3）与家长签订协议书，明确学校、家长、学生的责任和权利。

（二）《研学旅行服务规范》相关安全要点

（1）应以安全、卫生和舒适为基本要求，提前对住宿营地进行实地考察，主要要求如下：应便于集中管理；应方便承运汽车安全进出、停靠；应有健全的公共信息导向标识，并符合GB/T 10001的要求；应有安全逃生通道。

（2）应提前将住宿营地相关信息告知学生和家长，以便做好相关准备工作。

（3）应详细告知学生入住注意事项，宣讲住宿安全知识，带领学生熟悉逃生通道。

（4）应在学生入住后及时进行首次查房，帮助学生熟悉房间设施，解决相关问题。

（5）宜安排男、女学生分区（片）住宿，女生片区管理员应为女性。

（6）应制定住宿安全管理制度，开展巡查、夜查工作。

（三）《研学旅行基地（营地）设施与服务规范》相关安全要点

1. 安全设施

基地自身及食宿合作单位的安全设施均应符合以下条件：

（1）应配置齐全，包括：流量监控、应急照明灯、应急工具、应急设备和处置设施。

（2）应标识醒目，包括：疏散通道、安全提示和指引标识等。

（3）应在出入口等主要通道和场所安装闭路电视监控设备，实行全天候、全方位录像监控，保证电子监控系统健全、有效，影像资料保存15天以上。

（4）基地内禁止存放易燃、易爆、腐蚀性及有碍安全的物品。

（5）应设有安全和紧急避险通道，配置警戒设施。

（6）大型活动场所的安全通道和消防设备应有专人负责，确保设施完好有效。

（7）住宿场所应配有宿舍管理人员负责学生安全，安排保安人员昼夜值班巡逻，保障学生的财产和人身安全。

（8）应配备消防栓、灭火器、逃生锤等消防设备，保证防火设备齐备、有效。

（9）应保证消防通道畅通，消防安全标志完整、清晰，位置醒目。

（10）消防应急照明和疏散指示系统应符合GB 17945的要求。

（11）基础救护设备应齐备完好，与周边医院有联动救治机制。

（12）应设有治安机构或治安联防点，与周边公安、消防等机构有应急联动机制。

（13）危险地带（如临水、交通沿线）应设置安全护栏和警示标志，并保证其醒目。

（14）游览娱乐设施的使用及维护应符合GB 8408的要求。

（15）出入口应方便游客集散，紧急出口标志明显、畅通无阻。

2. 安全管理

（1）应制定研学旅行活动安全预警机制和应急预案，建立科学有效的安全保障体系，落实安全主体责任。

（2）应有针对性地对参与研学旅行师生进行安全教育与培训，帮助其了解有关安全规章制度，掌握自护、自救和互救方面的知识和技能。

（3）应设立安全责任机制，与参加研学旅行学生家长和开展研学旅行的相关企业或机构签订安全责任书，明确各方安全责任。

（4）应设置安全管理机构，建立安全管理制度，建立安全事故上报机制，配备安全管理人员和巡查人员，有常态化安全检查机制和安全知识辅导培训。

（5）应为研学旅行学生购买在基地活动的公共责任险，并可根据特色活动需求建议或者协助学生购买相应特色保险。

（6）应建立健全服务质量监督保证体系，明确服务质量标准和岗位责任制度。

（7）应建立健全的投诉与处理制度，保证投诉处理及时、公开、妥善，档案记录完整。

（8）应对基础设施进行定期管理，建立检查、维护、保养、修缮、更换等制度。

（9）宜建立结构合理的专职、兼职、志愿者等相结合的基地安全管理队伍。

二、食品安全事故应急预案

为确保师生在研学基地期间的生命安全，维护正常的教学秩序，保障研学课程顺利开展，基地营地需要制定食品领域的应急预案，建立有效预防机制，做好食品安全事故的应急处理工作。

研学过程中一旦出现食物中毒事故，应立即启动食品安全应急预案，采取有效措施迅速加以控制，最大限度地减少损失，安抚家长情绪，维持正常的教学秩序。

（一）组织管理

一旦发生食物中毒事故，要在基地相关人员的统一指挥和调度下，迅速开展对安全事故的调查、应急处理和医疗救治工作，同时协调有关部门处理相关事宜，对事件相关资料进行归类、留档、评价，并总结经验和教训。

（二）预防控制

（1）在参加研学的师生中开展预防食物中毒的宣传教育活动，结合学校的实际情况，利用广播、电视、报刊、黑板报、网络、宣传画和食物标本等各种形式，普及有关卫生知识，提高广大师生的卫生安全意识，从而降低食物中毒事件发生的可能性。在旅途中，要提醒学生不喝生水，不吃生冷、变质的食物，不在无证经营的小摊上买零食，以防食物中毒。同时，还要引导学生养成良好的用餐习惯，做到不挑食、少吃零食。

（2）在用餐地点方面，要严格选择那些在工商部门、市场监管部门等取得合法证件的营业场所,并要求基地营地提前对就餐餐饮单位进行实地考察,以及对卫生情况进行严格检查。

（3）在活动地点方面,要提前确定距离最近的当地医院的联系方式和前往的路线,以备不时之需。同时,还要保证研学期间车辆处于随时待命状态,司机随叫随到。

（三）预案启动的条件和程序

当研学过程中师生出现呕吐、腹痛、腹泻等食物中毒症状,生命安全受到威胁时,须立即向当地卫生部门报告,同时立即启动应急预案。

（四）发生食物中毒事件的应急处理

当研学过程中发生食物中毒事件时,须立即启动采取以下措施。

1. 通知报告

发现食物中毒事故,立即拨打120急救电话,通知就近医院做好抢救准备工作,同时向学校有关领导报告。

2. 紧急处理

（1）事故发生后,迅速把重病号送往医院抢救。

（2）急救车辆到达后,立即让医生开展紧急救护工作。

（3）保护现场,组织人员开展事故调查,并处理临时紧急任务。

（4）报请校方应急小组启动应急预案,指导、协调、督促有关部门开展工作。

3. 原因调查

（1）保护现场,并对可疑食物或有毒食物取样封存。

（2）留样的食物和现场取到的样品送相关机构进行技术鉴定。

（3）分析原因,根据现场调查和技术鉴定结果进行综合分析,确定事故原因并吸取教训。

4. 善后处理

（1）事故发生后,要注意维护正常的研学秩序,做好食物中毒人员及其家长的思想工作,防止出现不稳定局面。

（2）若有新闻媒体要求采访,必须经过校方同意。未经同意,任何单位和个人不得接受采访,以免报道失实。

（3）要求造成食物中毒的餐饮单位立即停止经营活动,并协助救治中毒者,保留造成食物中毒或者可能导致食物中毒的食物、工具、设备和现场,配合卫生部门调查,如实提供样品等。

（4）对于引发食物中毒事故的食堂和个人,必须立即上报卫生部门,按照《中华人民共和国食品安全法》等有关规定,予以行政处罚。针对造成严重食物中毒事故,构成犯罪的或者有投毒等犯罪嫌疑的情况,应迅速移交司法机关处理。

三、住宿安全事故应急预案

（一）制定说明

为保障师生在研学期间的人身安全，预防研学期间可能发生的住宿安全事故，特依据研学活动的实际情况制定应急预案，确保能及时、正确、高效地应对和处理可能发生的住宿安全事件，最大限度地减少此类住宿安全事件所带来的负面影响。

（二）制定目标

提前做好应对住宿安全事故的应急处理准备工作，积极预防和妥善处理研学期间可能发生的住宿安全事故，以确保相关人员充分了解和掌握在外住宿时事故发生后的处理流程和应对措施；采取有效预防措施，以便在事故发生时能够迅速控制事态，防止事态进一步恶化，从而最大限度地减少损失，维护正常的教育教学秩序；建立健全严格的安全工作负责制度，并确保其能够得到落实，从而将住宿安全事故发生概率降至最低。

（三）适用条件

在研学过程中，一旦出现住宿安全事故，立即启动应急预案，所有安全领导小组成员及教师必须保持通信畅通，手机需保持24小时开机状态。

（四）组织管理

晚上教师和研学基地营地工作人员要共同值班、查房，重点防范学生自主外出，排查火灾、盗窃等隐患。一旦发生住宿安全事故，要进行统一调度，立即开展研学基地营地安全控制和医疗救援等应急处理工作，组织安全事故调查，对事件相关资料进行系统整理、归档保存、全面评估，并总结经验和教训，为后续工作提供参考。

（五）住宿安全事故应急处理

（1）研学活动出发前，校方需任命住宿安全总负责人。

（2）发生住宿安全事故后，应根据现场情况决定以下事宜：

① 及时向学校报告事故情况；

② 联系医院，请求其做好抢救准备工作；

③ 安抚学生情绪，维持研学活动秩序；

④ 迅速将医院、车辆及有关人员的安排落实到位。

（六）其他

参加研学旅行的所有教师均有权、有义务立即报告住宿安全事故的发生情况。

四、突发事件应急预案

（一）制定说明

为确保师生在研学期间的人身安全,预防研学期间的突发事件,做到在第一时间开展抢救工作和消除安全隐患,切实保障学生安全,须制定应急预案,以便及时、妥善、高效地处理突发事件,将突发事件造成的损失降至最低。

（二）制定目标

指导参加研学旅行的教师做好突发事件的应急处理工作,建立健全有效的预防机制,使参加研学旅行的全体师生了解并掌握人身意外伤害事故发生后的应对流程和处理办法;采取有效措施,防止事态的进一步恶化,最大限度地减少损失,维护正常的教育教学秩序;建立并严格执行安全工作负责制度,将人身意外伤害事故的发生概率降至最低。

（三）适用条件

在研学课程过程中,一旦出现人身意外伤害事故,应立即启动应急预案,采取有效措施迅速控制情况,稳定家长情绪,维持正常的研学秩序。

（四）组织管理

一旦发生人身意外伤害事故,应在统一指挥调度下,立即展开研学安全控制和医疗救援等应急处理工作,组织安全事故调查,协调有关部门开展工作,将事件资料进行归类、留档、评价,并总结经验和教训。

（五）突发事件应急处理

1.立即响应

事故一旦发生,须立即向相关部门报告并请求紧急救援,迅速对人身意外伤害者实施抢救工作。

2.做好分工

人身意外伤害事故突发后,教师和研学基地营地工作人员应坚守岗位,各司其职,随时听从现场负责人调遣,遵循"学生优先、伤员优先"的原则,做好抢救、安抚和处理工作。

3.及时救治

事故现场的负责人必须保持冷静、沉着应对,立即组织人员开展救治工作。同时,应根据事故的性质不同,采取不同的救治方式,或医务人员就地救治,或拨打120急救电话送往医院救治。

4.组织疏散

事故发生后,教师和研学基地营地工作人员应迅速带领学生撤离危险区域;转移到安全区域后,应立即清点人数。

5.及时报告

立即报警并向校方报告事故详情,包括事故发生地点、时间、伤亡人数、伤害程度、目前人员所在位置及安全状况等。

6.救援协调与现场保护

尽快与公安、消防、医院等部门取得联系,落实救援与处置工作;指定专人负责保护现场,为事故调查和处理提供证据。

7.后续处置与秩序恢复

做好后续处置工作,消除不安全因素,尽快恢复研学教学秩序;避免引发其他事端。

8.心理疏导与干预

要特别注意做好学生的心理咨询和心理调节工作,逐步消除其恐惧心理和其他不良心理反应。

（六）工作组人员职责

（1）研学活动期间教师和研学基地营地工作人员不得离开学生,要随时掌握学生的情况,一旦遇到突发事件,应立即组织学生有序疏散,并做好现场控制工作。

（2）研学活动负责人要及时做好整个活动的调度和控制工作,维持好秩序。教师和研学基地营地工作人员不得擅自脱离岗位。

（3）迅速组织学生撤离现场,并转移到安全地带。

（4）离开现场后,研学基地营地工作人员要配合教师迅速整理好队伍,清点学生人数,不允许学生擅自离开队伍。对于未到场的学生,要做好登记,并及时上报事故现场负责人。

第二节 基地营地安全事故处理

研学期间可能会出现各种类型的安全事故,如治安事故、外伤事故、火灾事故等。以下为常见的安全事故类型及处理办法。

一、创伤类安全事故处理

（一）出血

1. 急救办法

如果出血量较少且伤势并不严重，可在清洗伤口之后，将创可贴贴于伤口处。若伤口大且出血不止，应先止血，然后立刻赶往医院。以手指切伤为例，具体止血方法如下：用干净纱布包扎伤口，捏住手指根部左右两侧，将受伤手指高举过心脏位置，因为手指血管是分布在左右两侧的，采用这种方法能有效止血。此外，使用止血带效果会更好，但要注意，每隔一段时间必须将止血带放松几分钟，否则容易导致手指缺血性坏死。

2. 注意事项

使用止血带时应注意以下事项：①止血带应绑扎在创口上方（近心端），尽量靠近创口，但勿与创口接触。②绑扎前，必须在相应部位先衬垫绷带、布块，或绑在衣服外面，以免损伤皮下神经。③绑扎松紧度要适中，太紧会损伤神经，太松则无法达到止血效果。④绑扎止血带的时间要认真记录，冷天每隔30分钟、正常情况下每隔1小时放松1—2分钟。绑扎时间过长可能引起肢端坏死、肾衰竭。

（二）骨折

1. 主要症状

骨折处肿胀疼痛，可能会出现瘀血和青紫色瘀斑。手摸感到凹凸不平，按压则产生剧烈疼痛。

2. 急救办法

不要随意挪动伤者身体，要尽快把伤到的肢体用夹板固定住。夹板可由木片或折叠的报纸或杂志制成，置于受伤肢体的下面或侧面，再使用三角巾、皮带或领带将夹板与受伤的肢体固定，固定时力度适中，不要缠得太用力，同时，不要用纱布或细绳子进行固定，这些都可能阻碍血液循环。

3. 注意事项

凡疑似骨折的伤者，均应先按骨折的处理原则进行全力救治。若伤者处于休克状态，应以抗休克治疗为首要任务；同时要注意为伤者保暖，并在有条件的情况下进行输血、输液。若伤者处于昏迷状态，应注意保证其呼吸道通畅。若闭合性骨折伴随皮肤穿破、血管损伤等并发症，应首先尽力矫正明显的骨头移位，然后用夹板进行固定。

（三）扭伤

1. 急救办法

在扭伤发生的24小时之内，尽量做到每隔1小时用冰袋冷敷一次，每次敷30分钟。将受伤部位用弹性压缩绷带包好，并适当垫高。24小时之后换为热敷，促进受伤部位的血液流通。

2. 注意事项

如果经过几日的自我护理和休息之后，患处仍旧疼痛且行动不便，可能存在骨折、肌肉拉伤或者韧带断裂等情况，需要立即到医院就医。另外需要注意的是，不能随意活动受伤的关节，否则容易造成韧带撕裂，导致恢复更加困难。

二、意外类安全事故处理

（一）溺水

1. 主要症状

溺水的症状因溺水程度而不同。重度溺水者1分钟内就会出现低氧血症，面部呈青紫色，双眼充血，瞳孔散大，昏睡不醒。若抢救不及时，4—6分钟内就会死亡。因此，必须争分夺秒地进行现场急救，切不可急于送医院而错失宝贵的抢救时机。

2. 急救办法

（1）立即清除溺水者口鼻内的异物，确保气道畅通。

（2）轻拍溺水者双肩并大声呼唤，观察是否有反应。俯身观察溺水者胸廓起伏，听呼吸声，判断呼吸是否正常。

（3）对于呼吸已停止的溺水者，应立即进行人工呼吸。方法是将溺水者呈仰卧位放置，施救者一手捏住溺水者的鼻孔，另一手掰开溺水者的嘴，深吸一口气后迅速口对口吹气，反复进行，直到溺水者恢复呼吸。通常，成人人工呼吸频率为每分钟10—12次，儿童为每分钟12—20次。

（4）若呼吸心跳均已停止，应立即进行心肺复苏抢救。方法是抬起溺水者的下巴，保证气道畅通，施救者将一手掌根紧贴按压部位（胸骨中下1/3交界处），另一手重叠其上，十指交叉，双肘关节伸直，利用上半身重量垂直向下按压，按压与放松时间相等，确保胸廓完全回弹，通常，按压频率为每分钟100—120次，成人下压深度为5—6厘米，儿童下压深度为4—5厘米。

Note

（二）中暑

1. 急救办法

（1）出现中暑先兆时，应立即撤离高温环境。在阴凉处安静休息，并补充含盐分的饮料。

（2）将中暑者抬到阴凉处或者空调房内休息，同时松解或者脱去其衣服，以促进散热。

（3）用浸透凉水的毛巾擦拭中暑者全身，以加速体表降温。

（4）若降温处理仍未能缓解病情，及时将中暑者送往医院救治。

2. 注意事项

（1）人中暑之后较为虚弱，在恢复过程中，饮食应以清淡、易消化为主，同时补充必要的水分、盐分、热量、维生素、蛋白质等。

（2）中暑后不要一次性大量饮水。应采用少量多次的饮水方法，每次饮水量以不超过300毫升为宜。

（3）不要大量食用生冷瓜果。中暑患者大多脾胃虚弱，大量食用生冷食物会进一步损伤脾胃，重者可能会出现腹泻、腹痛等症状。

（4）少吃油腻食物，以减轻肠胃负担。

（三）触电

1. 主要原因

缺乏安全用电常识，自行安装电器，家用电器漏电而用手接触开关、灯头、插头等都是引发触电的因素。

2. 急救方法

（1）发现触电者时，施救者应立即拉下电闸或关闭电源，拔掉插头，使触电者尽快脱离带电物体。若无法断电，施救者可以使用干燥的绝缘物体（如竹竿、木棍、塑胶制品、橡胶制品、皮制品等）将带电物体与触电者分离。此外，若触电者身处高处，需防止坠落造成二次伤害。

（2）未切断电源之前，施救者切忌用手直接拉碰触电者，否则会导致自己也触电，因为人体是导体，极易导电。

（3）待触电者脱离电源后，施救者应将其移至干燥、通风处，并解开其紧身衣物（如领口等），使其保持呼吸畅通。

（4）检查触电者的呼吸和心跳，必要时可进行人工呼吸和胸外按压。

（5）对烧伤部位进行合理包扎。

3. 注意事项

（1）在救护过程中，直接用手拉触电者极易导致施救者自身触电。施救者实施救援时宜穿胶鞋，站在木板上做好自我防护。

（2）对于触电者的急救应分秒必争，一旦发现触电者出现呼吸、心跳停止的情况，意味着病情十分危急，这时应立即进行抢救，同时迅速联系附近医院做进一步治疗，在送触电者前往医院途中，抢救不能中断。

三、急救类安全事故处理

（一）心搏骤停

1. 主要症状

心搏骤停是指心脏射血功能的突然终止，大动脉搏动与心音消失，重要器官（如脑）严重缺血、缺氧，导致生命终止。这种出乎意料的突然死亡，医学上又称猝死。心室纤颤是引起心搏骤停的较常见的原因。若呼唤患者无回应，压迫其眶上、眶下也无反应，即可确定患者已处于昏迷状态。再注意观察患者胸腹部有无起伏呼吸运动。若触摸颈动脉和股动脉无搏动，心前区听不到心跳，则可判定患者已心搏骤停。

2. 注意事项

心搏骤停的抢救必须争分夺秒，切不可坐等救护车到来再送医院救治。要当机立断采取以下急救措施进行心肺复苏。

（1）叩击心前区：一手置于患者颈后向上托，另一手按住患者前额向后稍推，使下颌上扬，头部后仰，以利于通气。用拳头底部较为厚实的部分，在胸骨中段上方，离胸壁20—30厘米处，突然、迅速地叩击一次。若叩击心前区后患者无反应，当即进行胸外按压。让患者背垫一块硬板，同时做口对口人工呼吸。观察患者的瞳孔，若瞳孔缩小（这是最灵敏、最有意义的生命体征），颜面、口唇逐渐转为红润，说明抢救有效。

（2）迅速清理患者咽部呕吐物，防止堵塞呼吸道或倒流入肺，引起窒息和吸入性肺炎。

（3）在患者头部敷上冰袋进行降温处理。

（4）尽快将患者送往医院进行进一步救治。

（二）人工呼吸

1. 主要症状

人工呼吸是人为地帮助患者进行被动呼吸，使患者体内外进行气体交换，最终促使患者恢复自主呼吸的急救方法。人停止呼吸几分钟后便会死亡，大脑缺氧4分钟，就会造成永久性损伤，因此，施救者应尽快把空气送入患者肺中。

2. 急救办法

（1）口对口呼吸法。

患者取仰卧位，施救者一手放在患者前额，并用拇指和示指捏住患者的鼻孔，另一手握住颌部使患者头部尽量往后仰，保持气道开放，然后深吸一口气，张开口以封闭患者的嘴周围(婴幼儿可连同鼻一块包住),向患者口内连续吹气两次,每次吹气时间为1—1.5秒,吹气量为800—1200毫升,直到患者胸廓抬起,停止吹气,松开贴紧患者的嘴,并放松捏住鼻孔的手,将脸转向一旁,用耳听是否有气流呼出,同时观察患者面色、口唇颜色等变化,判断吹气效果。随后再深吸一口新鲜空气为第二次吹气做准备,吹气频率保持在每分钟10—12次。当患者呼气完毕,即开始下一次同样的吹气。若吹气时遇到阻力,应立即停止吹气,检查并清除气道异物。

(2)口对鼻呼吸法。

当患者有口腔外伤或其他原因导致口腔不能打开时,可采用口对鼻吹气法。首先,使患者气道通畅、头部后仰,用手托住患者下颌使其口封闭。然后,施救者深吸一口气,用口包住患者鼻部,用力向患者鼻孔内吹气,直到其胸廓抬起。吹气后将患者口部掰开,让气体呼出。若吹气有效,则可见到患者的胸部随吹气而起伏,并能感觉到气流呼出。

3.注意事项

(1)清除患者口、鼻内污物,若有假牙亦应取出,以免假牙脱落堵塞气管。

(2)在对患者进行仰卧人工呼吸时,必须将患者舌头拉出,防止舌头后缩阻塞气道而影响呼吸。

(3)对妊娠期的女性患者,以及胸、背部有外伤者和骨折者进行人工呼吸时,应选择适当姿势,防止造成新的伤害。

(4)一般情况下应就地做人工呼吸,尽量少搬动,以免对患者造成二次伤害。

(5)将患者置于空气流通的场所,使其头部后仰,可在其肩下垫枕头或其他物品,使其气道保持通畅。

(6)人工呼吸要有节奏,并耐心地进行,直到患者恢复自主呼吸为止。

第三节　基地营地安全系统构建

基地营地的安全系统构建涉及安全教育沟通与协调机制、安全管理制度建设、应急预案与响应、医疗与救助体系、外联与协作机制等方面的内容。

一、安全教育沟通与协调机制

基地营地应开展适当的内部和外部的安全教育,提升全员的安全意识,外部安全教育与沟通的对象应包括学生、学校、研学机构、旅行社及其他相关方。在学生到来前,基地营地需采用恰当的方式向学校进行风险提示和行前安全教育。同时,基地营地还应与学校或相关方沟通必要的禁忌条件,包括对学生身体状况的要求。在提供研学服务的过程中,基地营地应通过警示标识、宣传图片、广播、视频等方式进行安全提示。为实现安全教育的目标,基地营地需要建立有效的沟通与协调机制。

（一）沟通机制

1.多渠道沟通

安全教育应通过多种渠道进行传播,以满足不同群体的需求。例如,可以通过学校、社区、媒体等渠道进行宣传,通过课程、讲座、广播、电视等媒介进行教育,吸引更多人关注和参与安全教育活动。

2.及时反馈信息

建立反馈机制,及时了解受众对安全教育的反应和需求。例如,可以通过问卷调查、意见箱、网上留言等方式收集意见和建议,并根据反馈信息及时做出相应调整和改进,提高教学效果。

3.媒体合作

利用媒体资源,加强安全教育的传播力度。例如,可以与新闻媒体、社交媒体等合作,共同推出相关专题报道、宣传活动,提高公众对安全教育的认知度和参与度。

4.创新宣传形式

通过创新的宣传形式吸引受众的注意力,提升宣传效果。例如,可以利用科技手段(如虚拟现实技术等),设计出互动性强、趣味性高的安全教育活动,吸引受众的关注,并激发他们主动参与安全教育活动的积极性。

（二）协调机制

1.多部门合作

建立多部门合作的协调机制,形成联动效应。安全教育涉及多个领域,需要教育、公安、交通等部门共同参与和负责,形成综合的推进机制。

2.设立协调机构

设立专门的安全教育协调机构,统筹规划、协调各方资源和行动。该机构可以由政府、学校、企事业单位等共同组成,负责制定安全教育政策、组织活动、评估安全教育效果等,确保安全教育工作的顺利进行。

3.建立信息共享平台

建立信息共享平台,促进各方的信息共享与交流。通过建立统一的安全教育数据库,收集并整合相关数据和信息,为决策提供科学依据。

4.加强合作交流

定期召开安全教育的合作交流会议,促进各方的沟通与合作。会议可以邀请相关专家学者、从业人员等参与,通过分享经验、展示成果、提出建议,持续推进安全教育工作。

　　建立有效的安全教育沟通与协调机制,对于强化基地营地安全意识、提升防范能力具有重要意义。通过多渠道沟通、及时反馈信息、媒体合作和创新宣传形式,基地营地可以增强安全教育的传播效果;通过多部门合作、设立协调机构、建立信息共享平台和加强合作交流,基地营地可以提高安全教育的协调与配合效率。相关部门、学校和社会各界的共同努力,是基地营地建立完善的安全教育沟通与协调机制、保障研学旅行安全的重要基础。

二、安全管理制度建设

　　基地营地需要进行安全管理制度建设。

(一)建立安全保障体系

　　制定研学旅行活动安全预警机制及应急预案,构建科学有效的安全保障体系,落实安全主体责任。

(二)强化安全教育培训

　　对参与研学旅行的师生开展有针对性的安全教育与培训,帮助其了解有关规章制度,使其掌握自护、自救与互救方面的知识和技能。

(三)明确安全责任分工

　　建立安全责任机制,与参加研学旅行的学生和家长,以及开展研学旅行活动的相关企业或机构签订安全责任书,明确各方安全责任。

(四)完善安全管理制度

　　设置安全管理机构,建立安全管理制度和安全事故上报机制,配备专职的安全管理人员与巡查人员,建立常态化安全检查机制,开展安全知识培训。

(五)购买各类安全保险

　　为研学旅行学生购买公众责任保险,并根据特色活动需求建议或者协助学生购买其他专项保险。

(六)进行服务质量监督

　　建立健全服务质量监督保障体系,明确服务质量标准与岗位责任制度。

(七)优化投诉处理机制

　　建立健全投诉处理机制,保证投诉处理及时、公开、妥善,并保留完整的档案记录。

（八）加强基础设施管理

对基础设施进行定期管理，建立检查、维护、保养、修缮、更换等制度。

（九）打造安全管理队伍

打造一支结构合理的，专职、兼职、志愿者等相结合的研学旅行安全管理队伍。

三、应急预案与响应

研学基地营地应根据所识别的重大风险，以及其他突发情况（如地震、火灾、食品安全事故、治安事件、设施设备突发故障、项目冲突等）制定应急预案，定期组织演练并对应急预案的有效性和适宜性进行评估，必要时进行修订。应急预案与响应的相关内容如下。

（一）应急预案的制定

根据不同的突发事件类型，制定相应的应急预案。预案内容包括突发事件的识别、报告、应对流程、责任分工、资源调配等。

（二）应急响应的组织

建立应急响应机制，明确各级组织的职责和任务，确保出现突发事件时能够迅速响应。

（三）信息发布和应急通信

建立健全的信息发布机制，及时向公众发布突发事件信息和应对措施，同时建立应急通信系统，确保各级组织之间能够进行有效沟通和协作。

（四）应急资源保障

建立应急资源储备和调配机制，确保在突发事件发生时能够迅速调集人力、物资，获得技术支持。

（五）应急演练和培训

定期组织应急演练和培训，提高应急响应能力和协作水平，确保预案的有效实施。

四、医疗与救助体系

基地营地应拥有适宜的医疗与救助资源，了解周边的医疗与救助状况，并建立必要的联动机制。通过构建一个完备的医疗与救助体系，基地营地能够有效应对学生伤病情况并及时处理，切实保障学生的身体健康和安全。在构建医疗与救助体系时，基地营地应着重考虑医疗设备和药品的储备情况、医疗小组的组织架构和职责、应急医疗流程等内容。此外,基地营地还应定期开展演练和评估工作,确保体系的科学性和实用性。通过不断完善和调整,基地营地的医疗应急能力可以得到显著提升,从而为学生营造更加安全和健康的学习环境。

(一)建立应急医疗与救助管理组织架构

为了有效开展应急医疗与救助工作,研学基地营地应建立应急医疗管理组织架构,该架构主要涉及研学基地管理部门和应急医疗小组。

(二)明确应急医疗小组职责

应急医疗小组是由经过相关医疗培训和持有相关资质证书的医疗人员组成的团队,负责研学基地内的应急医疗工作。其职责主要包括以下几个方面。

1. 应急预案制定和更新

负责制定和及时更新研学基地的应急预案,包括医疗设备准备、医疗资源协调、应急医疗流程制定等内容。

2. 医疗设备和药品管理

负责研学基地医疗设备和药品的选购、储存和保养工作,确保设备完好可用,药品安全有效。

3. 伤病情况应急响应

及时响应学生伤病情况,组织医疗人员进行诊断和治疗,确保伤病学生及时得到恰当的医疗护理。

4. 医疗教育培训

定期进行医疗知识培训,提高研学基地工作人员的医疗水平和应急能力。

5. 协调医疗资源

与当地医疗机构以及应急救援部门建立有效的沟通和协调机制,确保在紧急情况下能够及时获得专业医疗资源。

(三)应急医疗设备与药品储备

为了应对学生可能出现的伤病情况,在研学基地营地配置相应的医用器具和常用药物是非常必要的,具体清单如表10-1所示。

表10-1　一般基地营地医用器具和常用药品配置清单

医用器具			常用药物		
• 血压计	• 体温计	• 医疗床	• 布洛芬	• 酒精	• 生理盐水
• 血糖仪	• 氧气瓶	• 呼吸机	• 碘酒	• 红药水	• 紫药水
• 监护仪	• 听诊器	• 外伤处置车	• 藿香正气水	• 红花油	• 云南白药

（四）应急医疗流程

为了保证伤病学生能得到迅速处置和医疗护理，基地营地应建立严谨的应急医疗流程。

1. 发现伤病情况

任何工作人员一旦发现学生伤病情况，应立即报告应急医疗小组，并迅速进行处理。

2. 紧急救助

应急医疗小组成员迅速赶到现场，进行简单的初步救治，确保伤病学生的生命安全。

3. 医疗评估

应急医疗小组成员对伤病学生进行全面的医疗评估，包括伤病情判断、现场处理和病历记录等。

4. 医疗护理

根据医疗评估结果，应急医疗小组成员对伤病学生进行相应的医疗护理，如止血、包扎伤口、处理烧伤等。

5. 医疗转诊

如果伤病学生的情况超出应急医疗小组的能力范围，应当及时与当地医疗机构或应急救援部门协调，转诊进行进一步的治疗。

6. 后续跟踪

应急医疗小组成员与伤病学生保持联系，进行后续跟踪，确保伤病学生康复情况良好。

（五）应急医疗演练与评估

为了保证应急医疗工作的高效性和流程的规范性，基地营地应定期进行应急医疗演练与评估。演练过程中，应急医疗小组成员通过实际模拟伤病学生情况，以检验应急预案的可行性和实效性。演练结束后，应急医疗小组应对演练结果进行评估和总结，并依据评估情况及时修订应急医疗管理制度，以不断提高应急医疗工作的水平和质量。

五、外联与协作机制

研学基地营地应根据自身情况和研学课程的实施区域，积极与一定范围内的交通、医疗卫生、治安、消防、气象、救援等相关部门建立协作机制，必要时，进行报备，以此为研学旅行提供安全保障。

（一）外联与协作的必要性

研学基地营地是多方位、跨领域的综合性服务平台，其安全运营离不开多方面的协调与合作。研学活动常常在远离城市的区域开展，且需要依托当地资源和服务设施，因此，与地方相关机构建立稳固的合作关系至关重要。

（二）合作关系的建立

研学基地营地应主动与区域内的交通、医疗、公安、消防、气象和救援等部门建立联系，并定期沟通，了解各部门的工作职责和应急响应流程。同时，根据研学旅行的特点，确定重点合作领域，制定紧急情况下的联动机制。

（1）定期与相关部门联合举行安全演练，提升紧急情况下的联合应对能力。

（2）利用现代信息技术，建立实时通信和信息共享平台，确保关键信息能够在第一时间传递到所有合作方。

（3）根据外部环境变化及内部管理升级，不断评估和更新安全预案。

（三）报备程序的重要性

在开展研学旅行前，研学基地营地须向相关部门详细报备活动计划，包括参与人数、地点、时间安排、交通方式及安全预案等，确保在紧急情况下能够及时获得支持和协助。

延伸阅读

克什克腾世界地质公园的安全管理

本章小结

安全管理是研学基地营地运营与管理的重要环节之一，对研学基地营地的正常运营起着至关重要的作用。没有安全管理，研学基地营地就没有运营的基础。本章主要介绍了与研学基地营地安全的相关标准和政策文件，如《教育部等11部门关于推进中小学生研学旅行的意见》和《研学旅行服务规范》等，并在此基础上阐述了创伤类、意外类和急救类等不同类型的安全事故处理办法。本章还对基地营地安全系统构建涉及的安全教育沟通与协调机制、安全管理制度建设、应急预案与响应、医疗与救助体系、外联与协作机制等方面进行了详细阐述。

第十一章
研学基地营地危机管理

知识框架

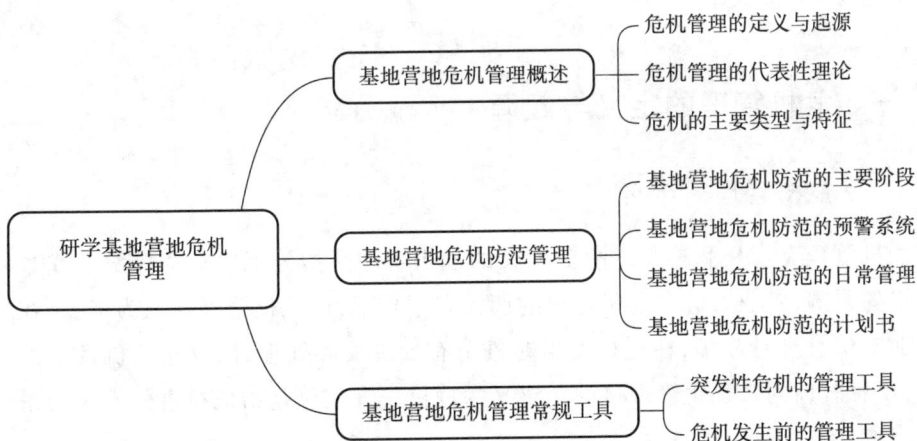

教学
重点

（1）研学基地营地危机管理的代表性理论。

（2）研学基地营地危机防范管理的预警系统。

（3）研学基地营地危机管理的常规工具。

教学
难点

（1）预警系统的构建和运行。

（2）突发性危机的管理工具。

启发
思考

（1）结合案例，你认为"危"与"机"各指什么？

（2）如果你是研学基地营地总经理，应如何面对和化解疫情带来的危机？

学前导入
▼

疫情之下
研学旅行
的"危"与
"机"

第一节　基地营地危机管理概述

一、危机管理的定义与起源

（一）危机管理的定义

危机管理有广义和狭义之分。广义的危机管理是指为了预防危机发生或减轻危机带来的影响，专业人员在危机意识的调控和指导下，以危机管理计划为依据，在危机发生前对信息进行收集，在危机发生时进行有效决策和处理，以及在危机发生后总结经验、反思教训的系统化管理过程。狭义的危机管理仅仅是指危机事件发生后采取的处理措施。

广义的危机管理是可预防的管理，主要体现在危机发生前对信息的收集、甄别等方面，它考验的是管理者应对突发事件的能力，即在危机发生时如何有效决策，从而将危机带来的损失降至最低，甚至化危险为机遇。危机管理也是善后反思的管理，主要

Note

体现在危机发生后的反思与总结上,所谓的"吃一堑,长一智",充分反映了危机发生后反思与总结工作的重要性。

(二)危机管理的起源

1. 国外危机管理的起源

对危机管理的研究最早可追溯到20世纪40年代,彼时危机管理主要被美国政府用于处理政治、外交及军事等领域的纠纷事件,当时危机管理的研究目的主要是探索政治危机根源、维护政治稳定。直至20世纪七八十年代,研究开始从政治领域向经济、社会领域蔓延。1982年,"泰诺"中毒事件的成功解决,标志着现代危机管理的诞生。1986年,斯蒂文·芬克在《危机管理》一书中首次对危机管理进行了系统阐述与研究,随后日本学者也纷纷着手研究危机管理问题。随着研究的广泛开展,危机管理逐渐成为一门独立的学科。

罗伯特·希斯把危机管理分为缩减、预备、反应和恢复四个阶段,认为危机管理主要是危机前、危机中、危机后所有方面的管理,即如何减少危机的影响,以及危机后的恢复。斯蒂文·芬克认为危机管理是有计划地消除风险与不确定性,使企业将前途把握在自己手里的管理过程。日本学者龙泽正雄认为危机管理即发现、确认、分析、评估、处理危机的流程,而在该流程中强调"如何以最少的花费产生最好的效果"为目标,并始终将"效用论"纳入整个流程的各阶段。佐佐淳行认为预测、防止或避免危机,应对危机,防止危机扩大及再次发生危机的机制便是危机管理。大泉光一认为危机管理是一种预防不可想象的紧急事态,对易发生的紧急事件采取有效措施,将危害程度降至最低的手段。大森义夫认为危机管理是避免危机发生而导致悲惨结局的技术。

2. 国内危机管理的起源

国内对危机管理的研究起步较晚,20世纪90年代,危机管理理论传到中国,其中,胡平所著的《国际冲突分析与危机管理研究》一书中最先对危机管理的定义进行概括。随后国内学者在国外理论研究的基础之上,借助国家科研经费的支持,取其精华,对危机管理进行了深入研究和案例分析,并取得了一定的成果。国内危机管理是管理学的新锐课题,进入21世纪,特别是"9·11"事件、非典、次贷危机以来,由于灾害(难)不断出现,危机管理逐渐被运用到企业管理领域。

在《现代管理辞典》中,危机管理的定义为,"对突发的事件或可能突发的事件的事前预防及事后处理的管理方法,这些事件主要分两类,一是对企业造成重大打击的突发事件,如天灾、人祸等;二是易发生的大事件,如安全、生产、质量、市场等环节的事件操作实务"。葛晓春、戴立文认为,危机管理是对危机事件整体的检测、预防或处理的过程,其目标是尽可能使危机的损害最小化、机遇最大化。薛澜等人认为,广义的危机管理是对危机发生前、中、后所有方面的管理。苏伟伦认为,危机管理不仅要通过危机监测、预防、决策和处理,达到减少危害影响的效果,而且要将危机转化为机遇。丁宗胜认为,危机管理是针对事前无法预知何时发生,然而一旦发生就会对企业经营造成极端损害的各种事件的事前、事后的管理,包括天灾、人祸。他强调危机管理的重点是预防危机,即危机发生时能有条不紊地把损失降到最低。台湾学者邱毅认为,危机管理是组织或个人为降低危机情境所带来的威胁进行长期规划的调整过程。

由此可见,国内外对危机管理的研究都起源于政治领域,发展、繁荣于经济社会领域。目前,国内外学者对危机管理概念的界定并未达成共识,有的从管理过程的角度进行定义,有的从危机发生后如何有效处理危机、化危险为机遇的角度进行定义。

二、危机管理的代表性理论

危机管理实际上是一种系统化的过程管理,纵观国内外学者对危机管理过程的认知,主要分为以下五种代表观点:斯蒂文·芬克四阶段论、罗伯特·希斯4R阶段论、张玉波三阶段论、薛澜五阶段论、赵定涛过程管理理论模型。

(一)斯蒂文·芬克四阶段论

第一阶段是征兆期(Prodromal Stage),即有线索显示有危机发生的可能性;第二阶段是发作期(Breakout Stage),即具有伤害性的事件发生并产生危机;第三阶段是延续期(Chronic Stage),即危机事件的影响仍存在,同时也努力消除危机的过程;第四阶段是痊愈期(Resolution Stage),即危机事件已经解决。

(二)罗伯特·希斯4R阶段论

第一阶段主要是确认危机隐患,进行预防、风险评估、控制,树立危机意识,即缩减(Reduction)阶段;第二阶段主要是制订危机计划,即预备(Readiness)阶段;第三阶段主要是开展有效措施控制危机事件向更坏方向发展,避免负面影响进一步扩大,即反应(Response)阶段;第四阶段主要是针对危机事件进行反思和总结,即恢复(Recovery)阶段。

(三)张玉波三阶段论

第一阶段是危机预防与预警;第二阶段是危机处理;第三阶段是危机总结与评价。各阶段的主要工作内容如表11-1所示。

表11-1　危机管理过程三阶段论

危机管理过程		主要工作
第一阶段:危机预防与预警		分析并采取措施预防可能发生的危机,提前做好预警工作
第二阶段: 危机处理	开始阶段	增强危机意识,尽早发现危机,果断采取措施
	蔓延阶段	有针对性地采取措施,防止危机蔓延

续表

危机管理过程		主要工作
第二阶段：危机处理	重塑形象阶段	与公众沟通时做到诚实、坦率、负责任
第三阶段：危机总结与评价		进行工作总结，吸取经验教训，提高管理水平

（四）薛澜五阶段论

第一阶段：危机预警及准备。此阶段主要是为了预防、避免危机事件发生，比如制定危机管理预案、构建组织系统、开展模拟演练。

第二阶段：危机识别。此阶段主要通过信息监测处理辨别出危机潜伏期的各种症状，为后续的危机隔离做准备。

第三阶段：危机隔离。当危机刚发生时，管理人员应迅速采取对策，发挥"防火墙"的作用，控制危机事件的扩散，保证组织正常运转。

第四阶段：危机管理。当危机发展到难以遏制的状态时，会对组织造成极大损失，此时重点工作是利用较短时间迅速控制危机，尽可能将损失降低。

第五阶段：危机后处理。这个阶段主要进行危机的善后处理工作，总结经验教训，并提出改进策略。

（五）赵定涛过程管理理论模型

赵定涛认为企业管理的过程包括预防、识别、处理和评估四个阶段（见图11-1）。他认为危机管理的重点在于预防。

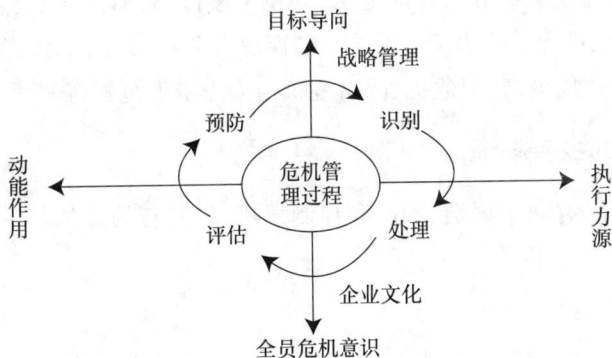

图11-1 赵定涛过程管理理论模型图

纵观国内外关于危机管理过程的研究文献可以发现，危机管理过程的研究已比较成熟，这对于危机管理实践活动有一定的指导意义。虽然学者对危机管理过程的划分不尽相同，但实质上具有很大的相似性。他们都以危机生命周期理论为依据，按照时间序列，大致将危机管理过程按危机前、危机中、危机后进行划分。根据以上具有代表性的学者们的观点,我们将危机生命周期划分为酝酿期、潜伏期、发生期、消退期、恢复期。根据危机生命周期,我们认为危机管理过程分为危机发生前(酝酿期、潜伏期),以及危机发生时(发生期)和危机发生后(消退期、恢复期)三个主要阶段。

三、危机的主要类型与特征

(一)危机的主要类型

面对危机事件时,决策环境通常是非常态化的情境,各种不利、复杂、不确定的因素相互交织,这导致危机的类型多种多样。通常,依据不同的划分标准,危机可分为不同的类型。

1. 按照动因性质划分

按照动因性质,危机可分为自然危机(自然灾害、灾难事故等),以及人为危机(恐怖活动、犯罪活动、扰乱公共秩序事件等)。

2. 按照影响范围划分

按照影响范围,危机可分为国际危机、国内危机、组织危机。

3. 按照成因及波及范围划分

按照成因及波及范围,危机可分为政治危机、经济危机、社会危机、价值危机。

4. 按照特殊状态划分

按照特殊状态,危机可分为核危机、非核危机。

5. 按照应对主体划分

按照应对主体,危机可分为政府危机(如重大事故、自然灾害、公共危机、医疗管理危机与教育管理危机等),以及企业危机(如管理者危机、产品危机、媒介关系危机、竞争者关系危机、行业危机、营销危机、战略危机与人力资源危机等)。

(二)危机的主要特征

明晰危机特征,有利于识别、预防和控制危机,做到有的放矢。一般危机具有以下特征。

1. 突发性和急迫性

危机往往都是突如其来、令人措手不及的,一般在人们毫无准备的情况下瞬间发生,让人难以准确地把握。急迫性主要体现在两方面:一是危机事件一旦爆发,会将其在潜伏期内的破坏性瞬间释放出来,并持续蔓延;二是留给人们应对和处理的时间十分紧迫,任何延迟都可能造成比危机本身更严重的后果。

2. 不确定性

不确定性主要体现在两方面:一是危机发生前无法用常规性规则进行判断,而且其后的发展和可能产生的影响也是没有经验性知识可供指导的;二是危机出现的时机是无法确定的。

3. 破坏性

危机中虽然暗含机遇,但是这种机遇的出现是有条件的,并且未必会降临。然而,任何危机在发生后都可能造成严重损失、产生负面影响,甚至导致企业面临破产或者倒闭。

4. 动态发展性

危机并非静止不变,而是动态发展的,它会随着应对危机的方法而变化。危机变化的各个阶段都环环相扣,因此,我们更应科学应对危机,避免危机失控。

5. 舆论性

危机事件能够激发人们的好奇心理,时常成为人们谈论的热点和媒体追踪报道的内容。尤其是自媒体盛行的当下,危机发生后,如何引导舆论、化危为安是我们应重视的问题。

第二节　基地营地危机防范管理

英国危机公关专家迈克尔·里杰斯特曾说,预防是解决危机的最好方法。危机防范是基地营地采用科学合理的管理手段对潜在危机及其发展趋势进行信息收集、监测、判断及防范的一种管理活动。预防的意义在于将潜在危机扼杀在摇篮中,以免对基地营地的正常经营活动造成不良影响,使基地营地始终保持良好的运营状态。对于基地营地的危机管理,决策是管理的核心,而防范是决策的核心。基地营地应未雨绸缪、时刻保持危机意识,做好危机防范工作。只有这样,当危机真正来临时,才能从容面对、良性发展。危机防范是危机管理的重要组成部分,涉及基地营地管理的各个方面,是复杂而系统的管理工程,其重要性不言而喻。

一、基地营地危机防范的主要阶段

(一)危机发生前:做好危机防范工作

海恩法则揭示了"事故背后有征兆,征兆背后有苗头"的道理;美国学者理查德·帕斯卡尔曾说,21世纪,没有危机感是最大的危机。因此在危机发生前,做好预防准备工作显得至关重要。

1. 树立危机意识

将危机意识融入基地营地文化建设中,让员工提高思想认知、增强责任感并主动自我完善,是基地营地良好运营的保障之一。

2. 建立危机风险评估机制

风险无处不在,包括自然灾害、流行病毒、人为事故等。基地营地极易受灾害影响,因此需要在危机发生前做好风险评估工作,便于及时评估风险、监控危机的走势,为后续建立预警与应急响应系统提供依据。

3. 建立危机预警与应急响应系统

危机一旦发生,只依靠常规管理流程往往并不能有效解决问题,而需建立危机预警与应急响应系统。具体措施包括组建危机管理小组、普及危机应对知识、进行危机模拟演练。

4. 建立危机信息收集与披露机制

在日常工作中,应充分收集危机事件发生的时间、原因、性质等信息,并对以上信息进行统计分析,及时、准确地提炼出有效信息。

5. 制订危机管理计划

危机管理计划是针对可能发生的危机事件,预先制定的处理流程及方案措施。

6. 预留危机专项资金

基地营地所在地政府及其运营方均应将危机管理纳入日常工作管理范畴,预先提取一定比例的资金作为危机专项资金。

(二)危机发生时:做好危机发生时的管理工作

危机发生时的管理工作可谓重中之重,它决定着危机事件的走势、对基地营地产生的影响,甚至关乎基地营地的生存和发展。危机管理工作主要包括危机决策、危机控制和危机组织等方面。

1. 危机决策

危机往往具有突发性、急迫性等特点,这也对管理者在危机管理过程中的决策能力提出了要求。危机决策要求管理者在有限的时间、人力等条件下,消除危机对企业的不良影响,甚至将危机转变为机遇。危机决策者不仅要遵循一定的流程和原则,还要能根据危机事件的具体情况,做到审时度势、随机应变,选择最适合的解决方案。

2. 危机控制

当管理者面对危机制定出最优方案后,为了达到既定的目标,需要随时监控危机的发展方向,并根据危机走势不断调整方案,这一过程就是危机控制。控制的目的在于发现事件偏离预设轨道时,采取有效手段及时纠正,直至达到预设的目标。危机是否能得到有效控制,决定了危机管理的效果。在实施危机控制时,应做好以下工作:首先,选定一名发言人负责面向公众媒体做好解释工作,及时监控舆论风向;其次,由决策人带领危机管理小组成员处理危机的其他事项,基地营地其他员工仍继续工作,发言人与决策人一同形成"隔离墙",隔离危机对基地营地日常运行造成的不良影响,直至危机解除;最后,及时与客户、供应商及相关利益者进行沟通,以防不良舆论对基地营地声誉造成恶劣影响。

3. 危机组织

在危机管理过程中,危机组织要能够带领危机管理小组成员充分发挥主观能动性,用最少的时间解决棘手的问题。打造强有力的领导团队,带领危机管理小组成员迅速化解危机,是危机管理获得成功的关键。

(三)危机发生后:做好危机发生后的善后工作

危机事件的突发性、急迫性、不确定性等均会给基地营地带来巨大的损失,危机造成的不良影响会在危机结束后仍然存在。因此,基地营地在危机发生后做好经验总结、反思及善后工作显得尤为重要。善后工作是十分复杂的,其效果可能直接影响企业的公众形象。

有效的危机防范不仅可以降低危机事件发生的概率,还有利于及时、准确地制定决策,提高基地营地整体管理水平。从时间序列看,危机防范处于危机管理过程的首位,是危机管理过程的开始,亦是危机管理过程的基础。它属于危机发生前的预防工作,是一项主动、积极、可控的管理活动。如今变幻莫测的市场经济环境,导致危机事件出现的概率逐渐变大,在遵循科学规律的前提下,如何进行危机防范是危机管理工作的重点。危机防范管理水平也成为衡量基地营地管理水平、预测基地营地兴衰时限、评估管理者管理能力的一项重要指标。

二、基地营地危机防范的预警系统

对基地营地来说,产业的脆弱性、易受环境影响等特点,决定了建立预警系统的紧迫性与必要性。根据实际情况,基地营地找出薄弱之处后,应建立预警系统来进行有针对性的管理。预警系统主要分为信息收集子系统、信息处理子系统、信息预测子系统、信息警报子系统和危机预处理子系统五个方面,不同的子系统在预警系统中发挥不同的作用。

(一)信息收集子系统

在信息收集子系统的运作中,危机管理人员需要根据基地营地自身发展情况,全面且充分地收集相关信息,做到无一遗漏。具体信息包括危机风险源分布状况、与基地营地经营相关的政治经济环境,以及竞争对手、经销商和消费者的信息等。通过收集以上信息,危机管理人员不仅可以识别潜在的危机事件,还可以发现有利于自身发展的机遇和经营管理中存在的其他不足之处。在信息收集过程中,要确保信息传递的真实性。信息传递者之间可能因利益关联而存在篡改信息的风险,导致信息传递过程中出现失真情况,从而影响信息准确性。要解决这一问题,就需要慎重选择信息传递者,比如优先考虑无利益关联的人员承担此项工作。此外,信息收集还需考虑资金成本。切不可为了全面且充分地收集信息而忽略资金成本,要在全面收集信息的同时兼顾资金成本,寻求两者之间的平衡。

(二)信息处理子系统

将前期收集到的信息与基地营地自身的不足之处相结合,然后对信息进行归类、识别、转化、汇总,便是信息处理子系统的工作重点。当信息和危机之间缺乏明显联系时,信息的归类就显得至关重要。归类是为了让信息条理清晰、逻辑严谨。归类完成后,应对虚假信息进行识别。一方面,对于存在明显逻辑矛盾的信息,危机管理人员应保持警惕,审慎判断其真实性;另一方面,即便在信息收集时已尽量排除有利益关联的传递者,在信息处理环节仍需进一步筛查,确保信息真实可信。例如,危机管理人员可通过追溯信息传递的全过程、核查信息传递者相关资料等方式,最大限度地保证信息的真实性与客观性。

(三)信息预测子系统

信息预测子系统会根据信息处理子系统的结果,预测基地营地危机因素的发展趋势,确定危机警报等级以及是否向下一级发出警报指令。其一,信息预测子系统会对危机因素进行合理分类,确定其属于安全问题、财务问题、质量问题、服务问题、质量问题中的哪一类;其二,信息预测子系统会对不同类型的危机因素所产生的威胁进行量化打分。

(四)信息警报子系统

信息警报子系统的功能是将危机警报准确地传递给危机管理人员和潜在受害者,让他们迅速采取措施及时进行危机管理工作。基地营地危机等级的划分可参考国务院颁布的《国家突发事件总体应急预案》,依据突发事件的紧急程度、发展势态和可能造成的危害程度进行划分。一级为最高级别,红色标示;二级为橙色标示;三级为黄色标示;四级为蓝色标示。经系统预测判别,若引发危机的概率在70%以上,则立即发出警报指令,并且若危机造成的损害程度经判别归属一级到四级,则还需要发出与之对应的颜色警报指令。

(五)危机预处理子系统

危机预处理子系统可预先制定危机预处理方案,危机管理人员需根据自身实际情况,结合预处理方案,确定符合实际情况的最终方案。当然,当危机真正发生时,危机管理人员可根据危机的具体走势不断调整方案。

三、基地营地危机防范的日常管理

危机预警系统发出预警并不是危机防范的根本目的,对危机实施干预才是危机防范的根本目的,基地营地应从以下几方面做好危机日常管理工作。

（一）组建危机管理机构

危机管理机构是开展危机防范工作的重要保障,也是基地营地进行危机管理的关键机构,下面主要从微观层面阐述如何组建危机管理机构。

1. 确定危机管理人员

危机管理人员可以是基地营地的负责人、讲解人员、技术人员、销售人员、公关人员,也可以是兼职的教师、资深研学专家。他们虽然岗位不同,但都具备一定的研学专业知识,因此,他们的合作将起到举足轻重的作用。同时,基地营地需要对他们进行相关培训,提升其预防和应对危机的能力。此外,大型基地营地还会设置公关部,从而在面对危机事件时,展现出专业化素养。

2. 设置危机管理机构

研学旅行虽然具有淡旺季,但这并不是基地营地取消危机管理机构的理由,相反,基地营地更应该设置常态化的危机管理机构。研学旅行的受众主要为青少年,他们是祖国的未来,因此,一旦发生危机,基地营地必须具备危机处理能力。因此,设置危机管理机构对于基地营地的危机防范是非常必要的。英国危机公关专家迈克尔·里杰斯特曾说,任何公司都需要有危机管理措施,唯一不同的是这些措施应根据组织的性质和规模而有所变化。

3. 明确危机工作职责

危机工作职责主要包括:对员工进行危机培训;编制危机管理专项资金预算;预测可能出现的危机事件;对于危机预警系统发出的警示,根据实际情况判断危机发生的概率并采取应对措施;制定符合需求的危机管理制度。

（二）强化危机意识及演练

基地营地的业务涉及面十分广泛,涵盖吃、住、行、游、购等多个领域,再加上基地营地易受外部环境影响,而且研学者年龄偏小,这些因素大大增加了危机的发生概率与管理难度。

1. 坚持危机观念教育

营地内部的每一位员工都要做好应对各种危机的准备工作,开展危机教育,让员工了解危机的相关知识,使员工有危机感,帮助员工增强危机意识,优化自身行为。

2. 模拟危机情境教育

研学基地营地在保证安全的前提下主动制造危机情境,对员工进行模拟危机情境教育,增强其危机意识。营地的管理者也要经常激励员工努力工作,提醒员工不得松懈,让员工心中牢记危机二字。

3. 加强危机演练实训

危机演练的目的在于强化危机意识,确保危机管理人员在危机发生时能够保持理智、沉稳应对并迅速处置。尤其是面对青少年时,危机管理人员处理危机的行为会对他们产生一定影响。

四、基地营地危机防范的计划书

危机来临时,危机管理人员通常以危机管理计划为指导手册。一份好的危机管理计划并非要涵盖危机的所有细节,而是要确保在面临不同情形的危机时,危机管理人员可以根据危机管理计划迅速找到与之相符的处理方法,同时,危机管理机构成员和其他部门人员能够迅速找准自身定位,做到分工明确、职责清晰。

(一)危机防范计划的前提

对于可自主控制、有效管理的突发危机事件,基地营地制定科学合理的营地危机管理计划是必需的。基地营地受外部不确定因素等影响较大,故制订危机管理计划有两大前提:一是成立危机期间最高管理机构——危机管理委员会;二是编制基地营地危机管理计划指南。

1. 成立危机管理委员会

危机管理委员会由基地营地所在地政府、研学专家、媒体等组成。委员会需选拔1名总指挥并确定参与人员,同时可根据工作需要下设工作小组:①公关小组,负责向媒体发布官方信息,避免因媒体报道有误而对基地营地造成不良影响;②市场小组,负责向目标客户通报危机进展,及时公布危机信息,调查危机对游客的心理影响程度,缓解目标客户的畏难情绪;③资金筹措小组,负责筹措资金帮助基地营地渡过危机难关。每个工作小组需选拔1名负责人,各小组负责人统一听从总指挥的调度与安排。

2. 编制危机管理计划指南

基地营地的危机管理计划指南可由所在地政府主管部门制定,也可参考联合国世界旅游组织发布的《旅游业危机管理指南》。指南中应涵盖管理委员会的工作框架及规程、规范性文件、危机管理的基本流程、危机等级划分标准、与外部的沟通机制等内容。

(二)危机管理计划的要素

基地营地制订危机管理计划是为了预先对可能发生的危机进行梳理,并形成相应的行为准则。虽然危机的类型多样且各不相同,但我们仍需通过归纳总结,制定具有普遍性的危机管理计划。一套完善的基地营地危机管理计划主要由以下三个要素组成。

1. 标题

标题可命名为"某某研学基地危机管理计划"或"某某研学营地危机管理计划"。需注意的是,要标注制订该计划的日期和版本,比如"某年某月某日第几版"。任何计划都不是一经制订就固定不变的,在实际执行过程中,会根据危机实际情况不断修正、完善,因此,标注日期和版本是为了避免不同版本产生混淆。

2. 前言

前言部分要求文字简洁明了,主要包括计划的制订目的、适用范围、执行日期、发放范围、保密规定、提示事项、意见反馈渠道等。其中,需要特别注意的是保密规定。在竞争激烈的市场环境下,各基地营地需加强保密工作。

3. 内容

参照联合国世界旅游组织发布的《旅游业危机管理指南》,结合研学旅行基地营地行业交叉多等特点,危机管理计划主要包括以下内容。

（1）背景:基地营地管理计划的目标;基地营地危机事件的界定;基地营地危机管理计划的更新及完善。

（2）基地营地危机的辨别与分析:辨别引发基地营地危机的因素是外部的还是内部的;分析基地营地发生危机的概率、处理难度及可能产生的后果。

（3）基地营地危机预防:制定防范措施;随时监控危机走势。

（4）基地营地危机管理准备:开展危机教育及模拟练习,增强危机意识;制定应变措施;做好媒体发布相关准备。

（5）基地营地危机警报:确认危机等级及损害程度;发布警示信息。

（6）基地营地危机处理:根据管理计划,明确各方职责,启动危机处理程序。

（7）基地营地危机后恢复管理:总结经验教训,反思不足之处;进行损失评估,做好善后工作。

此外,规范的基地营地危机管理计划还会通过附录的形式将危机管理需要的资源清单、紧急联系方式、公共管理机构联系方式等收录其中,以备不时之需。

研学基地营地制订危机管理计划具有重要意义。首先,通过对危机的预先调查研究,管理者能够提高对信息的掌控能力,提前对可能发生的危机事件进行预判和考量,构建全局性的战略布局,以便当危机来临时,可节约决策时间、减轻决策压力、节省资金成本。其次,制订危机管理计划有助于增强危机处理的信心,使管理者面对危机时能够从容不迫,避免因仓促决策造成浪费。最后,制订危机管理计划能够避免出现违背全局观念的行为,使危机管理更加科学、合理。

第三节　基地营地危机管理常规工具

危机管理的目的是通过预先管理,尽量避免危机发生,但实际工作中,再完美的预先管理也无法完全避免危机的发生。鉴于此,对于那些不可避免的危机事件,应进行及时处理,减少损失,甚至转危险为机遇。通过总结其他行业成功的危机管理经验,并结合研学基地营地实际情况,专家提出了行之有效的危机管理工具。

一、突发性危机的管理工具

(一)信息沟通和信息披露

危机沟通是一门以科学为本、艺术为用的伐谋学问。它可以增加危机中的机会成分,降低危机中的危险成分。根据沟通对象,它可分为内部沟通、外部沟通。对于内部沟通,基地营地应高度重视人力资源的利用,加强与员工沟通,让员工了解危机详情,激发员工的集体荣辱感,让员工为企业转危机为机遇贡献力量。对于外部沟通,基地营地应公布事实真相,填补信息空白,与外界坦诚交流。简言之,信息沟通是以沟通为媒介、以危机信息为内容、以解决危机为目的的管理活动,适用于内部沟通和外部沟通;信息披露是本着客观真诚的态度对外发布事实真相,适用于外部沟通。可见信息沟通和信息披露是危机管理的重要工具。

研学行业的脆弱性、关联性等特点决定了其非常容易受到危机的影响,基地营地所在地政府部门及其自身应尽快向公众、媒体等发布权威、真实的危机信息,保障公众的知情权。由于危机信息可能在传递过程中失真,从而引起二次危机事件,信息沟通和信息披露必须坚持以下基本原则。

1. 主动应对,坦诚相待

相关部门应和基地营地一同主动与媒体、公众等进行沟通,表明其解决危机的决心和信心。同时,秉持坦诚相待、积极认真的态度,及时、准确地公布事件发展走势,以赢得公众支持。

2. 统一口径

相关部门和基地营地要统一口径。对于同一危机事件,相关部门和基地营地传出不一样的声音是危机管理的大忌。这不仅无法解决原来的危机,反而可能引发新的危机。不同的声音会让公众对信息的真实性产生怀疑。

3. 及时反馈

即便相关部门和基地营地能做到上述两点,仍然可能存在质疑的声音,针对这些质疑,相关部门和基地营地应迅速做出反馈。

(二)危机管理组织机构

危机管理组织机构是研学基地营地管理的一项重要指标,只有建立相应的组织机构,才能规范基地营地的管理。危机管理组织机构一般由以下三部分组成。

1.危机管理人员

危机管理人员需要在最短时间内统一协调各方资源,迅速判断危机状况,并做出决策。危机管理既是一门科学,又是一门艺术。它不仅要求危机管理人员具备专业的管理技能,还需要具备灵活性、智慧和人格魅力。

2.信息收集子系统

信息收集子系统将大量信息消化、处理,然后反馈给危机管理人员,危机管理人员以最快速度做出决策,并将决策内容下达至各小组长。

3.媒体

媒体在危机事件的报道中发挥着重要作用,它既可以帮助基地营地塑造美好的形象,也可能导致基地营地陷入困境。一方面,媒体基于自身传播的需要,通过危机事件引起公众关注;另一方面,基地营地危机管理同样离不开媒体。危机事件通常具有一定的新闻价值,这是媒体热衷报道的原因。基地营地需认识到媒体和危机管理并非对立关系,而是双方应建立良好的合作关系、寻求价值契合点。如果说媒体在发言权方面具有一定的优势,那么公众则是口碑传播的关键,因此,要注意打好公众这张牌。

(三)必要的危机管理计划

一个好的危机管理计划应在基地营地遭遇危机时,能使危机管理人员迅速从计划里找出对应的危机点,从容处理危机。

二、危机发生前的管理工具

当危机处于酝酿阶段或潜伏期时,研学基地营地应投入必要的资源,及时遏制危机的苗头,避免危机最终爆发。

(一)加强营地内部控制

控制是常用的管理工具,研学基地营地内部控制即检查日常工作是否出现偏差,并及时纠正。对基地营地来说,主要控制点集中在研学产品质量、服务、供应链、财务、法律等方面。

(二)加强营地财务控制

优秀的管理公司通常具备两大特点:一是制度健全;二是财务控制有力。在进行财务控制时,要对各类报表,如资产负债表,利润表等进行记录、分析;对实际支出和预算进行比较;对各项成本进行纵横向比较。财务控制的目的就是及时发现基地营地管理中的资金周转漏洞,准确把握基地营地的经营情况,从而实现财务控制。基地营地大多是小微企业,对现金流要求较高,一旦现金流出现问题,基地营地将难以维持正常运营。

危机管理工具是基地营地处理危机、消除隐患的有效手段,不仅能大幅降低危机发生的概率,即便面对已经发生的危机,也能有效减少损失,加快恢复速度。

本章小结

　　本章主要介绍了研学基地营地危机管理的相关内容,包括危机管理的定义与起源、代表性理论、主要类型与特征等,基地营地危机防范的主要阶段、预警系统、日常管理和计划书,以及基地营地危机管理的常规工具,如突发性危机的管理工具和危机前的管理工具等。

第十二章
研学基地营地创新与可持续发展

学习目标

知识目标：

（1）了解研学基地营地创新活动的价值与意义。

（2）了解研学基地营地实施可持续发展的重要性。

能力目标：

（1）能够掌握研学基地营地实施可持续发展的关键路径。

（2）能够解决研学基地营地可持续发展的核心问题。

（3）能够开展研学基地营地创新活动。

素养目标：

（1）能够理解研学基地营地创新和可持续发展的意义与价值。

（2）能够从创新和可持续发展的视角审视研学基地营地运营与

管理。

知识框架

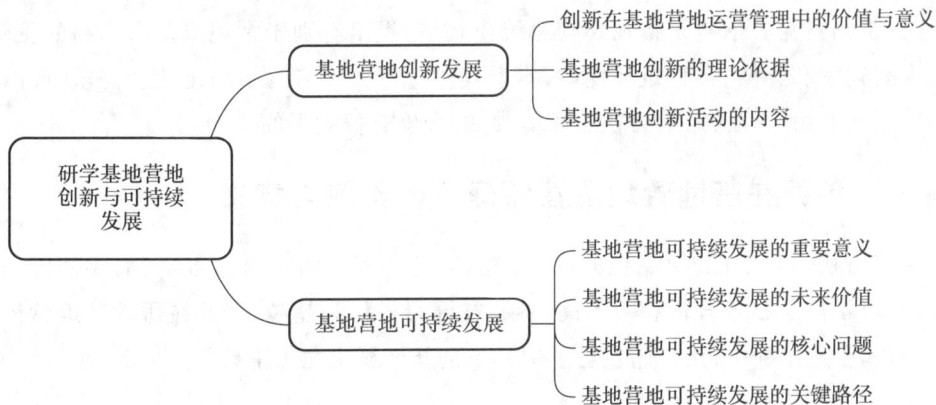

学前导入

Nursery
Fields
Forever
——研学
基地营地
的创新与
可持续
发展

教学重点

（1）开展研学基地营地创新活动的理论依据。

（2）实施研学基地营地可持续发展的关键路径。

教学难点

（1）研学基地营地创新活动的内容。

（2）研学基地营地可持续发展的路径创新。

启发思考

（1）结合案例，你认为基地营地可以从哪些方面进行创新突破？

（2）在激烈的市场竞争中，基地营地将从哪些方面实现可持续发展？

第一节　基地营地创新发展

为了在市场竞争中保持较高的市场占有率，抢占客源，顺应时代的进步和发展，基地营地在课程设计、研学活动内容及研学活动的方法等方面需要不断开拓创新。那么，什么是创新呢？创新是指在现有思维模式下，提出有别于常规或常人思路的见解，依托现有知识和物质，在特定环境中，本着理想化需要或者为了满足社会需求，而改进或创造新的事物、方法、元素、路径、环境，并能产生有益效果的行为。

一、创新在基地营地运营管理中的价值与意义

在网络快速发展的时代，任何一个产品从其进入市场到退出市场，都要经历一定的周期，研学产品技术含量相对不高，容易被同行模仿和超越，因此在研学基地营地建设、运营和管理过程中，让产品在竞争中具备创新性显得尤为重要。

（一）创新在基地营地中的价值

创新是研学基地营地竞争力的源泉，是基地营地可持续发展的驱动力，其价值主要体现在以下几个方面。

Note

1. 创新是基地营地发展的前提

（1）服务质量的提升。

创新在提升研学基地营地的服务质量方面发挥着至关重要的作用。通过引入智能化管理系统,基地营地能够实时监控环境质量、设施使用情况和学生活动安全,从而确保服务的高标准和高质量。例如,某研学基地通过安装智能传感器和摄像头,实现了 24 小时的环境监测和安全预警,显著降低了事故发生率,提升了家长和学生的信任度。

（2）运营效率的提高。

创新还极大地提高了基地营地的运营效率。采用先进的信息化工具和自动化设备,基地营地能够优化资源配置,降低人力成本,缩短服务响应时间。以一家采用无纸化办公系统的研学基地为例,其行政效率提高了 30%,同时降低了约 20% 的纸张消耗,实现了经济效益与环保效益的双赢。

（3）定制化服务的实施。

创新使得基地营地能够提供更加个性化和定制化的服务。通过数据分析和用户反馈,基地营地可以设计出符合不同年龄段和兴趣点的研学项目,满足学生多样化的需求。例如,一项针对青少年科技爱好者的定制研学项目,通过与当地科技公司合作,设置了实验室参观、专家讲座和互动体验等环节,获得了广泛好评,满意度提升了 40%。

（4）持续改进的动力。

创新是推动基地营地持续改进和自我超越的动力。通过定期的项目评估和反馈循环,基地营地能够不断发现服务中的不足,并快速响应市场变化,推出新的研学内容和服务方式。例如,一家研学基地在年度评估后发现其自然科学课程满意度不高,随后引入了虚拟现实技术,将传统的户外观察转变为沉浸式学习体验,结果课程满意度提升了 50%。

2. 创新是基地营地竞争力的源泉

（1）独特性与差异化。

创新为研学基地营地带来了独特性和差异化的竞争优势。通过开发独特的教育理念和特色活动,基地营地能够在众多竞争者中脱颖而出。例如,一家研学基地通过结合本地文化和历史遗产,设计了一系列以历史文化探索为主题的研学项目,这些项目不仅丰富了学生的学习体验,也增强了基地的文化吸引力,进而吸引了更多对历史文化感兴趣的学生。

（2）品牌形象的塑造。

创新能够加强基地营地的品牌形象。通过持续推出创新的教育产品和服务,基地营地能够建立起专业、前瞻和值得信赖的品牌形象。以一家引入国际先进教育理念的研学基地为例,其通过与多国教育机构的合作,引入了国际认可的教育标准和认证体系,成功打造了一个国际化的教育品牌,吸引了大量海外学生。

(3)市场适应性的增强。

创新使基地营地能够更好地适应市场的变化。在面对经济波动、政策调整或消费者需求变化时,具备创新能力的基地营地能够快速调整策略,推出满足市场需求的新项目。例如,面对疫情期间的旅行限制,一家研学基地迅速转型,推出了线上虚拟研学平台,通过互动直播和在线资源,有效缓解了疫情带来的冲击。

(4)长期竞争优势的构建。

长远来看,创新是基地营地构建持久竞争优势的关键。借助持续的技术创新和管理创新,基地营地能够积累起难以复制的知识和技术资产。例如,一家研学基地通过多年的研发投入,建立了完善的研学课程体系和教师培训机制,这成为其核心竞争力的一部分,使得该基地在行业中长期保持领先地位。

(二)创新在基地营地中的意义

基地营地是开展研学课程设计和研学活动的载体,基地营地的创新能促进旅游市场和教育事业的健康发展,是研学旅行活动多元化发展的必经之路。

1.创新能丰富基地营地研学旅行主题

研学旅行的主体是学生,与其他普通旅游活动不同,研学旅行的目的是拓宽学生视野,使学生在旅行过程中通过学习和实践,实现深层次教育。研学旅行涉及的对象比较多,有学校、旅游企业、基地营地、组织机构等。在国家政策扶持下,研学旅行成为教育阶段的必修课程。为了保证学生研学过程中的积极性,以及实现研学旅行的目的,基地营地需要根据研学课程设计的要求,结合科技社会的发展趋势,丰富研学活动的形式和主题,以推动研学旅行健康发展。

2.创新能促进基地营地教育事业健康发展

研学旅行主要通过学生在基地营地的实践,加深学生对社会、对自我的进一步认知,以拓宽学生的视野,塑造学生的人格,促进学生全面发展。在研学旅行过程中,学生可以选择感兴趣的主题进行针对性体验,以深化探究能力。通过研学旅行,学生的学习方式发生了根本变化,学习不再局限于课堂,学生的思维方式也得以创新。在研学旅行过程中,旅行路线、活动内容等事宜,均由学生决定,学生真正体验到了独立自主,这有助于学生的全面发展。研学旅行让学生走出校园、走入社会,让学生在基地营地的生活和学习中感悟生活的真谛,逐步塑造健全的人格。

3.创新能保证基地营地的综合效益

当前,科学技术迅猛发展、社会竞争日趋激烈,这对学生的知识结构提出了更高要求,加之新时代的学生较早地接触到了现代化智能科技产品,其需求也更加多样。这就要求以接待学生为主的基地营地要紧跟时代的步伐,研究当代学生的学情特点,在基地营地建设和发展过程中开拓创新,以保持对学生长久的吸引力,进而确保基地营地拥有稳定的客源和良好的经济效益。

二、基地营地创新的理论依据

创新是一种观念,也是一种态度,更是一种理论。提到创新理论,我们不得不提到的就是现代创新理论的提出者约瑟夫·熊彼特。他是一位有深远影响的政治经济学家,于1912年在《经济发展理论》一书,提出了"创新"及其在经济发展中的作用,被誉为"创新理论"的鼻祖。

熊彼特认为,所谓创新就是要"建立一种新的生产函数",就是要把一种从来没有的、关于生产要素和生产条件的"新组合"引进生产体系中去,以实现对生产要素或生产条件的"新组合"。周期性的经济波动源于创新过程的非连续性和非均衡性,不同的创新对经济发展产生不同的影响,从而形成不同的经济周期;资本主义只是经济变动的一种形式或方法,它不可能是静止的,也不可能永远存在下去。

(一)熊彼特创新理论的五种创新场景

1.产品创新

采用消费者尚未熟悉的新产品,或赋予现有产品新品质。

2.工艺创新

采用相关制造部门在实践中尚未知悉的生产方法。这种新方法既可以建立在科学发现的基础之上,也可以体现为对某种商品进行商业层面的新处理。

3.市场创新

开辟一个相关制造部门以前不曾进入的新销售市场。这个市场以前可能存在,也可能不存在。

4.资源配置创新

获取原材料或半成品的新供应来源,无论供应来源是否已存在,或者过去没有注意到,又或者认为无法进入,均需通过创新手段加以开发利用。

5.组织创新

建立一种新的组织,比如垄断组织。这里的"组织创新"也可以看作制度创新的一部分,当然,仅仅是初期的狭义的制度创新。

(二)熊彼特创新理论的六个基本观点

1.创新是生产过程中内生的

熊彼特认为,我们所指的发展,只是经济生活中而并非从外部强加于它的,是从内部自行发生的变化。尽管投入的资本和劳动力数量发生变化,能够导致经济生活的变化,但这并不是唯一的经济变化。还有另一种经济变化是不能用从外部对数据施加的影响来说明的,它是从体系内部发生的。这种变化是众多重要经济现象的根源,因此,为其构建一种理论是值得的。这里的另一种经济变化就是"创新"。

2. 创新是一种"革命性"变化

熊彼特曾做过这样一个形象的比喻:无论你将多少辆驿路马车或邮车相连,也绝对不可能得到一条铁路,而恰恰是这种"革命性"变化的发生,才是我们要探讨的问题,也就是在一种非常狭窄和正式意义上的经济发展的问题。这充分强调了创新的突发性和间断性的特点,主张对经济发展进行动态性的分析研究。

3. 创新同时意味着毁灭

一般说来,新组合并不一定要由控制创新过程所代替的生产或商业过程的同一批人去执行,即并不是驿路马车的所有者去修筑铁路,而恰恰相反,铁路的修筑意味着对驿路马车的否定。因此,在竞争性的经济生活中,新组合的出现往往意味着旧组合被淘汰,尽管淘汰的方式不同。比如完全竞争状态下的创新和毁灭往往发生在两个不同的经济实体之间,而随着经济的发展、经济实体的扩大,创新更多地转化为一种经济实体内部的自我更新。

4. 创新必须能够创造出新的价值

熊彼特认为,先有发明,后有创新;发明是新工具或新方法的发现,而创新是新工具或新方法的应用。只要发明还没有得到实际上的应用,那么在经济上就是不起作用的。新工具或新方法在经济发展中发挥作用的关键在于能够创造出新的价值。将发明与创新割裂开来,存在理论上的局限性。强调创新是新工具或新方法的应用,必须产生出新的经济价值,这对于创新理论的研究具有重要的意义,因此,这一思想被后续诸多研究创新理论的学者所继承。

5. 创新是经济发展的本质规定

熊彼特力图引入创新概念,以便从机制上解释经济发展。他认为,可以把经济区分为"增长"与"发展"两种情况。所谓的增长,如果是由人口和资本的增长所驱动的,那么并不能称作发展,因为它没有产生质变意义上的新现象。而所谓的发展,则是一种特殊的现象,同在循环流转中或走向均衡的趋势中可能观察到的完全不同。它是流转渠道中的自发的和间断的变化,是对均衡的干扰,永远在改变和代替以前存在的均衡状态。发展理论本质上是对这种现象和伴随它的过程的论述。因此,这里所说的发展,可以定义为执行新的组合。这意味着,发展是经济循环流转过程的中断,也就是实现了创新,而创新是发展的本质规定。

6. 创新的主体是"企业家"

熊彼特把"新组合"的实现称为"企业",那么以此为职业的人们便是"企业家"。因此,企业家的核心职能不是经营或管理,而是看其是否能够执行这种"新组合"。这一核心职能又把真正的企业家活动与其他活动区别开来。只有在实际上实现了某种"新组合"时,才可称为名副其实的企业家。熊彼特认为,企业家并不能成为一个专门意义上的社会阶层。熊彼特对企业家的这种独特的界定,其目的在于突出创新的特殊性,说明创新活动的特殊价值。然而,将能否实际实现某种"新组合"作为企业家的内在规定,过于强调企业家的动态性,这不但给研究创新主体问题带来困难,而且在实际操作中很难把握。

三、基地营地创新活动的内容

研学基地营地是承载研学活动的场所,其主体是来自具有不同教育理念的学校的不同学段的学生。随着研学旅行教育内容的细分,研学相关领域供应商纷纷开始进行基地营地创新建设。目前,市场上的基地营地大致可以分为自然体验类、人文体验类和公益服务类。不同类型的基地营地涉及的活动内容不同,因此,相应的基地营地活动内容的创新方向也不尽相同。

(一)自然体验类研学基地营地的创新活动

自然体验类研学基地营地主要包括植物园、风景名胜区、世界自然遗产、世界或国家地质公园、国家海洋公园、国家湿地公园、农庄、野生动物保护基地等。随着文化和旅游的进一步相融合,结合不同学段学生研学课程设计目标,这类研学基地营地应该在原有的活动内容的基础上,注重学生在研学过程中的参与度和体验感。让学生在研学过程中除了欣赏美景,了解乡情、省情及国情外,还能够了解不同季节动植物的变化差异,并能够学会一项生活技能或野外生存技能。

(二)人文体验类研学基地营地的创新活动

人文体验类研学基地营地内现有的研学课程和活动内容已经具备了一定的体验性。在活动创新和设计中,我们应注重有针对性的设计和创新。

传统文化类活动应该在理论和现有体验的基础之上,结合不同学段的学生教材来设计。比如,小学阶段可在国学基地开展国学启蒙活动,初中阶段可在非遗场所开展非遗剪纸活动,高中阶段可在国医馆开展人体穴位解读活动。历史文化类活动相对来讲历史性比较强,有文化的厚重感,因此在研学活动实践过程中要注重互动性,让学生感受到历史的鲜活与灵动。

(三)公益服务类研学基地营地的创新活动

目前,由于社会层面还没有健全的研学公益体系,教育部门也缺乏有效的研学支持政策,无法保证全员参与研学旅行,而通过公益的形式为特殊群体提供研学旅行的机会,是借助社会力量推动教育公平的有效探索。因此,这类研学基地营地的建设及创新活动是未来的发展方向。

综合来说,研学基地营地为学生提供的创新活动应当至少满足三方面的目标:一是知识目标,通过不同类型的研学课程,帮助学生掌握相关知识;二是能力目标,培养学生的观察力、合作力,使学生掌握必要的生活技能和生存技能;三是情感目标,培养学生的民族荣誉感和文化自信心,提升学生的爱乡、爱省和爱国之情。

在研学基地营地创新发展中,科学思维是一切研学活动创新发展的起点,始终贯穿研学活动发展的全过程,是研学基地营地在同类产品竞争中取胜的先决条件;科学方法是人们进行创新活动的思维、规律和机理,是实现研学基地营地跨越式发展和提高自主创新能力的重要基础;科学工具是开展研学基地营地创新活动、实现创新目标的必要手段和媒介,是最重要的科技资源。由此可见,创新方法既包含技术创新方法,也包含管理创新方法。

第二节　基地营地可持续发展

一、基地营地可持续发展的重要意义

可持续发展,是相对不可持续发展而言的。基地营地可持续发展主要探讨的是如何保持基地营地长久的吸引力,进而保证稳定客源的问题。

(一)有利于促进基地营地生态效益、经济效益和社会效益的统一

在经营和发展过程中,基地营地实施可持续发展战略,坚持边开发边保护的原则,将生态作为研学基地营地的先导战略,以科技创新引领绿色发展,有利于实现生态效益、经济效益和社会效益的有机统一。

(二)有利于实现基地营地持续、稳定、健康发展

在经营和发展过程中,基地营地要有效开发和合理利用自身资源,重点保护特色资源,将环保理念贯彻始终,保护好所在地的文化及真实性,加大可持续发展的资金投入,在合理利用内部资金的同时注重引进外资,积极争取国家各种专项基金的扶持,多形式、多渠道地筹集社会资金,加快人才培养,制定并实施可持续发展战略,最终实现持续、稳定、健康发展。

(三)有利于保障基地营地长期利益和整体利益

在经营和发展过程中,基地营地只有实施可持续发展战略,才能持续、稳定地吸引客源,从而保障基地营地的长期利益和整体利益。

(四)有利于促使基地营地向信息资源推动型发展转型

在经营和发展过程中,基地营地要实施可持续发展战略,积极推进供给侧结构性

改革,调整粗放型增长模式,树立科学发展观,推行循环发展模式,提升科技含量和创新能力,积极开发和利用新能源和新材料,从而推动基地营地实现从物质资源推动型发展向非物质资源或信息资源(科技与知识)推动型发展的转型。

二、基地营地可持续发展的未来价值

(一)推行环境保护与绿色运营

创新在推动基地营地实现环境保护和绿色运营方面起到了关键作用。例如,一些基地采用了太阳能发电系统和雨水收集再利用技术,显著降低了能源消耗和减少了水资源浪费。据统计,其能源使用效率提升了20%,水资源利用率提升了30%,同时也减少了基地营地对环境的负面影响。

(二)践行社会责任与公益活动

创新还帮助基地营地更好地履行社会责任和开展公益活动。通过与非营利组织合作,基地营地能够为弱势群体提供免费的研学机会,促进教育公平。例如,一项名为"知识之光"的项目,通过企业赞助和社会募捐,为贫困地区的学生提供了数百个研学名额,这不仅提升了其社会形象,也为社会的可持续发展做出了贡献。

(三)促进教育公平与普及

创新促进了教育资源的公平分配和普及。通过开发低成本、高效率的在线教育平台,基地营地能够将优质的教育资源推广到更多地区。例如,基地营地开发的在线研学课程,使得偏远地区的学生也能够接受与经济发达地区的学生同等质量的教育。

(四)支持区域长期发展规划

创新为基地营地的长期发展规划提供了坚实的支持。通过前瞻性的市场研究和战略规划,基地营地能够预见未来的发展趋势,并据此制订相应的发展计划。例如,基地营地通过分析全球教育旅游市场的发展趋势,决定投资建设以STEM教育为主题的新基地营地,该项目不仅符合市场发展趋势,也为基地营地带来了新的经济增长点。

三、基地营地可持续发展的核心问题

实施可持续发展战略是基地营地发展的必由之路,基地营地虽起步较晚,但发展速度快,因此,基地营地可持续发展的核心问题归纳起来主要有以下几点。

(一)人才的持续发展

基地营地可持续发展的核心问题在于"人",其关键在于探索如何发展,如何协调基地营地服务人员和学生及社区居民之间的利益关系。这就要求在严格把控相关参与人员的素质、切实保护生态环境、保障资源永续利用的前提下实现经济和社会的协同发展。

（二）资源的永续利用

资源永续利用主要在于基地营地现有的资源环境及设施设备是否可以被永远地使用下去。这就要求研究基地营地的管理者在日常管理中，高度重视环境效益，并致力于探索使自然资源得到永续利用的理论和方法，同时从经济学的角度出发，研究如何将自然资源纳入经济核算体系。

（三）市场的开拓创新

近年来，市场经济高速发展，行业竞争愈发激烈。研学旅行虽然起步较晚，但是发展势头良好，在此背景下，基地营地要与时俱进，使发展目标和方向符合市场经济和社会发展的要求。开拓创新是基地营地能否在多变的市场环境中生存下来的重要依据，也是其社会竞争力的重要体现，更是其保持发展活力的源泉。

四、基地营地可持续发展的关键路径

鉴于可持续发展在基地营地中的重要价值，基地营地在日常的经营和管理过程中，必须实施可持续发展战略，重点要做好以下几点。

（一）注重研学课程研发的差异化

这需要从源头入手，联合教育部门、学校、文旅部门和社区居民开展研学课程设计活动，根据参与研学旅行的各学段的学生的学情特点，结合地方特色，设计出不同时长、不同主题、质量较高、针对性较强的特色研学课程。

（二）确保研学服务体系的个性化

研学旅行活动是集教育与旅行于一体的综合性较强的活动，这需要基地营地升级配套设施，确保在配套服务方面满足不同规模和不同群体的研学需要；也要加强自身网络宣传平台的建设，与社会信息化发展需求接轨。

（三）加强师资队伍建设的本地化

研学基地营地必须把好师资关，加强对带队人员的资格考评和监督，有针对性地开展专业的师资培训活动，打造本地化的研学师资队伍，确保能够提供优质的研学服务。

（四）提高研学课程教学的有效性

研学旅行要避免"只旅不学"和"只学不旅"的情况，要规范课程教学，合理设计实践体验与思考提升环节，真正做到旅行和学习的有机结合。

（五）增强社区居民参与的自觉性

政府相关部门可以鼓励当地社区居民积极参与到基地营地建设和研学工作当中，如担任研学导师、开办特色客栈等，使社区居民的利益得到保证，惠及于民，从而推动基地营地的良性发展。

（六）保证研学评价标准的科学性

基地营地要通过建立科学的研学评价标准体系和搭建意见反馈平台来获悉研学者的真实感受，并通过强化监督和评价，确保基地营地的服务水平和研学活动的质量。

本章小结

本章主要阐述了创新在研学基地营地中的价值与意义，介绍了创新的理论依据及创新活动的内容，阐述了研学基地营地实施可持续发展的重要性，介绍了研学基地营地实施可持续发展的关键路径等。通过理论学习与实践结合，学生能够根据本地特色，设计出具有创新性的研学基地营地和研学项目。

参 考 文 献

[1] 安朝高，普拉提·莫合塔尔，肖臻泉.我国研学旅游资源空间分布及影响因素研究[J].西北师范大学学报（自然科学版），2022（1）.

[2] 车云，袁书琪，陈清.以智能航空研学基地为平台解决当前研学旅行存在问题的探索[J].地理教学，2020（15）.

[3] 陈大六，徐文琦.研学旅行理论与实务[M].武汉：华中科技大学出版社，2020.

[4] 陈俊英.发挥地理学科优势，助力研学旅行基地建设[J].中学地理教学参考，2018（13）.

[5] 程珊珊，刘婷，白帆，等.中学生研学旅游基地选择的影响因素研究——基于TPB模型的研究[J].河北旅游职业学院学报，2017（4）.

[6] 戴芸伊.非物质文化遗产研学旅行的优化之路——以屈子文化园为例[J].文化产业，2020（18）.

[7] 丁雅诵，闫伊乔.特色暑假作业让孩子们大有收获[N].人民日报，2023-07-30.

[8] 董艳，高雅茹，赵亮，等.情境感知视域下研学旅行课程设计探究——以"乔家大院民俗博物馆研学基地"为例[J].现代教育技术，2021（4）.

[9] 冯晓玲.研学旅游，缘何热？[N].兵团日报，2023-06-15.

[10] 黄小斌，石牙牙.体育研学旅行的教育价值与实施路径[J].洛阳师范学院学报，2020（11）.

[11] 韩玉灵，邓德智.研学旅行基（营）地服务与管理[M].北京：旅游教育出版社，2020.

[12] 康勇卫，周宏伟，李永强.全域旅游视野下研学旅行线路初探[J].中学地理教学参考，2019（14）.

[13] 劳银姬，林小标，伍世代.国家级研学基地空间格局及其发展影响因素分析[J].福建师范大学学报（自然科学版），2021（2）.

[14] 乐进军.研学旅行的困境与出路[J].教学与管理，2019（34）.

[15] 李贵清，田广增.我国研学旅行基地的类型与发展研究[J].教学与管理，2021（9）.

[16] 李建刚，谷音，王军.研学导师实务[M].武汉：华中科技大学出版社，2022.

[17] 李丽云，朱虹.冰天雪地科普热——哈尔滨工程大学打造青少年研学实践基地[N].科技日报，2024-01-24.

[18] 李胜桥，李凡，李滨.新时代研学旅行的运营模式与优化发展路径——以云南省为例[J].资源开发与市场，2020（2）.

[19] 李先跃，张丽萍.全域研学的理论基础、发展理念与实践研究[J].经济地理，2022（8）.

[20] 李先跃.研学旅行研究综述及探讨[J].高教学刊，2018（24）.

[21] 李子俊."组合拳"助力新年研学游市场复苏[N].南京日报，2023-01-01.

[22] 刘翔武.关于构建研学旅行教育协同育人共同体的思考[J].教育理论与实践，2020（26）.

[23] 刘艳红，刘梓煜，曾钰珺.研学基地课程开发评价及提升策略研究——以深圳鹏岛明珠生态园为例[J].地理教学，2020（23）.

[24] 陆庆祥，孙丽.研学旅行基地课程资源的开发之道[J].湖北理工学院学报（人文社会科学版），2019（5）.

[25] 罗春祥，刘丽雯，王红月.中小学生职业体验式研学旅行基地建设研究[J].教育现代化，2019（89）.

[26] 吕聪明，刘青，蒙月兰，等.基于IPA方法的研学实践教育基地建设与满意度研究[J].地理教学，2021（3）.

[27] 马静，张河清，王蕾蕾.研学旅游的价值与意义及研学基地建设实践研究[J].产业与科技论坛，2019（14）.

[28] 潘淑兰，王晓倩.研学旅行概论[M].武汉：华中科技大学出版社，2022.

[29] 邱涛.地方性地理研学旅行基地建设研究[J].中学地理教学参考，2017（7）.

[30] 曲小毅，黑岚.试论研学旅行课程信息平台开发的要点[J].兰州教育学院学报，2018（12）.

[31] 史春云，陶玉国，李嘉炜.文旅融合视角下研学旅行研究进展与发展思路[J].中国名城，2021（6）.

[32] 孙茜.基于顾客满意度的红色研学旅游基地可持续发展研究[J].湖北理工学院学报（人文社会科学版），2017（2）.

[33] 田志奇.研学旅行市场营销[M].武汉：华中科技大学出版社，2023.

[34] 万剑敏，熊童欣.风景区型科普教育基地PBL研学课程设计研究——以江西凤凰沟景区为例[J].江西科学，2019（6）.

[35] 王德刚.让博物馆成为研学旅行重要基地[N].中国旅游报，2020-11-03.

[36] 王铁升，张鑫.关于中小学研学旅行的思考[J].西部素质教育，2018（11）.

[37] 韦欣仪，邹晓青.研学旅行产品设计[M].武汉：华中科技大学出版社，2023.

[38] 卫红，郑远帆，郑耀星.研学旅行资源导论[M].武汉：华中科技大学出版社，2023.

[39] 吴耿安，黄安民.研学旅行安全管理[M].武汉：华中科技大学出版社，2023.

[40] 吴儒练，李洪义，田逢军.中国国家级研学旅行基地空间分布及其影响因素[J].地理科学，2021（7）.

[41] 吴儒练.长江经济带国家级研学旅行基地空间分异及影响因素研究[J].资源开发与市场，2021（12）.

[42] 谢雪甜.乡村文化振兴视角下的田园研学基地的环境设计探究[J].南方农业，2021（17）.

[43] 徐明.全国中小学生研学实践教育基地建设初探——以抚顺市雷锋纪念馆为例[J].中国民族博览，2019（1）.

[44] 许昌斌，李玺.研学旅行项目开发与运营[M].武汉：华中科技大学出版社，2022.

[45] 薛兵旺，杨崇君，官振强.研学旅行实用教程[M].武汉：华中科技大学出版社，2020.

[46] 杨崇君，薛兵旺.我国研学旅行基地营地的内涵与建设要素探讨[J].武汉商学院学报，2019（6）.

[47] 杨帆.研学——探索之旅[M].长沙：湖南师范大学出版社，2020.

[48] 叶娅丽，边喜英，李岑虎.研学旅行基地运营与管理[M].北京：旅游教育出版社，2023.

[49] 余国志.研学实战方法论[M].北京：中国旅游出版社，2020.

[50] 张帝，陈怡，罗军.最好的学习方式是去经历：研学旅行课程的校本设计与实施——以重庆市巴蜀小学为例[J].人民教育，2017（23）.

[51] 张永丰.做研学旅行的倡导者、实践者和探索者[J].教学与管理，2017（16）.

[52] 赵志峰，郭瑞清.基于地方性资源的中学地理研学旅行基地建设研究——以山西省大同市为例[J].中国教育技术装备，2019（3）.

[53] 钟业喜，邵海雁，徐晨璐.基于CiteSpace的研学旅行热点分析[J].地理教学，2019（18）.

[54] 钟业喜，吴筱恬，熊小英，等.对研学旅行基础能力建设的探索[J].地理教学，2019（10）.

[55] 钟志平，刘天晴.研学旅行示范基地政策评价与需求方强相关性因素研究[J].湖南社会科学，2018（6）.

教学支持说明

为了改善教学效果，提高教材的使用效率，满足高校授课教师的教学需求，本套教材备有与纸质教材配套的教学课件（PPT电子教案）和拓展资源（案例库、习题库等）。

为保证本教学课件及相关教学资料仅为教材使用者所得，我们将向使用本套教材的高校授课教师赠送教学课件或者相关教学资料，烦请授课教师通过电话、邮件或加入旅游专家俱乐部QQ群等方式与我们联系，获取"教学资源申请表"文档并认真准确填写后发给我们，我们的联系方式如下：

地址：湖北省武汉市东湖新技术开发区华工科技园华工园六路

邮编：430223

电话：027-81321911

传真：027-81321917

E-mail：lyzjjlb@163.com

旅游专家俱乐部QQ群号：487307447

旅游专家俱乐部QQ群二维码：研学旅行专家俱乐部

扫一扫二维码，加入群聊。

华中科技大学出版社
http://press.hust.edu.cn

教学课件资源申请表

填表时间：_____年____月____日

1. 以下内容请教师按实际情况写，★为必填项。
2. 根据个人情况如实填写，相关内容可以酌情调整提交。

★姓名		★性别	□男 □女	出生年月		★职务	
						★职称	□教授 □副教授 □讲师 □助教
★学校				★院/系			
★教研室				★专业			
★办公电话		家庭电话			★移动电话		
★E-mail（请填写清晰）				★QQ号/微信号			
★联系地址				★邮编			

★现在主授课程情况	学生人数	教材所属出版社	教材满意度
课程一			□满意 □一般 □不满意
课程二			□满意 □一般 □不满意
课程三			□满意 □一般 □不满意
其 他			□满意 □一般 □不满意

教 材 出 版 信 息						
方向一		□准备写	□写作中	□已成稿	□已出版待修订	□有讲义
方向二		□准备写	□写作中	□已成稿	□已出版待修订	□有讲义
方向三		□准备写	□写作中	□已成稿	□已出版待修订	□有讲义

　　请教师认真填写表格下列内容，提供索取课件配套教材的相关信息，我社根据每位教师填表信息的完整性、授课情况与索取课件的相关性，以及教材使用的情况赠送教材的配套课件及相关教学资源。

ISBN（书号）	书名	作者	索取课件简要说明	学生人数（如选作教材）
			□教学　□参考	
			□教学　□参考	

★您对与课件配套的纸质教材的意见和建议，希望提供哪些配套教学资源：